사실을 만난 기억

사실을 만난 기억

초판 1쇄 발행 | 2024년 06월 20일
초판 2쇄 발행 | 2024년 08월 05일

지은이 | 오항녕
발행인 | 한명수
발행처 | 흐름출판사
편집자 | 이향란 이현아
디자인 | 이선정 한명수
주　소 | 전북 전주시 덕진구 정언신로 59
전　화 | 063-287-1231
전　송 | 063-287-1232
홈페이지 | www.heureum.com
이 메 일 | hr7179@hanmail.net

ISBN 979-11-5522-380-2 (03910)

값 18,500원

* 저작권자의 허락 없이 이 책의 일부 혹은 전체를 무단 복제, 전재, 발췌하면 저작권법에 의해 처벌받습니다.

사실을 만난 기억

조선시대 기축옥사의 이해

오항녕

흐름

차 례

	서문	8
프롤로그	의심스러우면 놔두고	14
제1부 **기축옥사의** **발생과 전개**	**I장_ 정여립 모반 사건과 전개**	**22**
	누구나 두려운 사건, 반역	22
	연구 동향과 논점	23
	사료와 논점의 거리	24
	다문궐의多聞闕疑	25
	전쟁과 혼란한 정치	25
	황해도에서 올라온 고변	27
	설마 정여립이…	28
	죄인의 압송과 추국	29
	양천회 상소의 논리	30
	사건을 수습하라	32
	옥사의 확대	35
	정암수의 상소	35
	전국으로 번진 옥사	37
	공신을 책봉하고	38

II장_ 오염: 당쟁론과 근대주의   39

- 안타까운 의심들   40
- 음모론적 오류   41
- 오류와 날조는 다르다   42
- 송익필 배후설의 허구   43
- 시간은 기억의 편이 아니다   45
- 당쟁론의 굴레 벗어나기   47
- 『선조실록』의 약점   50
- 사라진 그날의 기록   51
- 『선조실록』 편찬의 우여곡절   54
- 실록 수정의 방향   56
- 편파적인 사론의 수정   58
- 무비판적 인용의 반성   60
- 의외의 소득, 정인홍의 '자백'   61
- 당색 프레임에 대한 반증들   64
- 기억의 재현: 지역 차별?   67
- 지역 차별론에 대한 반론   69
- 기억의 재현: 근대사상?   71
- 정여립 '사상'의 재검토   74
- 설명과 해석의 딜레마   78
- 생산적인 논의의 길   80

정철과 이발의 복권   81

제2부
선조 23년?
선조 24년?

III장_ 그 시대, 송강과 서애   86
기억의 갈림길   89
두 번째 반론과 비판   96
모반은 정당하다?   100
다시 숙제로 돌아와   101
실록에 기록된 송강의 면모   103
실록에 기록된 서애의 면모   106

IV장_ 선조 23년인가, 선조 24년인가   112
야사野史는 흐릿하여   112
되살아난 갈등의 불씨   116
왜곡된 기억의 재생   120
정말 어떻게 된 건가?   123
반복되는 빗나간 기억들   128
이제 끝난 것일까?   133
또 다른 기억 그리고 의문   137
누가 더 잘 알 수 있을까   139
『선조실록』의 한계   142
택당澤堂 이식李植의 고심   144
주묵사朱墨史의 다른 뜻   149
수정본의 기축옥사 기록   150
후대 기억과 다른 사실들   153

혼군昏君의 시대를 지나 159
잠정적인 결론 162
조건, 의지 그리고 우연 164
추국청의 구성 168
사례: 피의자에 대한 처벌 논의 170
징역형이 없던 시대 174
자백, 그리고 완전할 수 없는 인간 176
나와 싸우자는 거냐? 178

에필로그 **184**

부록

1. 『송강행장[臨汀鄭相公行狀]』_ 김집金集 190
2. 『서애행장西厓行狀』_ 정경세鄭經世 230

참고문헌 264
찾아보기 267

서문

사실, 그리고 기축옥사

국립국어연구원 『표준국어대사전』에는 사실事實을 "실제로 있었던 일이나 현재에 있는 일"이라고 정의한다. 사실에서 사는 '일 사事' 자事이고, 실實은 '실제'라는 말이니까, 『국어대사전』의 사실 정의는 '사실'이란 한자 단어를 글자 그대로 푼 동어 반복일 뿐 사실을 정의定義한 것이 아니다. 정의란 어떤 말이나 사물의 뜻을 설명하여 밝혀 주는 것을 의미하니까 말이다. 『국어대사전』의 '사실' 정의에는 설명이 없다. '역사 사史' 자를 쓴 사실史實에 대한 정의 역시 마찬가지이다.

반면 『국어대사전』은 전기電氣를 다음과 같이 정의하였다.

물질 안에 있는 전자 또는 공간에 있는 자유전자나 이온들의 움직임 때문에 생기는 에너지의 한 형태. 음전기와 양전기 두 가지가 있는데, 같은 종류의 전기는 밀어내고 다른 종류의 전기는 끌어당기는 힘이 있다.

사실을 정의할 때와는 사뭇 다르다. 물질-자유전자, 이온-에너지-양전기, 음전기-밀고 당기는 힘 등 전기의 구성, 작용, 성질을 설명해 주고 있다. 역사학의 핵심 개념인 '사실'은 동어 반복의 있으나 마나 한 정의가 실린 데 반해, 물리학이나 화학, 전기학 등의 핵심 개념인 '전기'에 대해서는 말 그대로 학문적 정의가 사전에 실려 있다.

나는 이와 같은 사실에 대한 정의의 결여가 사실에 대한 경시로 나타나고 역사 탐구에 치명적인 약점이 되었다고 생각한다. 그래서 선배 학자들의 논의를 수렴하고 부족하나마 나의 소견을 덧붙여, 사실을 "시공간 속에서 이루어지는 인간의 활동 또는 그 결과로 구조, 의지, 우연의 세 요소로 구성되어 있다"라고 정의해 본다.

이 책은 이 같은 사실에 대한 정의에 입각하여 기축옥사를 구성하는 사건과 사실, 각 사람들의 행위와 반응, 후대의 관점과 기억을 재검토한 결과물이다. 기축옥사는 조선 중기, 1589년(선조22), 정여립이 반역을 도모했다는 고변으로 벌어진 옥사獄事였다.

정여립이 홍문관 관원이었으므로 군주의 턱밑에서 가르치던 신하의 반역이라는 당혹감이 당장 선조를 비롯한 조정 신하를 휘감았다. 게다가 정여립이 친하게 또는 이러저러하게 교류하던 인물들도 적지 않았으니 연루된 이들도 많았고 이들 역시 두려움에 휩싸였다. 그리고 임진왜란(1592~1598)을 거치며 상당수 기축옥사의 기록이 사라지면서 각자의 기억에 의존하게 만들었다. 정치세력의 분화가 일어나면서 상대에 대한 의심이 기억을 지배하고 사실을 흐릿하게 만들었다. 사건에 얽힌 억울한 죽음과 희생이 많았기 때문에, 어떤 사람들은 자연히 또는 일부러 원망의 대상을 찾았다. 이런 상황은 또다시 억울한 의심의 대상을 만들 수 있다는 의미이기도 했다.

시간은 진실의 편이 아니라는 말이 있는데, 적어도 기축옥사의 경우에는 맞는 듯하다. 그 시대를 살펴본 역사학도를 당황시킬 정도로 기축옥사에 대한 서술과 설명은 시간이 지날수록, 최근에 이르러 더욱더 널을 뛰고 있기 때문이다. 하지만 그와 동시에 역사학도에게 '기축옥사는 과연 어떤 사건이었는가?' 하는 궁금증을 불러일으켜 뛰어들고 싶은 숙제로, 다시 말해 진실에 다가가고자 하는 동력이 되기도 한다.

본문에서 수시로 강조하겠지만, 객관적 조건이나 구조를 고려하지 않으면 사건 자체가 놓여 있는 틀을 이해할 수 없다. 구조를 고려하지 않으면 인간에게 과도한 책임을 부여하게 되고 역사 탐구가 도덕적 평가로 대체되면서 역사 공부가 쉽게 편싸움, 즉 당쟁론으로 흐르게 된다. 나아가 빈곤, 불의, 범죄 같은 인간의 행위에 대해 사회적 성격을 거세하고 단지 개인 차원으로 원인을 돌려 버리고 만다.

반면 구조만 고려하고 인간의 의지나 태도를 고려하지 않으면 사건의 배경을 설명할 수 있을지는 몰라도 그 사건에 배어 있는 인간의 책임과 역할이 사라져 세상 탓만 하다가 끝나게 된다. '그런 상황에서는 누구든 어쩔 수 없었을 거다' 하면서 상황 논리에 빠져들게 된다.

우연을 소홀히 하면 장대한 역사에서 펼쳐지는 비극과 희극을 놓치기 쉽다. 가끔 인간이 어쩔 수 없는 일이 생기기 마련이고, 우리의 지성으로 이해에 다가서지 못하는 경우도 있다. 그래서 우리는 설명하지 못할 사건에 대해서는 겸손해질 수밖에 없다.

역사 공부 역시 세계와 인간에 대한 이해를 확장하려는 노력의 하나라고 나는 생각한다. 그것이 단순한 호기심으로 나타나든, 고도의 지적 탐구로 나타나든 말이다. 이 책이 기축옥사 전후를 살아갔던 사람들, 거기에 얽혔던 인물들의 상심傷心을 공감하는 데 도움이 되었으면 좋겠다. 조금이나마 기축옥사의 성격을 이해하는 데 기여하고, 기축옥사의 기억을 둘러싼 오해에서 비롯된 갈등이 지금까지 이어지고 있다면 그 갈등을 넘어설 단서를 찾는 데 도움이 되기를 바란다.

나아가 외람될 수 있겠지만 나의 연구가 현재 함께 살아가는 사람들에 대한 관심과 배려로 이어질 것을 기대하고 있다. 그런 뜻에서 프리모 레비Primo Levi(1919~1987)의 말로 논의를 시작해 보자.

갈등이 필요하다는 추악한 이야기가 있다. 인간은 갈등 없이는 살 수 없다는 것이다. 여기에는 함정이 있다. 수상한 말이다. 악의는 필요치 않다. 선의와 상호 신뢰가 있다면 책상에 둘러앉아 해결할 수 없는 문제는 없다.*

2024년 봄
저자 오 항 녕

---

*
프리모 레비, 이소영 옮김, 『가라앉은 자와 구조된 자』, 돌베개, 2014: 이현경 옮김, 『이것이 인간인가』(1947년 초판 출간), 돌베개, 2007.

사실을
만난
기억

프롤로그

의심스러우면 놔두고

기축옥사(1589, 선조22)는 정여립이 반역을 도모했다는 고변으로 벌어진 대규모 옥사獄事를 가리킨다. 기축옥사라는 사건에 대한 세 가지 잊지 못할 경험이 있다.

첫째, 2008년 필자가 이李모 씨와 벌인 논쟁이다. 논쟁 중에 기축옥사의 와중에 이발李潑의 노모老母와 아들이 억울하게 죽은 시기도 논제가 되었다. 어처구니없게도 그 시기에 대한 사람들의 기억이 1590년(선조23)과 1591년(선조24)으로 1년씩이나 차이 나게 엇갈리고 있었다. 이모 씨는 1590년으로 알고 당시 정철鄭澈을 수사책임자로 들었고, 나는 1591년으로 보고 유성룡柳成龍이나 이양원李陽元을 수사책임자라고 판단하였다. 이모 씨와의 논쟁을 통해서 나는 기축옥사의 기억이 사람마다 다를 수 있다는, 그것도 도저히 다를 수 없을 것 같은 기억조차도 다르게 나타나고 있다는 점을 인식할 수 있었다.

나아가 조선시대 반역 등 중대 강상綱常 사건을 다룬 문서인 '추안급국안推案及鞫案'을 동료들과 번역하면서[1] 얻은 조언과 관찰을 통해 기축옥사에 대한 이해를 좀 더 깊게 할 수 있었다. 그리하여 앞의 논쟁 주제를 추적, 정리할 수 있었고,[2] 일부 수정을 거쳐서

[1] 전주대학교 한국고전학연구소, 『국역 추안급국안』, 흐름출판사, 2014.
[2] 오항녕, 『유성룡인가 정철인가-기축옥사의 기억과 당쟁론』, 너머북스, 2015.

이 책 제2부에 수록하였다.

두 번째 기억은, 2011년 고산孤山 윤선도尹善道 학술제에 발표하러 갔을 때의 일이다. 학술대회가 끝나고 만찬 중에 내 앞에 앉았던 분이 "기축옥사 때 동인東人 천 명이 넘게 죽었다"고 말했다. 그 자리에서 기축옥사 얘기가 나온 이유는 옥사 중에 숨진 이발, 이길李佶과 해남윤씨 집안이 인척姻戚이었기 때문이다. 앞서 말한 대로 옥사 때 억울하게 죽은 이발의 노모가 해남윤씨였다. 그런데 '동인 천여 명'이란 말이 나오자 옆에 있던 박석무 선생께서 바로, "그런 말이 안 되는 소리 말어! 당시 관원이 몇 명인데 ……" 하고 바로잡았다. 짧은 시간의 일이지만 기축옥사를 둘러싼 기억의 차이를 확인할 수 있었다.

이날이 유독 기억에 남는 건 또 하나의 사안이 있었기 때문이다. 돌아오는 길에 안대회 교수에게 전화가 왔다. 또 다른 이모 씨가 나를 비롯해서 안 교수, 정병설,[3] 유봉학 교수 등에 대해 '노론 운운'하며 트집을 잡은 책을 냈는데, 그에 대해 소송을 상의하고 싶다고 했다. 나는 정중히 소송을 만류하였는데, 그 때문인지는 모르겠으나 소송은 이루어지지 않았다. 학문의 쟁점은 학문에서 끝내는 게 좋겠다고 생각했고, 소송 같은 데 시간을 쓸 여력도 없었기 때문이다. 같이 차를 타고 가던 이종범 교수는 내게 잘 판단했다며 격려해 주었다. 이모 씨의 행태를 두고 "역사를 가지고 갈등을 부추기지는 말아야 하는데 ……"라고 덧붙이면서.

셋째, 2022년 민족문화대백과사전의 '역사' 항목을 집필할 때의 일이다. 우연히 '기축옥사' 항목의 기존 설명을 보게 되었는데, 거기에도 '동인 1천여 명 사망설'이 요약되어 있었다. 집필자는 전남대 김동수 선생이었다. 나는 김동수 선생께 전화를 드려 그 근

3
필자가 수업에 꼭 소개하는 책에 정병설 교수의 「길 잃은 역사대중화」, 『역사비평』 94, 2011 및 『권력과 인간』(개정증보판), 문학동네, 2023이 있다. 역사학도들이라면 이 책들을 놓치지 않기 바란다.

거를 물었는데, "기축옥사 때 기록은 없고, 나중에 떠도는 이야기를 적은 것"이라고 답하였다. 나는 해당 내용의 수정을 요청하였고, 선생도 쾌히 수락하였다. 이후 사전편찬실과 협의해서 수정하기로 했는데, 2024년 4월 현재까지도 아직 반영되지 않은 듯하다.

이 책 제1부에도 언급하겠지만, '동인 1천여 명 사망설'은 기축옥사가 발생한 지 150년이 지난 1740년대 남하정南夏正이 쓴 『동소만록桐巢漫錄』에 처음 등장한다. 박석무, 김동수 선생 두 분은 이런 정황을 반영하여 세간의 소문이 사실과 거리가 있다고 인정한 것이었다.

이후 필자의 연구를 비롯하여, 이정철 선생이 기축옥사의 전개를 정치사의 흐름을 정리하고 상반되는 자료에 대한 사료 비판을 통해 쟁점을 검토한 바 있다.[4] 또한 정호훈 선생이 기축옥사가 당론화되는 과정을 검토한 연구를 제출하였지만,[5] 기축옥사에 대한 기존 인식은 크게 달라지지 않은 듯하다. 최근 이동희 선생은 기축옥사의 주범으로 지목되었다가 자살한 정여립鄭汝立에 대한 저서를 출간하였다.[6] 그의 상세한 고증과 합리적 추론에도 불구하고, '동인-서인' 프레임을 벗어나지 못했고, 무리한 해석에 근거한 기존 연구의 압박 때문인지 정여립에 대한 미화로 귀결되는 아쉬움을 남겼다.

우리가 기록을 통해서 접근할 수 있는 과거過去는 언제나 구멍이 숭숭 뚫려 있는 그물과 같아서, 그것으로는 어떤 날짐승이나 물고기도 잡을 수 없다는 느낌이 들 때가 많다. 그래서 다음과 같은 공자孔子의 말이 더욱 절실하다.

---

[4] 이정철, 『왜 선한 지식인이 나쁜 정치를 할까』, 너머북스, 2016.

[5] 정호훈, 「조선후기 당쟁과 기록의 정치성」, 『한국사학사학보』 33, 2016.

[6] 이동희, 『조선시대 정여립 모반사건과 전라도』, 전북연구원, 2022.

많이 듣고 의심스러운 것을 빼놓으며 그 나머지를 신중히 말하면 허물이 적다. 많이 보고서 위태로운 것을 빼놓으며 그 나머지를 조심스럽게 행하면 후회하는 일이 적다. 말에 허물이 적으며 행실에 후회가 적으면, 소득은 그 가운데에 있는 것이다.[7]

기축옥사의 경우도 마찬가지이다. 공자의 말을 명심해야 한다. 이 책을 쓰는 내내 공자의 가르침을 되새겼다. 그럼에도 불구하고 필자의 둔함 때문에 실수가 나올 수도 있을 것이다.

서문에서 강조했던 사실에 대한 이해를 다시 반복해야겠다. 우리는 역사의 원료인 사실事實을 소홀하게 다루는 경향이 있다. 그런데 실은 '사실' 자체가 간단치 않다. 사실은 구조, 의지, 우연이라는 요소가 겹겹이 결합하여 만들어졌다. 단순히 '일어난 일'이라는 동어 반복으로는 역사 탐구의 입구를 찾을 수 없다. 구조, 의지, 우연이라는 3요소를 찾아 비밀번호를 눌러야 한다. 이들 셋의 변주가 사실을 구성하기 때문이다.[8] 이 책은 이러한 역사학의 ABC를 기축옥사에 적용해 보는 시도이다.

제1부 I장에서는 기축옥사의 전개 과정을 간략히 정리해 보았다. 물론 기존에 필자와 이정철 선생의 저서에서 기축옥사의 전개는 정리되었다. 따라서 이 책에서는 쟁점이 되는 사실 중심으로 확인할 것이다.[9] 모두 다 알고 있다고 여기는 사실을 다시 정리할 때는 이유가 있는 법이다. 사실의 확인을 통해서 그동안의 연구에서 놓친 사실을 살펴보고 싶었다. 역사는 결코 보기 나름이 아니다. 사실을 가능한 정확히 확정한 뒤에야 해석이 이어질 수 있다. 알다시피 사실을 증거로 채택하는 단계에서 오해든 왜

---

[7] 『논어(論語)』, 「위정(爲政)」, "多聞闕疑, 愼言其餘, 則寡尤; 多見闕殆, 愼行其餘, 則寡悔. 言寡尤, 行寡悔, 祿在其中矣."

[8] 오항녕, 『역사학 1교시, 사실과 해석』, 푸른역사, 2024.

[9] 한편 필자가 이정철 선생의 정리에 동의하면서도 옥사의 전개와 정치사적 성격에 대해서는 이견이 있다. 본문에서 그때그때 짚어두겠다. 오항녕, 「(서평) 좋은 역사책, 아쉬운 제목」, 『국회도서관』 445, 2017.

곡이든 시작되는 것이다.

Ⅱ장에서는 기축옥사에 당쟁론이 스며드는 과정을 밝혀 보았다. 당쟁론의 특징은 간단하다. 사실과 상관없이 자신의 편을 들거나, 또는 사실을 뒤틀어서 편당의 근거로 삼는 일련의 정신상태에서 비롯된다는 점이다. 이것이 굳어지면 다른 말이나 증거는 눈에 들어오지 않는다. 관성慣性이 한 번 작동하기 시작하면 인간은 집단에서 벗어나길 죽기보다 싫어한다. 화재가 나도 다른 사람들이 움직이지 않으면 위험을 무릅쓰고라도 무리 속에 남아 있으려고 한다. 뻔한 증거가 나와도 부정하고 끝까지 자기주장을 우기는 인지부조화認知不調和(cognitive dissonance)를 보이는 존재가 바로 인간이다.[10]

기축옥사의 당대 기록이라고 할 수 있는 『선조실록』과 그 수정본인 『선조수정실록』이 우선 검토되어야 한다. 미리 말해 두지만, 기축옥사의 실제가 희미하고, 그 희미함을 틈타 의심과 확증편향이 이어지고, 시간이 지나면서 당론화되고 인지부조화에 이른 데는 크게 세 가지 이유를 들 수 있다.

첫째, 임진왜란壬辰倭亂으로 인한 기축옥사 당시 기록의 분실 및 소실
둘째, 광해군 대 일부 대북大北 세력의 사실 왜곡과 편향
셋째, 서유럽 모델의 근대사회를 인류 역사의 종착점이라고 여기는 목적론적 역사 서술

제2부는 필자의 특별한 논쟁 경험에서 얻은 주제를 푸는 과정이다. 앞서 말한 대로 기축옥사 와중에 이발의 노모와 아들이 억울하게 죽었다. 그런데 그 시기를 두고 1590년인지, 1591년인지

10
로렌 슬레이터, 조증열 옮김, 『스키너의 심리상자 열기』, 에코의서재, 2005.

후대의 기억이 엇갈렸다. 엇갈린 기억은 당시 추국청 책임자인 위관委官이 누구였냐는 쪽으로 원망의 방향을 틀었다. 1590년(선조23, 경인년)이라면 송강松江 정철鄭澈이 위관이고, 1591년(선조24, 신묘년)이라면 서애西厓 유성룡柳成龍이나 노저鷺渚 이양원李陽元이 된다.

여기서 나는 우리가 크게 두 가지를 놓치고 있다고 생각한다. 송강과 서애가 정치와 학술 어느 면으로나 역사적 자산이라고 할 만한 인물들임에도 불구하고 이들까지도 기축옥사의 소용돌이에서 이런저런 구설수에 올랐다. 거기에 크고 작은 혐의에 얽혔다. 부록으로 송강과 서애의 행장을 두어 그들의 삶을 상세히 밝혔으니 확인하길 바란다.

Ⅳ장에서는 먼저 이발 노모 윤씨尹氏와 아들의 사망 연도를 고증하였다. 1590년과 1591년 중 언제가 맞는지 가능한 모든 사료를 검토하여, 현재로서는 1591년이라는 결론을 얻었다.

한데 윤씨의 사망 시점에 위관이 누구였느냐보다 이 옥사를 이해하는 데 훨씬 중요한 관점이 따로 있었다.

> 첫째, 왕정王政에서 반역 사건은 국왕 주권에 대한 도전으로 인식되었다.
>
> 둘째, 신문의 진행과 형량의 결정은 조정에서 정해진 절차에 따라 이루어졌다. 그런데 추국청이라는 구조나 조건을 외면한 채 옥사의 책임을 사람에게만 돌리고, 선조니, 정철이니, 유성룡이니 하는 식의 비난하는 가십gossip이 만들어졌다.
>
> 셋째, 대체로 왕정의 사법체계는 혐의를 받으면 바로 신문訊問이 시작되었다. 이러한 형정刑政의 성격을 고려해야 한다.

이상의 측면을 다 고려해야 기축옥사를 이해할 수 있다. 자칫 사람들에게 놓인 조건이나 구조를 놓치고 누군가를 겨냥하는 비난에 치우치면 역사가 아니라 단죄가 되기 쉬워, 사태를 설명하고 이해하는 눈을 흐리게 만든다. 필자에게 흐린 눈이 있었다면 독자들께서 바로잡아 주기 바란다. 그럼 이제 우리 함께 관찰을 시작해 보자.

제1부

기축옥사의
발생과 전개

I장_
정여립 모반 사건과 전개

누구나 두려운 사건, 반역

역사학은 사람들이 했던 행위 또는 그와 연관된 사실과 사건을 다루는 경험의 학문이다. 역사학은 일어나지 않은 일, 정확히 말해서 흔적으로 남지 않은 일은 다룰 수 없다. 한데 과거는 시간과 함께 흘러가고 얼마간의 흔적만 남긴다. 남은 흔적은 과거를 모두 보여줄 수 없다. 때에 따라 어떤 부분만을 보여 주거나 아예 거의 실제를 보여 주지 못하는 경우도 있다. 이렇게 구멍이 숭숭 뚫린 대상을 놓고 탐구하고 씨름해야 하는 것이 역사학도의 숙명이다.

본고에서 다루는 기축옥사(1589, 선조22)는 역사학도가 통상 마주치는 난점을 한데 모아 놓은 사건이라고 해도 지나친 말이 아니다. 기축옥사는 정여립鄭汝立의 역적모의에 대한 고변으로 시작되었다. 역적모의는 인간의 제도와 사회, 특히 국가에 대한 가장 심각한 위협의 하나로 간주되었다. 모반謀反이 형률刑律 가운데 중대한 죄악인 십악十惡의 첫째로 꼽혔던 이유이다.[11]

[11] 『대명률직해(大明律直解)』 제1권 명례율(名例律) 「십악(十惡)」

연구 동향과 논점

기축옥사는 사안의 중대성 때문에 조선시대 당론서가 다수 있을 뿐 아니라 현대 역사학계에서도 적지 않은 연구가 제출되었다. 이희권 선생은 거의 맨 먼저 연구를 제출했다고 하겠는데, 그는 정여립 옥사의 '날조'를 주장하였다.[12] 김용덕 선생은 스스로 인정하듯 기축옥사의 조작설과 모역설을 모두 인정하는 '상호모순되는 듯한 기술'로 이후 기축옥사 연구의 유력한 기본 프레임을 설정하였다.[13] 배동수 박사는 정여립의 생애를 필두로 기축옥사의 정치사와 사상사적 의미를 서술하면서 정여립 사상의 혁명성, 공화주의 및 사회주의적 성격을 강조하였다.[14]

그간 쟁점에 대해서는 본문에 상론하겠지만, 정여립 역적모의의 실재 여부와 그의 '사상', 기축옥사의 '송익필 또는 정철 등 배후설', 당론적 해석에 대한 검토 등 제반 연구는 이희권, 김용덕, 배동수의 프레임을 벗어나지 않은 것으로 보이며,[15] 이후 이희환 및 이동희 교수의 연구로 이어졌다고 하겠다.[16]

한편 우인수 선생은 이희권, 김용덕 선생의 조작설을 비판하였다. 그는 정여립의 추포追捕를 맡아 그의 시신 및 아들 정옥남 등 관련자를 한양으로 압송했던 민인백閔仁伯의 『토역일기討逆日記』를 활용하여 송익필 형제에 의한 모역 조작설을 비판하였다. 그는 정여립 관련 참설의 유포와, 이길李洁 등이 반란을 고변하려 한 점을 정여립 모반의 근거로 삼았다.[17] 또한 이종범, 김동수 선생 등은 기축옥사의 주요 인물인 정철鄭澈·정암수丁巖壽·정개청鄭介淸·이발李潑·조대중趙大中에 대한 연구를 통해 사상, 학맥, 향촌의 배경을 밝힌 논저를 제출하였다.[18]

12
이희권, 「鄭汝立 謀叛事件에 대한 考察」, 『창작과비평』 37, 1975 가을.
이 연구는 이후 「정여립의 학문과 사상」, 『전북사학』 21, 22 합집, 1999 및 『정여립이여, 그대 정말 모반자였나!』, 신아출판사, 2006에 대동소이하게 수록되었다.

13
김용덕, 「鄭汝立硏究」, 『한국학보』 4, 1976.

14
배동수, 『鄭汝立 硏究』, 건국대 박사학위논문, 1999.
2017년 나무미디어에서 출간되었으나 내용이 같으므로 본고에서는 연구사 편년의 편의를 위해 박사논문을 이용한다.

15
전주역사박물관, 『정여립 모반사건과 기축옥사』, 제9회 전주학 학술대회, 2009.

16
이희환, 『조선정치사』, 혜안, 2015; 이동희, 『조선전기』 4, 전라도천년사, 2022; 『조선시대 정여립 모반사건과 전라도』, 전북연구원, 2022.

17
우인수, 「鄭汝立 謀逆事件의 眞相과 己丑獄의 性格」, 『한국학보』 4, 1998.

18
이종범, 『사림열전』 1, 아침이슬, 2006; 김동수, 역사문화교육연구소 편, 『기축옥사 재조명』, 선인, 2010.

사료와 논점의 거리

이상의 연구 과정에서 기축옥사 관련 사료史料는 거의 드러난 것으로 보이지만, 그에 비례하여 사건의 진상이 더 선명해진 것은 아닌 듯하다. 필자는 앞서 기축옥사를 대하는 시각의 당쟁론적 성격, 옥사를 처리하는 추국청推鞫廳의 구조와 활동에 대한 이해 부족 등을 우려하였고, 그 대안적 접근 방법을 제시한 바 있다.[19] 하지만 그 논의는 이발李潑 노모와 아들의 옥사를 주제로 이루어졌지 기축옥사 전체를 다루지 않았다. 그 내용은 이 책 제2부에서 만날 수 있다. 필자 이후 이정철 선생은 선조 전반기 정치사의 흐름 속에서도 당쟁론에 빠지지 않고 기축옥사를 검토한 연구성과를 제출하였다.[20]

본고에서는 다음과 같은 문제의식과 구성으로 기축옥사를 설명해 보기로 한다. 모반은 "사직을 위태롭게 하려고 도모하는 일"을 의미하였다. 그렇기에 사람들을 예민하게 만들고 두려움에 휩싸이게 만드는 사건이었다. 사건 당사자들은 말할 것도 없고, 모반의 대상일 수밖에 없는 국왕, 이 사건을 처리해야 하는 관원들, 사건 당사자들과 가까운 사람은 물론, 상호 연관이나 친분 여부를 떠나 누구든지 불똥이 자신에게 옮겨붙을지도 모른다는 불안감이 마음에 맴돌았을 것이다. 불안감은 의심을 낳고, 의심은 소문을 불렀다. 소문은 근거가 되어 추국推鞫을 다그쳤고, 추국은 살상을 만들어내면서 불안감을 더 키웠을 것이다.

19
오항녕, 『유성룡인가 정철인가 -기축옥사의 기억과 당쟁론』, 너머북스, 2015.
20
이정철, 앞의 책, 2016.

다문궐의多聞闕疑

본고에서는 '많은 사료를 검토하고 의심스러운 데는 놔두는' 다문궐의多聞闕疑의 가르침을 서술의 미덕으로 삼고자 한다. 가능한 당시 사료를 위주로 검토하고, 소문과 의심에 해당하는 기록은 비판하거나 배제하려고 한다. 기각되기 어려운 사료를 중심으로 논의하겠다는 뜻이다. 현재의 연구를 통해 사료 비판이 되었거나 타당성이 인정되는 기록과 논증은 배제하지 않을 것이다. 필자가 이렇게 소극적인 접근 태도를 취하는 이유는 기존 연구가 기축옥사 당시 사료에 대한 서술에서부터 논리가 비약하고 해석상으로도 무리했다고 보기 때문이다. 이상의 내용이 I장 기축옥사의 전개에 대한 개략적 서술이 될 것이다.

아마 I장에서 보여 준 정도의 사건 전개였다면 기축옥사는 더 이상 공포와 불안, 의심을 키우지 않고 소문은 소문일 뿐이라는 중론衆論이 형성되면서 민심이 안정을 찾으면서 마무리되었을 것이다. 기축옥사가 햇수로 3년 동안이나 지속되기는 했으나 과거 여러 옥사가 그랬던 것처럼 마무리될 수도 있었다. 하지만 적어도 두 가지 상황이 기축옥사에 대한 정리를 어렵게 만들었다고 생각한다. 첫째, 임진왜란이라는 길고 참혹했던 전쟁, 둘째, 15년에 걸친 광해군의 혼정昏政이 그것이다.

전쟁과 혼란한 정치

『선조실록』 편찬 과정에서 드러나듯 임진왜란 중 사초史草가 버려지거나 사라졌고, 『승정원일기』, 『추안推案』이나 『국안鞫案』도 불타거나 잃었다. 사람들의 기억은 생각보다 허술하여 사라진 기록의 틈으로 다른 기억들이 자라나기 시작하였다. 광해군과 대북大北 정권의 혼정은 민생과 재정의 악화에 그치지 않고 정치와 공론의 부재를 낳았으며, 그 결과 사회적 갈등을 완화할 기회를 상실하기에 이르렀다.

이런 상황에서 기축옥사의 실제는 기억하기 편한 대로, 즉 기억하길 원하는 방향으로 틀어지면서, 문중門中이나 당론黨論에 따라 다시 기록되었고 그것이 또 다른 기억으로 이어졌다. 이런 흐름은 조선시대를 연구하는 역사학도들의 판단에도 영향을 미쳤다. 소문과 기억이 사실이 되고, 다시 그 사실이 근거가 되어 기억을 강화하는 과정이 꽤 오랫동안 지속되었기 때문이다. 그 지속성으로 인해 기축옥사를 두고 가해자와 피해자에 대한 몇몇 관념이 형성, 작동되었고, 이러한 당쟁론적 관점과 시각은 담론이라 불릴 수 있는 현상이 되었다.

같은 맥락에서 함께 고려할 점은 '반역향反逆鄉 전라도' 같은 용어와 함께 기축옥사를 호남湖南, 전라도全羅道가 겪은 고난으로 이해하는 지역사의 경향이다. 이런 경향은 '정여립로', '정언신로' 같은 도로 이름을 채택한다든지 하는 방식으로 기축옥사와 정여립을 전주全州의 상징적 사건이자 인물로 재현하곤 한다. 유럽 자본주의-민주주의의 전개를 모델로 하는 근대주의는 정여립의 지역적 재현에 자양분을 제공하였다. 이상은 Ⅱ장에서 서술하였다.

역사학의 방법론에서 볼 때, 해석이나 관점은 늘 사실을 통해 수정될 수 있다. 이는 사실을 해석에 동원하는 시도에 맞서는 역사학도의 책무이기도 하다. 해석에 저항하는 사실을 드러낼 때

'해석에 맞서는 해석'이 가능해지기 때문이다. 이러한 역사학도의 시도는 결코 상대주의에 불과하거나, 불확실하고 흔들리는 무엇이라는 것을 의미하지 않는다. 인식 능력의 한계를 잊지 않도록 경계하면서 조금씩 진실에 다가가는 탐구의 일환이다. 본고가 그러한 시도의 하나이길 바란다.

황해도에서 올라온 고변

기축옥사는 1589년 10월, 황해감사 한준韓準의 비밀 서장書狀이 보고되면서 시작되었다.[21] 이 서장에는 재령군수載寧郡守 박충간朴忠侃, 안악군수安岳郡守 이축李軸, 신천군수信川郡守 한응인韓應寅의 보고가 포함되어 있었다. 정여립의 모반에 대한 고변이었다.

정여립이 도망쳤다. 당초 정여립이 자주 임금의 견책을 당하고 호남 금구현金溝縣으로 달아났는데, 전주全州에 거주하기도 하였고 김제金堤·진안鎭安의 별장을 왕래하였다. 조정에서 그가 물러나 쉬는 것을 애석히 여겨 잇따라 청망淸望에 후보로 올렸으나 상이 끝내 윤허하지 않았다. 정여립이 본디 발호跋扈하는 생각이 있었는데 좌절이 심해지자 더욱 반란을 모의하게 되었다. 이에 강학講學을 가탁하여 무뢰배를 불러 모았는데, 무사와 승려들도 그 가운데 섞여 있었다.[22]

반란이나 모의는 공연히 일어나는 법이 없다. 사회적 요인이든, 개인적 동기든, 하다못해 빌미라도 있게 마련이다. 기축옥사

21
『선조실록』 22년 10월 2일(병자).
22
『선조수정실록』 22년 10월 1일(을해) 다섯 번째 기사.
사초(史草) 등 날짜를 확인할 수 있는 자료가 거의 없는 상황에서 편찬된 『선조수정실록』은 해당 월(月)의 기사를 매월 1일에 함께 수록하였으므로, 고변 및 옥사 전후 사정은 『선조실록』보다 상세하지만 날짜를 확인하기 불편하다. 하지만 토포사(討捕使)로 파견된 진안현감 민인백(閔仁伯)의 『토역일기(討逆日記)』와 대조하면 어렵지 않게 날짜를 확인할 수 있다.

당시 생을 달리한 율곡栗谷 이이李珥(1536~1584)가 황해감사로 부임하면서 먼저 했던 일이 군적軍籍 정리였던 데서 알 수 있듯이, 선조 당시 군정軍政이 문란하여 백성들이 군역軍役을 담당하는 데 고충을 겪었다. 이는 조선 전기 병농일치兵農一致의 개병제皆兵制가 이완되면서 나타난 전환기적 현상이기도 하였지만, 백성들에게 고충은 고충일 뿐이었다. 민간에서는 군역을 채우기 위해 친족과 이웃에게 군포軍布를 징수하였고, 이를 백성들이 괴롭게 여기는 것은 당연하였다. 거기에 흉년과 재변이 들고 도적도 간간이 일어났다고 하고, 도참설圖讖說에 따라 길삼봉吉三峯, 정팔룡鄭八龍 등이 등장하여 백성을 구제할 것이라는 풍문도 떠돌았다.

이런 분위기에서, 정여립 사건이 고변되기 전에 황해감사로 나갔다가 돌아온 이산보李山甫가 황해도의 반란 조짐을 보고한 적이 있다. 하지만 선조는 오히려 그를 파직시키고 그의 보고를 전혀 믿지 않았다.[23]

설마 정여립이…

정여립은 홍문관 수찬을 지낸 인물이었다. 홍문관은 국왕의 경연經筵을 담당하는 근시近侍의 청직淸職이었다. 그런 만큼 선조를 비롯한 대소 진신搢紳들이 정여립의 모반에 대한 고변에 당황한 것은 당연하였다. 선조도 정여립이 과격하지만 반역을 일으킬만한 사람인지 의아해했으며, 병으로 물러나 있던 노수신盧守愼은 자신이 정여립 임용에 책임을 느끼고 서계書啓를 올리면서 '헛말을 들은 것 같다'고 말할 정도였다.[24] 우의정 정언신鄭彦信이 사건을 고변한

23
『아계 이상국 연보(鵝溪李相國年譜)』 만력 17년 기축(1589, 선조22), 51세조.
상국(相國)은 정승을 말한다.
이산보의 사촌인 이산해 연보에 위 사실이 나온다.

24
『선조수정실록』 22년 10월 1일(을해) 다섯 번째 기사.
『선조실록』에 노수신의 계사는 10월 11일로 나온다.

자를 베어야 한다고 말한 것도 무슨 다른 뜻이 있어서가 아니라 고변이 무고誣告일 것이라는 확신 때문이었을 것이다. 그만큼 조야朝野는 정여립 모반의 고변을 믿기 어려워했고, 형언하기 어려운 당혹감에 휩싸였음을 알 수 있다. 이 당혹감을 기억해야 한다.

고변은 의혹에서 점점 현실로 변해 갔다. 정여립이 자수自首하여 해명하거나 소명하지 않고 도망쳤던 것이다. 10월 7일, 정여립이 도망쳤다는 의금부 도사 유담柳湛의 보고가 들어오자, 선조는 대신大臣 및 포도대장을 불러 사로잡을 계책을 의논한 뒤 전주부윤 윤자신尹自新과 판관 나정언羅廷彦을 서경署經(관직 임명 동의 절차)조차 생략하고 출발시켰다.

죄인의 압송과 추국

먼저 황해도의 죄인들을 서울로 압송하여 정국庭鞫을 열었는데, 삼공三公, 판부사判府事 김귀영金貴榮, 의금부 당상義禁府堂上 및 양사兩司의 장관長官이 정국에 참여하였다. 정국이 열린 14일, 관련자를 체포하기 위하여 독포 어사督捕御史로 경상도에 정윤우丁允祐를, 전라도에 이대해李大海를, 충청도에 정숙남鄭淑男을 그날 밤으로 파견하였다. 10월 15일, 황해도에서 잡혀 온 이기李箕·이광수李光秀 등이 정여립과 반역을 공모한 사실을 승복하여 군기시軍器寺 앞에서 사형을 집행했고, 17일 황주 안악安岳 수군水軍 황언륜黃彦綸과 방의신方義臣 역시 승복하여 복주伏誅(죄를 인정하고 처형됨)되었다.

곧이어 정여립은 도망 중에 자결하고, 그 아들 정옥남鄭玉男·박춘룡朴春龍이 포박되어 황해도에서 잡혀 온 죄인들과 함께 선조宣祖

의 친국親鞫을 받았다.²⁵ 10월 19일, 잡혀 온 정여립의 아들 정옥남은 공초에서 "길삼봉吉三峰이 모주謀主이고, 황해도 사람 김세겸金世謙·박연령朴延齡·이기李箕·이광수李光秀·박익朴杙·박문장朴文長·변숭복邊崇福이 수시로 왕래하며 교제가 친밀하였으며, 중 의연義衍, 도사道士 지함두池涵斗가 서당書堂에 거처하며 모의하였다"고 자백하였다. 정홍鄭弘·방의신方義信·황언륜黃彦倫 등도 함께 모두 복주되었다. 의연義衍도 도망하여 김제金堤 대숲 속에 숨어 있다가 잡혀 와 복주되었다.

사건에 연루되어 잡혀 와 국문을 당하였지만 승복하지 않은 사람들도 있었다. 정여립의 조카로 당시 사관史官이었던 이진길李震吉,²⁶ 정여복鄭汝復 형제, 고변하려다 못 하였다고 진술한 고부古阜 사인士人 한경韓憬 및 태인泰仁의 무인 송간宋侃, 조유직趙惟直·신여성辛汝成·개미치介未致 등은 승복하지 않고 신문하는 형장에서 죽었다.

양천회 상소의 논리

사건이 발생한 지 채 한 달이 되지 않은 10월 27일, 선조는 권정례權停禮(절차를 다 밟지 않고 약식으로 하는 의식)로 축하를 받은 뒤에 백관百官에게 관작官爵을 더해 주고 잡범사죄雜犯死罪 이하를 사면하였다.²⁷ 모반 당사자에 대해서는 "정여립 등을 능지처사凌遲處死하고 집 재산을 적몰籍沒하며, 그의 자녀와 연좌된 무리도 아울러 율대로 논죄論罪하고, 국문 중에 있는 남은 죄인들은 승복하는 대로 처결한다"라고 하였다.

10월 27일, 정여립 모반 사건을 마무리한 데 대한 사면 교서를

25
『선조수정실록』 22년 10월 1일(을해) 여섯 번째 기사.
26
『선조실록』 22년 10월 9일(계미).
27
『선조실록』 22년 10월 27일(신축).

반포한 뒤 이튿날 양천회梁千會의 상소가 있었다. 종종 양천회의 상소가 기축옥사의 전개를 악화시킨 단초로 보는 논의도 있지만, 사료를 찬찬히 보면 그렇지 않다. 양천회의 상소는 옥사의 수습 방향에 방점이 놓여 있었다. 교서에서도 아직 국문 중인 죄인이 있음을 밝혔듯이, 홍문관 관원을 지낸 명류名流의 모반 사건이었던 만큼 수습 과정이 따를 수밖에 없었다.

생원 양천회는 정여립이 이발李潑 형제와 호남에서 왕래하였으며, 모반 사건을 일으킬 수 있었던 것은 당국자와 결탁하여 명성과 세력을 의지하였기 때문이라고 지적하였다. 양천회는 조정에서 추쇄推刷(누락된 군역이나 노비를 찾음)를 통해 민심을 술렁이게 했다고 비판하는 한편, 정여립은 이조 관원에게 황해도 막료幕僚, 즉 도사都事 관직을 달라고 도모했으며, 봉명신奉命臣, 즉 어사御使를 사주하여 부윤府尹과 판관判官을 동시에 파직하게 했다는 것이다. 그는 또 먼저 추쇄와 궁실宮室 공사를 중지하고, 조세와 정역征役(원거리 군역)을 미루어 황폐해진 정치를 쇄신하고 백성을 편히 살게 해야 한다고 강조하였다.[28]

양천회의 민심 수습책은 타당했지만, 그가 지목한 이조 관원과 봉명신은 조사되어야 했다. 더하여 그는 ① 유담柳湛 등이 출동에 태만하여 정여립 체포가 느슨해졌고, ② 태학太學 유생들 중 정여립을 구하려 상소를 올리려 한 자가 있으며, ③ 추관推官 특히 정언신鄭彦信이 사실대로 심문하지 않았다고 지목하였다. 그는 이발 형제와 백유양白惟讓, 정언지鄭彦智·정언신·최영경崔永慶[29]을 조사해야 한다고 주장하였다. 정여립의 문생이나 친구는 가두어 죄를 논하면서 조정 신하들만은 심문하지 않았다는 것이었다. 이어 백유함白惟咸은 김우옹金宇顒도 정여립과 친밀했다고 논하였다.[30]

28
『선조실록』 22년 10월 28일 (임인).
『선조수정실록』에는 22년 11월 1일(을사) 2번째 기사에 나온다.

29
최영경은 『선조실록』 22년 11월 3일(정미) 공초에 등장한다.

30
『선조실록』 22년 11월 4일(무신).

사건을 수습하라

양천회의 상소에는 단서가 있었다. '정여립이 복주伏誅되고 친당親黨이 연좌'되었고, 그의 문생과 친구도 장차 경중의 차이에 따라 차례로 형벌을 시행하겠지만 반드시 '이들이 다 역모에 참여하였다는 의미는 아니'라는 것이다. 곧 양천회의 상소는 정여립과 평소 친밀하였으면 얼마간 책임을 물어 처벌하지 않을 수 없지만, 이들이 다 역모에 참여했다고 보기 어렵다는, 즉 이들 전부를 역모에 연루시키는 데 선을 긋는 논리였다. 그러므로 양천회의 상소를 기점으로 기축옥사가 확산되었다고 보는 견해는 재고되어야 한다. 기축옥사의 성격을 어떻게 보느냐에 상관없이 논자들은 양천회의 상소를 확산의 기점으로 보는데, 이는 상소문의 논리와 다르다. 이후 선조의 조치를 보면 그런 사실이 두드러지게 드러난다.

선조는 양천회의 상소를 받아들였는지 옥사의 수습과 함께 책임을 묻고 처벌을 병행하였다. 정언신 등을 친국親鞫하여 정언지·홍종록洪宗祿·이발·이길·백유양은 먼 곳에 유배하도록 명하였고, 정창연鄭昌衍은 석방하였다.[31] 정윤복丁允福과 송언신宋言愼은 정여립과 교제했다는 이유로 파직되었다.[32] 한준겸韓浚謙·박승종朴承宗·정경세鄭經世는 이진길李震吉을 사관으로 천거한 일로 하옥되었다가 석방되었다.[33] 반면 정여립을 비판했다가 귀양 갔거나 거리를 두었던 조헌趙憲·김권金權 등은 풀려나거나 등용되었다.[34] 성혼成渾은 정여립과 10여 년 전부터 파주에서 3~4회 만났고, 안부와 강문講問 편지를 교환했다는 이유로 대죄해야 했다.[35]

이 과정에서 옥사로 인한 민심의 격동을 걱정하는 목소리도

31
『선조실록』 22년 11월 12일(병진); 『선조수정실록』 22년 11월 1일(을사) 7번째 기사.

32
『선조실록』 22년 11월 25일(기사).

33
『선조수정실록』 22년 11월 1일(을사) 12번째 기사; 『선조실록』 22년 12월 1일(갑술). 대교(待敎) 유대정(兪大禎)은 허락을 받지 않고 이진길의 사초를 태운 죄로 잡혀 와 국문을 받았다. 『선조실록』 22년 11월 25일(기사).

34
『선조실록』 22년 11월 3일(정미; 『선조수정실록』 22년 11월 1일(을사) 13번째 기사.

35
『선조수정실록』 22년 11월 1일(을사) 8번째 기사.

높아진 듯하다. 김천일金千鎰은 역적을 체포하는 군사들로 인해 민심이 소요하고 연좌되어 갇힌 사람들이 죄 없이 옥중에서 죽을 것을 염려하며 급히 수습하여 민심을 진정시킬 것을 청하였다.[36] 선조 역시 정여립의 문도門徒(제자)라고 해도 적당賊黨의 진술에 관련되지 않은 사람들은 중한 형률로 다스리지 말 것을 명했다.[37] 선조는 옥사가 번지는 것을 우려하였다. 좌의정 이산해李山海에게 내린 전교에 잘 나타나 있다.

"이번 역적의 변이 조정 신하들 사이에서 발생하였으니, 이는 큰 변고 가운데에도 큰 불행이다. 지금 언관言官이 역적과 연결된 사람들을 논계하는 것도 실은 옳은 일이다. 그러나 요즘의 상황을 보면 사건이 번져 갈 조짐이 있으니 이는 내가 매우 좋아하지 않는 바이다. 역적과 결교한 사람들은 그 서찰이 남아 있어 정상이 뚜렷하니, 아무리 중죄를 입더라도 그들에게 무슨 유감이 있으며 무슨 할 말이 있겠는가. 다만 역적이 조정의 반열에 끼어 있어 평범하게 서로 만나 알게 되는 것은 사람 사이에 늘 있는 일인데 만약 이번 기회를 타서 평소 견해나 언론이 달랐던 사람들을 모조리 역적의 무리로 지목하여 배척한다면 그 해독은 이루 말할 수 없을 것이다."[38]

36
『선조수정실록』 22년 11월 1일(을사) 9번째 기사.
37
『선조실록』 22년 12월 1일(갑술) 2번째 기사.
38
『선조실록』 22년 12월 7일(경진) 2번째 기사. 9일(임오)에도 같은 내용이 수록되어 있다.

선조는 인재人才를 아끼고 언론이 공평해야 인심을 복종시킬 수 있는데, 조정의 논의가 과격해져서 화가 미치지 않아야 할 사람에게까지 미칠 것을 우려하였다. 기축옥사의 전개와 사료비판에 대해, 필자가 이정철 선생의 견해에 대부분 동의하거니와, 선조의 역할에 대한 판단은 차이가 있다. 그는 "(기축옥사의 통제를) 선조만

이 할 수 있는 일이었지만 그는 그렇게 하지 않았다."라고 했다.³⁹

필자가 보기에 선조 역시 의심과 우려를 오갔다. 이 지점은 앞으로 왕정王政의 성격에 대한 논의의 출발점이 될 것이다. 일단 필자는 권력을 실체가 아니라 관계로 판단한다는 점만 언급하겠다. 반역 사건에서는 국왕조차 전혀 자유롭지 않았다. 첫째, 반역은 체제의 정점인 국왕을 겨누게 마련이고, 둘째, 개인이든 제도든, 국왕 역시 옥사와 관련된 정치세력 중 하나라는 점이다.

사헌부 지평(정5품) 황혁黃赫도 피혐避嫌(혐의가 될 만하여 자리를 피함)하는 계사에서 언관들이 형신을 논하다가 억울한 일이 생길 것을 걱정하였으니, 당시 사헌부의 분위기를 엿볼 수 있다.⁴⁰ 이런 공감 때문에 옥사의 처분은 정여립을 추앙한 수원부사水原府使 홍가신洪可臣을 파직하거나,⁴¹ 정언신을 두호한 참판 임국로任國老를 삭탈관직하는 정도였고,⁴² 삭탈관직당했던 이발이 초사招辭(죄인의 진술)에서 다시 나왔을 때도 원방遠方에 안치하는 조치에 그쳤다.⁴³

또한 백유양의 초사에서 언급된 예조판서 유성룡柳成龍이 대죄했을 때도 선조는 위로로 답하였다.⁴⁴ 이때 유성룡은 '정여립이 선정先正(즉, 이이)을 능멸한' 일, '역적 정여립의 간상奸狀을 미리 안 사람은 오직 이경중李敬中 한 사람뿐'이었다고 했는데, 고故 사헌부 집의(종3품) 이경중은 이조참판에 추증되었고 이경중을 논핵했던 전 장령 정인홍鄭仁弘, 전 지평 박광옥朴光玉은 삭탈관직하였다.⁴⁵ 실록의 기록이 성긴 점을 고려하더라도 관련자들의 파직, 삭탈관작에 그치거나 불문에 부치면서 대체로 옥사가 수습되는 국면임을 확인할 수 있다.

39
앞의 책, 2016, 464쪽.

40
『선조실록』 22년 12월 9일(임오).
이때 피혐은 황혁이 홍여순(洪汝諄)을 논박하려 하였으나 최황(崔滉)이 응하지 않았기에 있었던 일이다.

41
『선조실록』 22년 12월 4일(정축).

42
『선조실록』 22년 12월 5일(무인).

43
『선조실록』 22년 12월 8일(신사) 3번째 기사.
이발은 홍문관 부제학, 즉 경연 담당 관청의 장관(長官)이었다는 점에서 공초에 등장한 것 자체로 이발 자신은 물론 조정의 불안 요인이었다.

44
『선조실록』 22년 12월 8일(신사) 1번째 기사.
『선조수정실록』 22년 12월 1일(을사) 7번째 기사에는, 백유양(白惟讓)의 초사에, '남인, 북인'이란 말이 있었는데, 선조가 누구냐고 묻자, 백유양은 "북인은 이발·이길·정언신·정언지 및 정적(鄭賊)과 신(臣) 유양(惟讓) 등 모두 10인입니다."라고 했다.

45
『선조실록』 22년 12월 8일(신사) 2번째 기사.
『선조수정실록』 22년 12월 1일(을사) 8번째 기사에는, 정인홍이 이 일로 유성룡과 틈이 벌어졌고, 남인과 북인의 사이가 벌어지게 된 것이라고 하였다.

옥사의 확대

정리, 수습되어 가던 기축옥사가 악화된 것은 12월 12일, 정즙鄭緝·선홍복宣弘福의 초사招辭(심문 진술서)가 나온 뒤부터였다. 낙안樂安 교생校生 선홍복의 집에서 문서를 발견했는데, 정여립과 서로 내통한 흔적이 있었고, 이를 심문한 뒤 승복을 받았던 것이다. 초사에 나온 이발·이길·백유양白惟讓·이급李汲이 귀양 가다 말고 잡혀와 형신을 받고 장사杖死하였다. 유덕수柳德粹의 집에서 참서讖書를 얻었다던 이진길李震吉은 승복하지 않고 죽었다.[46]

특히 정여립의 집안 편지에서 이발과 백유양이 시사時事를 논하며 할 말 못 할 말 가리지 않은 내용이 많아서 형신이 혹독하였다. 백유양의 아들 진사 백진민白振民, 이발의 작은아우 현감 이급李汲이 형신을 받고 죽었다. 이발의 어머니·아내·어린 아들도 나중에 옥에 갇혔다.[47]

정암수의 상소

전라도 유생儒生 정암수丁巖壽 등의 상소가 이어지면서 기축옥사는 확산되었다.[48] 정암수는 말하기를, 이산해李山海가 사건을 엄폐하는 데 우두머리였고, 익산군수益山郡守 김영남金穎男은 정여립 집에서 문서를 수색할 당시 이산해 등이 직접 쓴 필적을 찾아내 소각했다고 하였다. 이발이 이산해와 사태를 상의한 일도 언급되었다. 황해도에 파견한 포적사捕賊使에게도 이산해와 정언신이 '해서海西에 이이李珥의 제자가 많으니 …… 잘 처리하라'고 지시했다고 했다. 이

46
『선조실록』 22년 12월 12일(을유).
47
『선조수정실록』 22년 12월 1일(갑술) 6번째 기사.
48
『선조실록』 22년 12월 14일(정해); 『선조수정실록』 22년 12월 1일(갑술) 16번째 기사. 『선조수정실록』에서는 호남 유생 50여 인이 상소를 올렸다고 하였다.

런 말을 했는지 모르지만, 했다고 해도 당국자로서 못 할 말이 아니었다. 하지만 역모 사건과 연결되면 의미가 달라질 수 있었다.

이때 현감 나사침羅士忱은 아들 덕명德明·덕준德駿 등이 평소 정여립과 가까웠던 일로 연루되었다. 한효순韓孝純·이정립李廷立은 사실을 속이고 모면했다고 의심받았다. 전 현감 정개청鄭介淸, 진주晉州의 유종지柳宗智, 권극례權克禮·권극지權克智는 정여립의 친구로 지목되었다. 이일李鎰은 정언신의 조아爪牙(호위병)로, 정인홍鄭仁弘은 정여립과 한 몸과 같은 사이로 거론되었다. 이외에도 송언신宋言愼·윤기신尹起莘·남언경南彦經·이언길李彦吉·조대중曺大中·김홍미金弘微·이홍로李弘老·이순인李純仁·유몽정柳夢井 등도 상소에 등장하였다.

한편 정암수 등이 조정에 있던 이양원李陽元·윤의중尹毅中·윤탁연尹卓然·유성룡의 옥사에 대한 미온적 대처를 비판하였다. 선조는 이산해·유성룡을 불러 위로하고 상소를 올린 정암수 등을 추국하라고 명하였다. 관학 유생 최기남崔起南 등이 응지상소應旨應告[49]에 대해 처벌하는 것이 과하다고 상소하자 선조가 정암수에 대한 추국을 취소하였다.[50] 지중추부사(정2품) 황정욱黃廷彧도 "역신逆臣이 시종侍從의 반열에서 나와 사람들 마음이 분노하지만, …… 유생의 소장은 시행할 만한 일이 있더라도 유중留中(상소를 가지고만 있음)하여 승정원에 내리지 말 것"을 청하였다.[51] 옥사의 확산을 피하자는 말이었다.

그럼에도 정여립과 연루된 인물들에 대한 추국은 계속되었다. 조심스럽게 추정하자면, 옥사를 수습하려던 국면에서 등장한 선홍복 집안의 편지와, 이어 등장한 정암수 등의 상소가 사태를 확산시킨 듯하다. 그 확산의 중심에 선조가 있을 것이다. 뒤에 논의하겠지만, 반역은 왕정王政에서 국왕의 주권에 대한 침해였기 때문이다. 양천회의 상소 이후 수습을 통해 의심을 덮으려던 선조로

49
임금이 신하의 의견을 구하는 취지에 부응하여 올린 상소.
50
『선조수정실록』 22년 12월 1일 (갑술) 16번째 기사.
51
『선조수정실록』 22년 12월 1일 (갑술) 15번째 기사.

서도 확산을 피할 수 없게 되었다.

전국으로 번진 옥사

전 안동부사安東府使 김우옹金宇顒을 하옥하였다가 회령會寧으로 유배하였다.[52] 영중추부사 노수신盧守愼은 1584년 김우옹·이발李潑·백유양白惟讓·정여립鄭汝立을 천거한 일로 파직되었다.[53] 정개청은 하옥되어 국문을 받은 뒤 귀양 가다가 도중에 죽었다.[54] 옥사 당시 경중을 가려 보고하고 석방함으로써 민심을 안정시켰던 전라감사 이광李洸은 전라도 유생과 사헌부의 논핵을 받고 체직되었다.[55] 조대중은 하옥되었다가 죽었다.[56] 정언신은 옥사를 조사할 때 정여립의 모반을 고발한 사람을 베고 싶다고 말했다는 혐의를 추가로 받았고,[57] 강원감사 김응남金應南은 이길李洁과 사돈인 데다가 그의 문중에서 첩을 얻었다는 등의 사헌부의 논계로 체직되었다.[58] 최영경崔永慶과 그 아우는 정여립과 친했다는 이유로 논계를 받다 하옥되었는데, 석방과 국문을 오가다가 동생은 심문을 받다 죽고 최영경은 병으로 죽었다.[59] 전 군수 유몽정柳夢井과 참봉 윤기신尹起莘은 정여립과 연루되어 귀양을 갔다.[60]

최영경을 조사할 때 경상도사慶尙都事 허흔許昕이 경상감사 김수金睟에게 들었다 하고, 김수는 밀양교수 강경희姜景禧에게, 또 강경희는 진주판관 홍정서洪廷瑞를 끌어대는 식으로 옥사는 점점 늘어났다. 또 윤자신尹自新이 전주부윤으로 나간 뒤 '역적의 괴수와 친밀하면서도 누락된 자와 죄는 무거운데도 벌이 가벼운 자'를 캐물었다. 그러자 사람들은 서로 돌아가며 끌어대고 고발하여, 마침내

52
『선조수정실록』 22년 12월 1일(갑술) 20번째 기사.

53
『선조수정실록』 23년 2월 1일(계유) 4번째 기사.

54
『선조수정실록』 23년 2월 1일(계유) 6번째 기사.

55
『선조수정실록』 23년 3월 1일(임인) 2번째 기사.

56
『선조수정실록』 23년 2월 1일(계유) 4번째 기사.

57
『선조실록』 23년 5월 19일(기미).

58
『선조실록』 23년 4월 3일(갑술).

59
『선조수정실록』 23년 6월 1일(신미) 1번째 기사.

60
『선조수정실록』 23년 6월 1일(신미) 5번째 기사.

형신을 받고 죽은 자가 70여 인이나 되었으며 억울하게 죽은 자가 매우 많았다고 하였다.⁶¹

공신을 책봉하고

이렇게 옥사는 거의 1년을 끌다가 1590년 8월에 평난공신平難功臣의 녹권錄券을 나누어 주고 고유제告由祭와 회맹會盟을 하면서 소강 국면에 들어갔다.⁶² 평난공신은 1등 3명, 2등 12명, 3등 7명 등 모두 22명이었다.

① 1등 추충분의 병기협책 평난공신推忠奮義炳幾協策平難功臣 3인: 박충간朴忠侃, 이축李軸, 한응인韓應寅

② 2등 추충분의 협책 평난공신推忠奮義協策平難功臣 12인: 민인백閔仁伯·한준韓準·이수李綏·조구趙球·남절南巀·김귀영金貴榮·유전柳㙉·유홍俞泓·정철鄭澈·이산해李山海·홍성민洪聖民·이준李準

③ 3등 추충분의 평난공신推忠奮義平難功臣 7인: 이헌국李憲國·최황崔滉·김명원金命元·이증李增·이항복李恒福·강신姜紳·이정립李廷立

박충간 이하 사람들은 고변했던 인물들이다. 민인백 이하 사람들은 정여립과 그 일당을 체포하는 데 공이 있던 인물들이다. 김귀영 이하 사람들은 추관으로서 죄인의 복초伏招(자백)를 가장 많이 받아냈다고 하였다. 혹자가 추관을 녹훈한 것에 대해서 지나치다고 하니 선조는 역적이 조정 관원 가운데서 나왔는데 다행히 제때 주벌했다고 여겨 추관들에게 공을 돌렸다고 하였다.

61
『선조수정실록』 23년 6월 1일 (신미) 7번째 기사.
기사 원문에 '윤우신(尹又新)'으로 되어 있으나, 『선조실록』 22년 10월 7일에 윤자신이 전주부윤으로 내려간 일 및 『선조수정실록』 24년 5월 1일(을축)의 기사로 미루어 당시 전주부윤은 윤자신으로 보인다. 두 사람은 본관이 남원으로, 증조부가 윤은(尹訔)인 6촌 사이었다.

62
『선조수정실록』 23년 8월 1일 (경오) 1번째 기사.

II장_
오염: 당쟁론과 근대주의

기축옥사는 햇수로 3년, 만으로 2년 가까이 지속된 옥사였던 만큼 소문도 많고 의심도 뒤따랐다. 옥사 당사자들뿐 아니라 억울한 피해자도 많았고, 국왕 선조를 비롯한 추관들도 적지 않았던 만큼 이 사건을 바라보는 시각도 여러 갈래일 수밖에 없었을 것이다.

기축옥사와 관련해서 당시나 지금이나 몇 가지 이슈가 있었다. 첫째, 정여립 모반의 사실성, 둘째, 고변과 옥사의 배후, 셋째, 정여립 사상의 성격이 그것이다. 앞으로 이들 논란이 되는 주제를 살펴볼 텐데, 정여립 모반의 배경, 규모, 강도에는 사료史料에 따라 차이가 있을 수 있으나 적어도 모반이 있었다는 사실을 부정하기는 어려울 듯하다.

당시 동인東人이 쓴 기록으로 추정되는 『괘일록掛一錄』에서는 조정에서 반신반의하면서 정여립을 고대하고 있었는데, 정여립이 도주하여 진안 죽도 별장에서 스스로 자결함으로써 큰 화禍가 일어났고, 정여립의 도주와 자결로 모반은 기정사실이 되었다고 보았다.[63] 『선조실록』과 『선조수정실록』에서도 모반이 허위라는 소문이 있다고 소개하고 있을지언정[64] 모반을 부정하는 자료를 찾

63
『괘일록』의 내용은 동인의 시각을 보여 주고 있고, 편자로 추정되는 이조민(李肇敏)은 김효원(金孝元)을 식객으로 두었다가 심의겸(沈義謙)에게 발견되어, 후일 동서분당의 한 원인을 제공하였던 인물이기도 하다. 『稗林』 제7집(탐구당, 1969) 『掛一錄』.

64
『선조수정실록』 22년 12월 1일 (갑술) 17번째 기사. "時得罪失志之流, 流言造謗, 至謂逆獄非眞. 由是朝臣忿激之論未已, 湖南士子尤躁擾相煽, 有此疏. 疏雖中格, 疏中擧名人, 則因此失陷者多." 역옥이 사실이 아니라는 소문이 오히려 옥사를 키웠다는 지적이다.

기가 어렵다. 정여립 사건과의 관련을 부정한 피의자는 있지만, 당사자가 도주 중 자결하고 당사자의 아들 정옥남을 포함한 다수 피의자의 공초와 승복이 있는 옥사를 '없었던 일'로 보기는 어려울 것이다.

안타까운 의심들

학계에서 정여립 모반을 조작, 날조 또는 무옥無獄으로 보는 대표적인 논자는 이희권 교수이다.[65] 그는 ① 전라도가 아닌 곳, 그것도 율곡 이이의 문인이 대다수인 황해도에서 고변된 점, ② 정여립은 자결이 아니라 진안현감 민인백에게 타살되었을 가능성이 있다는 점, ③ 정여립이 참설讖說과 과대망상으로 집권을 노릴 만큼 어리석지 않았던 점, ④ 대동계의 조직이 역모를 도모할 정도라면 항거도 없이 죽었을 리 없다는 점을 근거로 들었다. 여기에 이동희 교수는 두 가지를 추가하였는데, ⑤ 역모의 증거가 될 문건이나 병기를 찾아내지 못한 점, ⑥ 황해도에 숨었던 송익필과 송한필 형제가 면죄를 위해 정여립을 희생양으로 삼았다는 『동소만록桐巢漫錄』의 기록을 그 근거로 들었다.[66]

굳이 논박할 필요가 없을 만큼 위의 ①~④를 근거로 '조작, 날조 또는 무옥'임을 주장하기는 무리일 것이다. 그건 지금 우리의 관심이 아니다. 아마도 기록의 부족으로 인해 당시 상황의 재현이 어렵고, 또 많은 사람이 연루되어 죄 없이 희생된 사건이라는 데 대한 안타까움이 연구자의 마음에 깃든 게 아닐까 짐작한다. 필자는 조선의 시대상을 이해하는 방편으로 몇 가지 다른 의견

---

[65] 이희권, 『정여립이여, 그대 정말 모반자였나!』, 신아출판사, 2006, 76쪽.
이희환도 이희권의 주장을 따르고 있다. 이희환, 『조선정치사』, 혜안, 2015, 82~92쪽.

[66] 이동희, 『조선시대 정여립 모반사건과 전라도』, 전북연구원, 2022, 156~157쪽.

을 제시하고 싶다.

조선시대 사람들의 이동, 특히 관원과 지식인들의 이동은 생각보다 활발하였다. 정여립의 교제 범위 역시 한양, 경기도, 황해도, 경상도[67] 등으로, 활동 영역이 전라도만이 아니었다. 실제로 정여립이 임명되지는 않았지만, 이조판서 이양원李陽元은 정여립을 황해도 도사都事로 추천한 일로 사직한 일도 있었다.[68] 황해도에 이이李珥의 제자가 많다고 해도 이이가 세상을 뜬 지 5년이 지난 시점이고, 고변자인 황해감사 한준, 재령군수 박충간, 안악군수 이축, 신천군수 한응인 및 유생 조구趙球 중 누구도 이이의 제자나 친구가 아니었다. 더구나 조구는 정여립의 문생門生을 자처한 인물이었다. 그러므로 황해도에서 고변되었다는 점을 근거로 정여립의 모반을 날조라고 했던 ①의 주장은 허술하고 편향된 추측이다. 이렇게 주장하는 배경은 조금 뒤에 검토할 예정이다.

음모론적 오류

또한 ②의 진안현감 민인백이 정여립을 죽여 놓고 자살이라고 보고했을 가능성 역시 마찬가지이다. 이런 접근을 음모론적 오류라고 부를 수 있는데, 음모론적 오류는 반박하기 쉽지 않다. 왜냐하면 논거를 증명할 책임은 주장하는 쪽에 있는데, 그들 주장을 반박하려면 오히려 반박하는 쪽에서 논거가 없음을 증명해야 하는 난센스가 작동하기 때문이다.

조정에서 생포하라는 명이 이미 내려졌는데 민인백이 정여립을 죽이고 자결이라고 보고할 가능성이 오히려 희박하다. 국왕의

[67] 『선조실록』 22년 12월 14일 (정해).

[68] 『선조실록』 23년 4월 1일(임신); 『국역 연려실기술』 제14권 선조조 고사본말 기축년 정여립(鄭汝立)의 옥사(獄事).

명을 어기면서, 그것도 세간의 눈이 쏠린 초미의 관심사를, 진안 현감인 그가 도대체 무엇 때문에 정여립을 체포하지 않고 죽여서 입을 막겠는가. 그 어떤 관료가 그런 위험부담을 감수하겠는가. 정옥남의 공초 등 당시 사료 어디에서도 타살의 흔적은 전혀 보이지 않는다.

이희권 교수는 사료 비판을 통해 『토역일기討逆日記』를 연구에 반영하기보다 '민인백이 서인 정철 일파'이고, 정여립 자결 장면을 친한 사람의 증언으로 묘사했으며, 염탐 내용이 상세하다는 등의 이유로 『토역일기』가 신빙성이 없다고 단정하였다.[69] 한편 이동희 교수는 『토역일기』에서 정여립을 '병조 좌랑'이라고 한 점, 친인척인 전주진사 김경지金敬止와 이인경李麟慶을 매부라고 한 점, 이진길이 정여립의 누이 아들이므로 '생질 4촌'(3촌 조카의 오류)인데 5촌이라고 한 점, 다른 문헌에서는 정여립이 진안 죽도에서 죽었다고 하는데 다복동이라고 한 점을 들어 『토역일기』에 대한 의심에 동참하였다.[70]

오류와 날조는 다르다

이희권 교수의 주장과 달리, 이동희 교수의 지적은 짚어 볼 만한 가치가 있다. 그는 『토역일기』의 오류를 지적했기 때문이다. 먼저 확인할 것은 오류와 날조는 다르다는 점이다. 어떤 기록에 오류가 있는 것은 흠이다. 그렇다고 그 기록이 '날조나 조작'인 것은 아니다. '날조나 조작'이라는 주장은 음모론의 영역이고, 오류의 지적은 사료 비판의 영역이다. 이 둘을 혼동하면 논의가 되지 않

---

69 이희권, 『정여립이여, 그대 정말 모반자였나!』, 신아출판사, 2006, 96~97쪽.
이희권은 『괘일록(掛一錄)』은 공정하다고 보았다. 이는 연구자 자신이 당쟁론에 포섭되어 있기 때문에 나타나는 현상이라고 필자는 진단한다. 후술하겠다.

70 이동희, 『조선시대 정여립 모반사건과 전라도』, 전북연구원, 2022, 162~170쪽.
이동희는 예의 '서인의 시각'이라고 결론 내렸는데, 이런 비약의 함의 역시 후술하겠다.

는다.

　이런 점에서 『토역일기』의 오류에 대한 지적은 『토역일기』의 사료 비판이 필요함을 말해 준다. 이건 조사하고 논의하면 된다. 이와 달리 『토역일기』를 조작이나 날조라고 본다면 더 이상 논의가 불가능하다. 필자는 이동희 교수의 지적에 호응하여 『토역일기』의 기사와 날짜를 『선조실록』 및 『선조수정실록』과 대조해 보았는데 큰 오차를 발견하기 어려웠다. 이 주제는 별도의 논고를 통해 논증할 것이다.

　모반은 사회와 민생의 불안에 따른 민심의 동요, 참설 등이 주는 희망이 얽히며 발생하는 법이다. 그러므로 모반은 어리석은 사람만 꾀하는 게 아니라, 꿈이 큰 천재도 꾀할 수 있는 것이다. 그러므로 ③의 근거 역시 얼마든지 다른 주장이 가능한 설명이다. 이 또한 증명할 수 없는 근거라는 점에서 논의가 불가능하며, 이때 증명 책임은 반박자가 아니라 주장자에게 있다.

　진안 다복동에서 포위된 정여립이 자결하면서 같이 있던 무리들이 궤멸되었고, 민인백이 체포한 관련자를 호송할 때 몇몇 복병이 있었으나 곧 달아났다고 하였으니, 저항 세력이 없었다고는 하기 어렵다. 또 모반의 추국推鞫에서 물증과 함께 자백이 정형正刑의 핵심 요건인데, 다수의 관련자가 승복했던 점을 고려한다면[71] ④, ⑤의 근거 역시 조작설을 주장하기에는 부족한 증거이다.

송익필 배후설의 허구

기축옥사가 일어난 지 150년 이후의 당론서에 송익필 형제의 배

[71] 김우철, 「조선후기 推鞫 운영 및 結案의 변화」, 『민족문화』 35, 2010, 211~213쪽; 오항녕, 「조선시대 추안(推案)에서 만난 주체의 문제」, 『중국어문논역총간』 34, 2014, 80쪽.

후설이 실린 뒤[72] 이를 근거로 삼아 정여립 모반의 조작설이 주장되었다. 하지만 ⑥의 송익필 배후설이 불가능하다고 논증한 연구가 최근 나온 바 있다.[73]

송익필은 선조 대 8명의 문장가 중 한 사람으로 꼽혔다. 그의 문집 『구봉집龜峯集』이 남아 있는데, 초간본初刊本은 송익필의 문인인 죽서竹西 심종직沈宗直에 의해 1622년(광해군14)에 간행되었다.[74] 문인인 정엽鄭曄의 후서後序가 수록되어 있으며, 뒷부분에는 김장생과 신흠申欽(문장 4대가의 한 명)의 발문跋文이 실려 있다. 『구봉집』에 220여 수의 시가 실려 있는데, 시구詩句 중간에 간간이 짧은 시평詩評이 붙었다. 평자가 누구인지는 확실하지 않지만, 허봉許篈이나 그의 동생인 허균許筠일 것으로 추측된다.

송익필은 이이, 성혼과 막역한 친구였다.[75] 예학禮學의 대가로 알려진 김장생金長生도 그에게 예학의 본의를 배웠다.[76] 김장생의 제자 송준길宋浚吉의 아버지 송이창宋爾昌도 구봉에게 수학하였다. 김장생 외에, 김장생의 아들 김집金集, 정엽, 서성徐渻, 정홍명鄭弘溟, 허우許雨, 김반金槃, 강찬姜澯 등도 제자였다. 송강 정철과 중봉重峯 조헌趙憲은 송익필과 친구였다.

기축옥사가 일어났을 때, 송익필 형제는 순흥안씨順興安氏가 제기한 노비 소송에 패하여 도망 중이었다. 1586년 송익필이 53세 때 안처겸安處謙 후손 안씨들이 소송을 제기하여, 송익필 등이 자신들의 노비라고 주장하였다. 3년의 긴 소송 끝에 납득할 수 없는 판결이 내려져서 이미 당상관을 지낸 송사련宋祀連의 아들 송익필 등 집안사람 70명이 노비로 전락하였다. 이때의 판결은 조선 후기 『결송유취보決訟類聚補』에서조차 공정성 시비의 대표 사례로 제시할 정도였다. 『괘일록』에서도 소송의 목적이 추노推奴가 아니

72
송익필 또는 동생 송한필(宋翰弼)을 기축옥사의 배후로 단정한 기록은 남하정(南夏正 1678~1751)이 쓴 『동소만록(桐巢漫錄)』이 대표적이다. 이후 『괘일록(掛日錄)』 『당의통략(黨議通略)』 등에도 수록되었다.

73
임상혁, 『나는 선비로소이다』, 역사비평사, 2020.
송익필 형제의 기축옥사 배후설 그에 대한 비판은 296~304쪽에 실렸다.

74
정선용 역, 『국역 구봉집』, 한국고전번역원, 2020; 이종호, 『구봉 송익필』, 일지사, 1999.
한국고전번역원의 한국고전종합DB에는 중간본 국역본이 탑재되어 있다.

75
이들 사이에 주고받은 편지를 모은 책이 『삼현수간(三賢手簡)』이다. 임재완 역, 『세 분 선생님의 편지글』, 호암미술관, 2001.

76
한기범, 「구봉 송익필의 예학사상」, 『한국사상과 문화』 60, 한국사상문화학회, 2011.

라 피의 보복이었다고 적었다.

이 판결 때문에 송익필 형제는 유망했던 것이다. 송씨 일가는 누구라도 걸리면 죽을 상황이었다. 사람들 눈에 띄지 않는 곳으로 멀리 숨었다. 송익필을 숨겨 주려는 이는 많았다. 아계鵝溪 이산해李山海의 집에 숨어 있기도 했다. 이산해는 동인의 영수이자 나중에 북인의 영수였던 인물이다. 8문장에 속한 사람으로 젊어서부터 송익필과 친분이 있었다. 조헌은 안씨 집안으로부터 송익필을 사서 속량贖良(대가를 지불하고 양인이 됨)시킬 생각도 했지만, 안씨 집안에서는 절대 팔지 않을 분위기였다.

그러니 '천지가 온통 한 그물이어서 어디 발 디딜 곳도 없던'[77] 송익필이 황해도의 감사와 현령 등을 조종하여 기축옥사를 일으켰다는 주장은 납득하기 어렵다고 하겠다. 아닌 게 아니라 송익필 형제의 배후설이 사실로 논증되기 위해서는 넘어야 할 산이 켜켜이 놓여 있는데, 아마 소문 이상이 되긴 힘들 것이다. 오히려 송익필 배후설은 사실 여부를 따질 주제라기보다 기축옥사에 대한 기억이 당쟁론으로 바뀌는 과정을 여실히 보여 준다는 점에서 의미가 더 큰 것으로 보인다.

시간은 기억의 편이 아니다

반란이나 모의는 어느 시대에나 있었다. 살기 힘들거나 나라와 왕정이 뜻에 맞지 않으면 반란을 도모하는 사람도 있는 게 오히려 자연스럽지 않을까? 연구자는 사료가 가리키는 방향에 따라 서술할 뿐이다. 그런데 반란이나 모의에 가부可否의 가치를 부여

[77] 『국역 우계집』 속집 제4권, 「조여식(趙汝式) 헌(憲)에게 보내다」

하기 시작하는 순간 오히려 오류의 가능성이 열릴 수 있다. 더구나 많은 실험들이 보여 주었듯이, 시간은 기억의 편이 아닐 때가 많다. 시간이 흐를수록 사람은 자기에게 유리한 대로, 끼리끼리 듣기 좋은 대로 기억을 강화하기 쉽다. 가벼운 자동차 접촉사고가 났을 때도 양측의 기억이 다른 경우가 빈번한데, 하물며 많은 사람이 연루되고 희생된 옥사임에랴!

기축옥사는 정여립 모반 하나만으로 구성된 사건이 아니었다. 누차 보았듯이 만연蔓延(질질 끌면서 늘어남)했다는 말이 곳곳에 나왔고, 만 2년 가까이 끌었던 옥사였다. 억울하게 연루되었다가 석방되기도 했지만 귀양 가거나, 심문, 질병 등으로 죽임을 당한 사람도 많았으니, 그만큼 의심과 소문이 점점 커져 간 것이 당연하였다. 어쩌면 그런 의심과 소문으로라도 한을 풀고 싶었던 민심의 소산이었는지도 모른다.

이렇게 사실은 기억되는 과정에서 과장, 왜곡된 기억으로 다시 등장했고, 그 기억은 서로 다른 재현을 낳았다. 그 재현 중 대표적인 것이 '동인-서인' 프레임으로 기축옥사를 기억하는 방식이다. 통용되는 한 사전에는 기축옥사에 대해 "1589년[己丑年] 10월에 정여립이 역모를 꾀하였다 하여, 3년여에 걸쳐 그와 관련된 1,000여 명의 동인계東人系가 피해를 입은 사건이다"라고 나와 있다.[78] 다수의 연구자들이 이를 사실로 받아들여 반복 서술하고 있는데, 그 근거는 『동소만록桐巢漫錄』일 것이다.

『동소만록』에는 "기축옥은 송익필이 주도하고 정철이 완결지은 사건이다. …… 주상이 곧 정철을 우의정에 임명하여 옥사를 담당하게 하였다. 며칠 뒤 우계가 이조참판이 되어 올라오자 송익필 형제가 그 사이를 왕래하면서 여러 모의하는 논의에 언제나

[78] 『한국민족문화대백과사전』 '기축옥사' 조(2023년 11월 23일 검색).

참석하였다. …… (정철은) 옥사가 일어나자 추관을 대신하여 동인을 얽어매는 데 힘썼다. 평소 좋아하지 않던 사람들을 모두 얽어서 잡아넣고, 3년을 끌어서 죽은 자가 거의 천여 명[家, 시에 이르렀다"고 기록되어 있다.[79]

현대의 연구자 일부는 기축옥사에 대한 당쟁론의 프레임을 그대로 받아들였다. 대표적으로 김용덕 선생은 정철이 정여립의 도망을 확신한 것이 음모의 최고 지휘자임을 증명한 것이고, 송익필이 조구를 시켜서 박충간에게 제보한 것이며, 정철이 3년간에 걸쳐서 옥사를 얽어 천여 명 사망했다는 등 『동소만록』의 주장을 반복하였다.[80] 그는 "정여립이 도망칠 것이라고 정철이 말한 것이 음모의 증거"라고 주장하였다. 모반 또는 옥사가 벌어지면 여러 추측이 오고 간다. 정철의 말은 그 추측 중 하나일 것이다. 그 추측을 두고 조작의 근거라고 주장한다면 이는 비약이고 상식을 벗어나는 일이다. 무슨 수로 혐의자의 도주까지 조작한다는 말인가. 앞서 살펴본 대로 송익필의 조작설 역시 근거가 없고, '동인 천여 명 사망 운운'은 전혀 사실과 동떨어져 있다.[81]

당쟁론의 굴레 벗어나기

그런데도 이런 주장, 기억이 계속되는 이유는 무엇일까? 첫째, 당색 프레임이 주는 이분법이 기억이나 서술에 편리하다는 일반적인 이유가 있을 것이다. 둘째, 연구자 자신이 당색 프레임에 말려드는 경우이다. 그 대표적 현상 중 하나가 기축옥사 조작설이다. 조작설을 주장하게 되면 옥사 발생의 다른 이유를 찾아야 하는

79
남하정(南夏正), 『동소만록(桐巢漫錄)』(국립중앙도서관, 한古朝93-31) 권1. "東人名士騈首寃死者殆千餘家", "己丑鄭逆之獄, 圖代推官務爲羅織, 凡平日所不悅者一切陷入, 蔓延三載, 死者幾千餘人, 而鄭介淸·崔永慶·李潑·洁(원문에 潔. 이길(李洁)의 오기인 듯), 蓋其最甚嫉者也, 極力鍛鍊必致之死地."

80
김용덕, 「鄭汝立硏究」, 『한국학보』 4, 1976, 46~47·59·63쪽 등.

81
이이화는 신정일의 『지워진 이름 정여립』, 가람기획, 2000. 「발문에 부쳐」에서, 김지하는 신정일의 『조선을 뒤흔든 최대 역모사건』, 다산초당, 2007. 「발문」에서 '천여 명 설'을 반복했다. 심지어 뒤의 책 부제는 아예 '조선 천재 1,000명이 죽음으로 내몰린 사건의 재구성'이다.

데 그 다른 이유로 당색만 한 것이 없다. 조작설을 주장하는 이희권, 이희환의 연구에 당색 프레임이 드리운 이유이다. 조작설과 당색 프레임은 이렇게 상호 강화하는 관계에 있다.

당색 프레임은 당쟁론의 하나라고 말할 수 있다. 흔히 생각하듯 당쟁론은 식민사관의 특수한 논리가 아니다. 역사에 대한 객관적이고 보편적인 인식의 결여를 보여 주는 어떤 사유 또는 접근 방식이라고 말해야 정확한 설명이다. 권력의 배분, 정책의 결정과 시행, 사회와 나라의 비전을 다루는 정치사를 인간의 의지나 욕망만을 잣대로 서술하고 설명할 때 나타나는 보편적 오류의 하나이기 때문이다. 사실에는 늘 구조, 의지, 우연이 결합되어 있다는 역사학적 관점에서 보았을 때 당쟁론은 역사적 사건을 설명하기에는 근본적으로 편협하고 비논리적인 시각이다. 하지만 그 설명의 편리함으로 인해 당쟁론은 역사학자의 방심을 타고 언제든지 등장할 수 있는 것이다.[82]

당론 프레임 또는 당쟁론을 통해서 기축옥사를 볼지, 모반으로 촉발된 왕조 시대의 사건이라는 관점에서 접근할 것인지에 따라 기축옥사의 성격은 달라질 것이다. 당쟁론으로 접근하면 사태를 편 가르기 방식으로 이해할 우려가 크다. 이에 비하여 기축옥사를 하나의 사건으로 접근하면, 사람의 의지와 판단에 따라 풀어 갈 수 있는 영역과 어쩔 수 없는 객관적 조건을 다 고려할 수 있다. 그러므로 후자가 진실에 더 다가갈 수 있는 접근 방법이라고 생각한다. 당색으로 설명되지 않는 사실도, 모반이라는 프리즘을 통해 보면 다 설명되는 이유가 여기에 있다.

오랜 역사학의 경험에서 볼 때 '누구 말이니까 거짓이다, 틀렸다'는 주장은 논증을 결여한 진술이다. 이미 춘추시대에 공자孔子

---

[82] 오항녕, 『유성룡인가 정철인가-기축옥사의 기억과 당쟁론』, 너머북스, 2015, 258~259쪽. 사실의 세 요소에 대한 이론과 논증은 오항녕, 『역사학 1교시, 사실과 해석』, 푸른역사, 2024 참고.

는 사람이 싫다고 그의 말까지 버리지 말라고 했다.[83] 흉포한 도척盜跖도 선한 말을 할 때가 있으며, 거룩한 성인도 그른 말을 할 수 있기 때문이다. 논증은 '무엇이 이러저러한 이유로 거짓이다, 틀렸다'로 서술되어야 한다. 하지만 메시지보다 메신저를 공격하는 편싸움의 위력과 매력은 종종 메시지에 대한 검증이나 논증을 압도한다.

정리하자면 당색 프레임은 두 가지 점에서 위력적이다. 첫째, 사실의 측면에서, 기축옥사가 동서분당 이후에 벌어진 사건이기 때문에 당쟁론은 충분히 배경으로서 설득력을 갖추고 있다는 점이다. 둘째, 기억의 측면에서, 사람들은 모호한 상황일수록 확정 짓고 싶어 하되 가능한 한 유리하게 해석하기 마련이기 때문이다. 나아가 사람들의 해석과 하소연을 통해 다시 기억은 수정되고 재현을 거듭한다. 이런 과정을 거쳐 훗날 당론서들이 탄생하였을 것이다.

본고에서 그 당론서를 다 다룰 수는 없다. 정호훈, 이선아 선생이 17~18세기 당론서에서 기축옥사를 서술하는 관점을 검토한 바 있으니 필자의 견해와 비교하며 참고하기 바란다.[84] 당론서의 시각, 즉 동인, 서인으로 갈라서 피해, 가해를 규정하거나, 선과 악으로 포폄하는 방식으로는 기축옥사를 이해할 수 없다는 것이 필자의 생각이다. 기축옥사가 동서분당 이후에 발생했더라도, 이 사건은 '모반 자체'를 중심에 놓고 들여다보아야 사태 판단에 오해가 적을 것이다. 연구자 자신이 동인과 서인 중 어느 당사자가 되어 논의를 전개하는 동일시의 오류에 빠지지 않도록 하기 때문이다.

83
『논어(論語)』,「위령공(衛靈公)」에 "군자는 말만 잘한다고 해서 그 사람을 등용하지 않고, 그 사람 때문에 그의 말까지 버리지 않는다.[君子不以言擧人, 不以人廢言]" 하였다.

84
정호훈,「조선후기 당쟁과 기록의 정치성」,『한국사학사학보』 33, 2016; 이선아,『조선전기』 4, 전라도천년사, 2022, 제4편 제2장 기축옥사와 붕당의 당론.

『선조실록』의 약점

이에 두 가지 방법으로 당쟁론에 입각한 기축옥사의 기억과 해석을 다루고자 한다. 첫째, 후대 당론서 서술의 출발이 되는 『선조실록』의 기사記事 성격을 재검토하겠다. 둘째, 동인-서인 프레임으로 환원되지 않는 구체적 사례를 들어 향후 기축옥사 연구에서 당론 프레임을 꾸준히 경계해야 할 필요성을 강조하겠다.

『선조실록』의 기사 성격을 검토하기 전에, 우선 상기할 사항이 있다. 7년이나 이어졌던 임진왜란으로 추안推案을 비롯하여 당시 기록이 대부분 사라졌고 남은 기록은 매우 엉성하다는 사실이다. 현존하는 기축옥사 당시 추안이나 『승정원일기』가 없는 상태에서, 현재 역사학도가 기댈 수 있는 사료는 옥사 당시 사초가 포함되어 있는 『선조실록』이다.

『선조실록』에 대해서는 두 가지 점이 고려되어야 한다. 첫째, 일본의 침략으로 시작된 임진왜란으로 국왕 선조가 평안도 의주義州로 파천하는 와중에 역사 기록이 손상되었다. 기록을 담당하는 사관이나 승정원 주서注書 등이 도망쳤기 때문이다.[85] 1609년(광해군1) 『선조실록』을 편찬할 때 춘추관에서 올린 보고에 '사초가 하나도 남은 게 없다'고 한 데는 이런 사정이 있었다.[86] 실제로 옥사가 한창이던 1589년 10월 『선조실록』의 기사는 13일분 21조항, 11월 기사는 9일분 17조항에 불과한 데다, 매우 소략하다.

둘째, 『선조실록』 자체의 역사학적 가치에 대한 의문이다. 연구자들은 『선조실록』과 『선조수정실록』에 대해서 '북인, 이이첨이 편찬한' 또는 '서인이 편찬한' 운운하면서 그 당파성을 지적하는 데는 익숙하지만, 두 실록의 특성에 대해서는 정작 논의를 소홀히

85
『선조실록』 25년 6월 13일(신축).
사관 조존세(趙存世)와 김선여(金善餘), 주서 임취정(任就正)과 박정현(朴鼎賢) 등이 당시 재임 중이었다.

86
『광해군일기』(중초본) 1년 10월 5일(계축).

하였다. 이로 인해 놓치는 사료와 논점이 있었다고 생각한다. 그럼 이제 『선조실록』을 찬찬히 검토해 보자.

사라진 그날의 기록

기축옥사에 대한 기록이 부실하기는 실록도 마찬가지이다. 첫 번째 원인은 전쟁에 있었다. 광해군 즉위년 9월, 선조 시대의 실록을 편찬하려고 했을 때 "사책史冊이 모조리 없어져서 걱정이니 사료를 수집해야 한다"는 말이 나왔다.[87] 춘추관에서 '사책이 없어져서 걱정'이라는 말은 선조 시대의 사초가 없다는 말이다. 무슨 일이 있었을까?

 1592년(선조25) 4월 왜란이 일어나자, 선조는 피란을 떠났다. 궁궐에 불이 났다. 예전에는 백성들이 불을 질렀다고 했으나, 최근 연구는 왜군들의 소행이라고 보고 있다. 이때 역대 홍문관에 간직해 둔 서적, 춘추관의 각 왕대 실록, 다른 창고에 보관된 전조前朝의 사초史草, 즉 『고려사高麗史』를 수찬할 때의 초고가 불에 탔다. 또 『승정원일기』가 남김없이 불탔고, 내외 창고와 각 관서에 보관된 문서도 모두 도둑맞거나 불탔다. 기축옥사에 대한 기록인 추안推案도 이때 불탔을 것이다.

 선조가 한양을 떠나 파천하는 와중에 역사 기록도 손상되었다. 기록을 담당하는 사관이나 승정원 주서注書가 도망쳤기 때문이다. 사관 조존세趙存世와 김선여金善餘, 주서 임취정任就正과 박정현朴鼎賢 등이 바로 그들이다. 이들은 좌우左右 사관으로서 처음부터 호종하면서 선조의 침실 문을 떠나지 않았으므로 선조가 자식처

[87] 『광해군일기』 즉위년 9월 17일.

럼 여겼다. 주서는 『승정원일기』의 작성을 담당하는 관직이다.

어느 날 밤 선조가 요동遼東으로 건너갈 것을 의논하던 중 사관들은 몰래 도망치기로 하고 사초책史草冊을 구덩이에 넣고 불을 지른 뒤 어둠을 틈타 도망했다. 피난 중 선조가 길에서 자주 돌아보며 사관은 어디 있느냐고 물었는데 모두 보지 못했다고 대답했다. 그러자 선조는 "김선여가 탄 말이 허약하더니 걸어서 오느라 뒤처졌는가?"라고 되물었다고 한다. 그에 대한 믿음을 버리지 않았던 것이다.

새벽이 되어서야 그들이 도망친 사실을 알고 선조도 말씨와 낯빛이 참담해졌다. 같이 가던 신하들도 모두 격분하며 "뒷날 상이 한양으로 돌아가면 저 무리들이 어떻게 살아남겠는가"라고 했다. 도망친 사관 네 사람은 각각 영남과 호남으로 가서 가족을 찾았는데 고을 관아에서 먹을 것을 얻으며 핑계 대기를 "상이 물러가라고 허락했기 때문에 돌아왔다"고 했다.

사간원의 요청에 따라 선조는 이들을 관원 명단仕版에서 삭제했다. 그러나 어찌 된 일인지 1599년(선조32)에 조존세와 김선여는 다시 대교와 검열로 복직해 사관의 직무를 수행하게 된다. 선조가 도성에 돌아온 뒤 네 사람도 돌아왔다. 이들을 사관 후보로 올리자, 선조는 "어찌 도망한 자들에게 다시 사필史筆을 잡게 할 수 있겠는가. 일반 관원이라면 몰라도 ……"라고 했다. 이 때문에 이들을 모두 지방 관직에 임명했다.[88]

이들은 모두 정승 이산해의 문하였다. 김선여는 김첨경金添慶[89]의 아들로 문망文望이 있었다. 임취정은 임국로任國老[90]의 아들이었다. 박정현은 박계현朴啓賢[91]의 종제從弟였다. 조존세는 조사수趙士秀[92]의 손자였다. 임무를 방기했으니 명문名門이란 말을 계속 써도

88
『선조수정실록』 25년 6월 1일.
89
주요 관직에 올랐고 역학과 경학에 밝았다.
90
이조참판으로 기축옥사에 연루되어 파직되었다가 이후 이조판서 등을 역임.
91
호조판서를 비롯해 여러 관직 역임.
92
제주목사에서 좌참찬까지 주요 직책 역임.

될지 모르겠으나, 아무튼 대대로 벼슬한 집안이었다. 김선여는 그나마 벼슬하기를 수치스럽게 여기고 살다가 일찍 죽었지만, 조존세·임취정 등은 광해군 때 귀척貴戚이라는 이유로 등용돼 고관이 됐다. 조존세는 성균관 대사성까지 지냈으며, 임취정은 광해군의 신임을 얻어 승지·대사헌을 지냈고, 박정현은 광해군 8년에 강원감사까지 지냈다.

춘추관에서 올린 보고에 '사초가 하나도 남은 게 없다'고 한 데는 이런 사정이 있었다. 그래서 춘추관에 남아 있던 유희춘柳希春의 『미암일기眉巖日記』, 왜란 때 좌승지로 선조를 호종했던 이정형李廷馨의 일기도 실록 편찬 자료가 되었다. 임진년 이후의 사초를 토대로 편찬하되, 여러모로 자료를 수집하기로 했다. 사관이나 겸춘추兼春秋를 지낸 사람 집에 있는 기록, 전·현직 관료의 집에 있는 조보朝報, 일기 등이 대상이었다. 고증할 만한 긴요한 문서를 바치는 사람에게는 특별히 상을 주도록 했다. 사대부의 문집 중에 비명碑銘·소疏·차箚의 내용이 시정時政에 관계되거나 고증하고 채택할 만한 것 역시 모두 수집했다. 당시 사관은 다음과 같은 논평을 달았다.

"선조 시대 임진년 이전의 사초가 춘추관 및 승정원에 보관되어 있었는데 사관인 조존세·김선여·박정현·임취정 등이 모두 불태우고 도망갔으므로 이때 총재관 이항복이 이 계를 올렸던 것이다. 그러나 이항복 등이 수집을 끝내지 못하고 기자헌·이이첨이 대신하게 되자, 역사 기록이 아주 잘못되었다."[93]

93
『광해군일기』 1년 10월 5일.

『선조실록』 편찬의 우여곡절

사람들이 남긴 기록이 왜곡되거나 사라지는 데는 크게 두 가지 이유가 있다. 하나는 자연적인 요인이고, 둘째는 인위적인 요인이다. 당연히 후자의 피해가 더 크다. 『선조실록』의 경우 임진왜란으로 실록을 편찬할 사초를 대거 손실한 데다, 광해군 대 어지러웠던 정치 상황으로 실록 편찬이 늦어졌다.

당초 예조판서 이정구李廷龜의 요청에 따라 그와 함께 실록 편찬 책임을 맡을 인물을 뽑았는데, 제학 신흠申欽이었다. 두 학자는 조선 중기에 문장으로 뛰어난 4대가로 꼽힌다. 1609년(광해군 원년) 10월, 흩어진 사료를 모아 실록 편찬을 시작할 당시 총재관은 백사白沙 이항복李恒福이었다. 1611년 11월, 이정구가 대제학이 되었고 이정구의 건의로 신흠이 합류했으니 이항복·이정구·신흠이라는 당대 최고의 학자이자 관료로 실록 편찬의 진용을 갖추게 되었다. 이런 인연 때문인지 이정구는 후일 백사를 두고, "그가 관직에 있은 지 40년, 누구 한 사람 당색에 물들지 않은 사람이 없을 정도였지만 오직 그만은 초연히 중립을 지켜 공평히 처세하였기 때문에 아무도 그에게서 당색이란 찾아볼 수 없었다. 또한 그의 문장은 이러한 기품에서 이루어졌으니 뛰어날 수밖에 없지 않겠는가!"라고 평가했다.

그러나 이항복은 1613년(광해군5) 김제남金悌男의 옥사[94]와 연루돼 인재 천거를 잘못했다는 이유로 한직인 중추부로 좌천되었다. 1617년(광해군9), 그는 인목대비를 서궁西宮에 유폐하는 데 반대하다가 함경도 북청에 유배됐다가 그곳에서 세상을 떴다. 이정구와 신흠 역시 김제남의 옥사에 연루돼 파직되었다. 이정구는 광해군

[94] 선조의 장인으로 영창대군을 추대한다는 무고를 받고 사사되었다.

13년 외교문서를 담당할 전문가가 없자 다시 등용됐고, 신흠은 파직되어 광해군 9년 1월에 춘천으로 유배당했다가 인조반정을 맞았다.

이항복·이정구·신흠으로 구성되었던 초기 실록 편찬 직임을 대체한 인물은 이이첨李爾瞻이었다. 그는 김제남 옥사의 와중이던 1613년 8월, 예조판서 겸 대제학을 맡아 실록 편찬을 주도했다. 광해군 초반의 정부政府, 곧 조정은 대북大北 세력이 중심이기는 했지만 서인·남인이 함께 공존하는 형국이었다. 그러나 소북小北 계열은 유영경의 퇴출 후 세력이 약해졌고, 그 뒤 몇몇 옥사가 진행되면서 서인과 남인은 자의든 타의든 조정을 떠나야 했다.

다른 실록과 달리 광해군 때의 『선조실록』 편찬은 무려 8년이 넘게 걸렸다. 이렇게 지지부진했던 이유는 첫째, 앞서 말한 임진왜란을 겪으며 사라진 자료의 수습이 필요했기 때문이다. 둘째, 편찬에 참여하는 관료들의 불성실이 요인이었다. 사실 이는 본직이 있는 관원이 실록 편찬을 겸하기 때문에 생기는 구조적인 문제로, 조선실록 편찬에서는 늘 있는 일이라는 점에서 광해군 대의 실록 편찬이 늦어진 이유가 될 수 없다고 말할 수 있을 것이다. 다만 광해군 대 경연의 소홀이 소통 부재의 징표이자 결과였던 것과 마찬가지로, 관료들의 불성실이 계속된 옥사獄事와 연관이 있다면 광해군 대의 특수한 이유가 될 것이다. 셋째, 광해군 5년 계축옥사는 조정에서 대북大北 세력 외에 다른 정치세력을 배제하여 인재의 부족을 낳았고 이는 당연히 실록 편찬에도 영향을 미쳤다.

실록 수정의 방향

『선조실록』은 편찬에 오랜 시간을 보내고 1618(광해군10) 7월, 지방 4사고(태백산, 정족산, 적상산, 오대산)에 봉안되었다. 그런데 『선조실록』은 편찬이 늦어진 것만이 문제가 아니었다. 실록의 내용에 대한 공정성 시비가 끊이지 않았다. 그리하여 실록의 『선조실록』을 수정해야 한다는 논의가 이어졌다. 『선조실록』이 편찬된 광해군 때에는 공정성에 대한 의문이 잠복해 있었을 뿐이고, 드러났다 해도 바로잡을 의지도 경황도 없었다. 『선조실록』에 대한 수정 논의가 본격적으로 진행된 것은 계해반정(인조반정)으로 정권이 바뀐 뒤의 일이다.

조선 초 『태조실록』이 세종 대 후반에 이르러 수정된 적이 있었다. 건국 초기의 부족한 정보를 보완한다는 취지였지만, 실제로는 건국 과정의 합리화를 위한 수정이라는 혐의를 벗어나기 어려웠다. 이후 일단 편찬된 실록이 다시 수정된 경우는 없었다.

이런 이유로 실록이 수정되었다는 사실 자체가 『선조실록』의 객관성을 의심하게 하는 요인이 되었다. 손을 댄 실록이기 때문이다. 거시적으로는 조선이 식민지로 귀결되었다는 역사적 현실, 미시적으로는 일제강점기 이후 광해군에 대한 긍정적 평가와 인조반정에 대한 부정적 평가가 맞물리면서 『선조실록』의 수정은 '선조宣祖 이래 격렬한 당쟁의 결과'라는 뻔한 해석에 그쳤다. 하지만 그렇게 넘어갈 사안이 결코 아니다.

『선조실록』의 수정 논의는 인조 원년에 처음 제기되었지만 나라 안팎의 사정으로 중단되다가 1657년(효종8)에 이르러 마무리되었다. 1623년(인조 원년) 8월, 경연 석상에서 특진관 이수광李睟光, 이

정구 및 임숙영任叔英 등은 『선조실록』이 '역적賊臣', 즉 이이첨의 손에 의해 편찬되었으며, 애초 이항복이 총재관이 되어 제학 신흠 등과 찬수하다가 계축옥사(1613, 광해군5) 때 이들이 쫓겨나고서 이이첨 등이 초고를 지우고 자신들에게 불리한 사료를 없앴다고 주장했다. 이수광은 『지봉유설芝峯類說』을 저술한 인물이다. 원래 이수광은 당색으로 분류하자면 북인이었으나 광해군의 난정亂政 시기에 낙향해 있다가 반정 후에 조정에 들어왔다. 임숙영도 북인이었지만 광해군 때 귀양을 갔다가 반정 후에 조정에 들어왔다.

발의된 『선조실록』 수정은 『광해군일기』의 편찬으로 우선순위에 밀리고 이어 정묘호란, 병자호란을 겪으며 적절한 착수 시점을 잡지 못했다. 그러다가 1641년(인조19) 2월, 택당澤堂 이식李植(1584~1647)의 상소로 수정이 시작되었고, 1647년 6월, 실록 수정을 주도하던 대제학 이식이 세상을 뜰 때까지 대략 수정할 윤곽을 잡았던 것으로 보인다.

실록 수정은 ① 사실史實의 보완과 ② 사론史論의 수정이라는 두 방향에서 이루어졌다.[95] 먼저 수정을 위한 「범례」를 확정했다. 이는 이식의 『간여본刊餘本』(문집을 간행하고 남은 필사본)에 보인다.

『선조실록』과 『선조수정실록』의 기사를 비교하다 보면 몇몇 사건을 중심으로 보완이 이루어졌음을 발견할 수 있다. 전체 분량으로 보면 수정본이 원본의 5분의 1에 불과한데, 이는 수정본이 원래의 사초를 이용할 수 없었다는 한계와 '수정'이라는 특수한 목적을 가진 데서 기인하였다. 수정은 선조 시대 중요한 사건의 기사를 보완하는 방향으로 이루어졌다.

『선조수정실록』에서 보완된 기록은 선조 대 주요 사건인 동서분당 및 임진왜란에 관한 내용이다. 동서분당에 대해서는 당론

---

[95] 오항녕, 「宣祖實錄』 修正攷」, 『한국사연구』 123, 2003: 『후대가 판단케 하라』, 역사비평사, 2018, 제2부 '주목사의 출발: 「선조수정실록」'에 재수록.

과 관련된 내용이 보충되었고, 임진왜란 관련 기사에서는 의병 활동에 대한 기록을 늘렸다. 의병의 활동 자료를 보완한 것은 실록 수정 담당자들이 임진왜란 극복의 원동력을 어떤 관점에서 이해했는지를 보여 준다. 이런 기조가 이어져 해전海戰의 승리로 임진왜란의 전세를 바꾼 이순신李舜臣에 대한 기록도 추가되었다. 이순신에 관한 기록은 『선조수정실록』에서 보완에 관심을 기울인 기사였다.

편파적인 사론의 수정

광해군 때 편찬된 『선조실록』에서 왜곡이 가장 심하다고 알려진 부분은 사론史論이다. 사론 중 해당 인물이 죽었을 때 기록하는 줄기 등을 근거로 몇몇 사례를 살펴보면 다음과 같다. (첨)은 『선조실록』, (식)은 『선조수정실록』의 기록이다. 첨은 이이첨, 식은 이식의 약자이다.

① 유성룡柳成龍(남인): (첨) 왜倭와 강화講和를 주장하고, 근친覲親 중에 술을 마셨다. → (식) 학행과 효우孝友가 있었고 부친의 간병을 극진히 했다.

② 이이첨李爾瞻(대북, 편찬자 본인): (첨) 영특하고 기개가 있었으며 간쟁하는 기품이 있었다. → (식) 실록 편찬 때 자신의 일만 미화하여 기록했다.

③ 한준겸韓浚謙(북인, 유교 7신): (첨) 겉은 관대했지만 속은 음험했다. 사류士類를 공격했고 유성룡 다음으로 나라를 망친 죄인이다. →

(식) 당시에 위인偉人이라 칭송했고 주로 외직外職 생활을 했으며 실록의 서술은 모함이다.

④ 기자헌奇自獻(북인, 편찬자 본인): (첨) 과묵했으며 바르고 아부하지 않았다. → (식) 음험하고 흉악했다. 헛된 명예를 만들어 후세를 속이려 한 것이다.

⑤ 이정구李廷龜(서인): (첨) 사부詞賦에 재능이 없어 인망이 부족했다. → (식) 중국 사신 전담, 문사文詞로 당시에 명망이 있었다. 실록의 거짓이 심하다.

필자가 조사해 보니 『선조실록』의 사론을 『선조수정실록』에서 수정한 인물은 40명인데, 위에서 보듯 『선조실록』에서는 편찬에 참여했던 북인 몇몇을 빼곤 모두 깎아내렸음을 알 수 있다. 특히 편찬자인 이이첨은 스스로 "영특하고 기개가 있었으며 간쟁하는 기품이 있었다"고 평가하였다. 그리고 기자헌에 대해서는 "과묵했으며 바르고 아부하지 않았다"고 했으나, 과묵하고 아부하지 않았을지 모르나 방납을 하면서 대동법을 무력화했던 인물이라는 점을 생각하면 바르다는 평은 옳지 않은 듯하다.

이에 비해 정철·윤두수尹斗壽·이항복李恒福 등 '서인이라 불린' 인물은 물론, 유성룡柳成龍·조정립趙廷立·김수金睟·오억령吳億齡 등 '남인이라 불린' 인물, 정구鄭逑·허성許筬·이덕형李德馨처럼 '북인으로 분류될 수 있는' 인물까지 모두 비난하는 사론을 실었다. 특히 황신黃愼·윤두수·성혼成渾·이항복·이현영李顯英·윤근수·박동량朴東亮·최황崔滉·오억령 등은 기축옥사 때 '정철과 붙었다거나 최영경을 죽였다, 어사로 파견되었다'는 등의 이유로 깎아내렸다. 심지어 정언신의 아들 정협鄭協조차도 '아버지 정언신이 이항복에 의해 귀양 갔는데도 이익을 좇아 원수를 잊은 삽살개'라고 사평을 붙였다.

서인이나 남인, 소북 중에서도 능력 있고 존경받는 인물이 없을 리 없고, 누구나 장단점이 있는 것이 사람일진대, 이이첨본에서 보여 주는 대북 정권 담당자들의 자화자찬과 배타성은 납득하기 어려운 점이 많다. 그런 까닭에 결국 실록 수정 논의가 제기되었던 이유와 명분이 그른 것이 아니었음을 이이첨본 『선조실록』 자체가 보여 준다고 생각한다.

무비판적 인용의 반성

그러나 연구자들은 이러한 사료 비판에 익숙하지 않은 듯하다. 배동수 박사는 비교적 중립적인 행동을 한 것으로 알려진 이항복에 대해서도, "기축역옥己丑逆獄 때 독살스러운 정철鄭澈과 함께 악한 일을 자행하였다. 그때 문사낭청問事郎廳(심문 담당 실무 관원)으로, 정철에게 역적이 호남에서 일어난 자도 있고 경중京中에서 일어난 자도 있고 영남에서 일어난 자도 있다고 하였는데, 이는 사류士類를 모두 살해하고자 한 것이었다"라고 『선조실록』에서 비난하였음을 지적하며 『선조실록』 기록에 의문을 제기한 바 있었다.[96] 필자의 문제 제기와 같은 맥락이다. 그 뒤 필자의 연구가 나온 후에도 기축옥사 연구에 이런 문제점을 고려한 연구자를 발견하지 못하였다. 이기환 기자가 필자의 논지를 기초로 『선조실록』의 성격에 대한 세밀한 기사를 작성했을 뿐이다.[97]

두 실록의 검증을 시도했던 필자로서는 『선조실록』의 사론을 조심해서 읽어야 한다고 거듭 강조하고 싶다. 예컨대 양천회의 상

96
배동수, 「鄭汝立 硏究」, 건국대 박사학위논문, 1999, 152~153쪽.
필자는 배동수가 말하는 옥사 처리의 '중립성'이 무슨 의미인지 의문이 든다.

97
이기환, 「지독한 '빨간펜 정신'…'역신의 수괴가 편찬한' 실록도 버리지 않았다[이기환의 Hi-story]」, 『경향신문』, 2023년 11월 20일자.

소와 선홍복의 심문 기사 후미에는 '정철의 사주'라는 사론史論이 달려 있는데, 앞서 언급한 『선조실록』 사론의 검토에 따르면 매우 신뢰하기 어렵다고 판단되며, 적어도 사료 인용에서 가능한 유보해야 할 기사라고 생각한다. 상반되는 진술이 『선조수정실록』에서 제시된 바에는 더욱 그러하다. 최영경이나 이발 옥사에 대한 기사도 마찬가지이다. 다문궐의多聞闕疑의 태도가 이 경우에 적확하게 적용될 수 있다.

다시 확인하거니와, 두 실록에 모두 편향성이 있을 수 있다. 그러나 역사학자는 여기서 멈추어서는 안 된다. 사료의 가치와 편향성을 검증할 책임도 있기 때문이다. 당론의 영향이나 시각을 이유로 무검증을 합리화하는 것은 정당한 태도가 아니다. 집을 지을 때 벽돌 한 장 한 장 놓듯 세밀한 검증 과정이 필요하다. 한 차례 검증 결과, 필자는 사실의 보완, 사론의 공정성 측면에서 『선조수정실록』의 가치는 『선조실록』에 비해 매우 높다고 생각한다.[98]

의외의 소득, 정인홍의 '자백'

그럼에도 『선조실록』도 사실의 측면에서 여전히 활용 가치가 크다. 왜냐하면 소략한 기록이지만 사초에 기반하여 편찬된 실록이기 때문이다. 따라서 주의 깊게 읽으면 뜻하지 않은 소득을 얻을 수 있다. 사초를 태우거나 잃어버렸어도 남은 게 있었고, 거기에 뭔가 흔적이 있을 수 있기 때문이다. 다음 기사를 보자.

임진왜란이 끝난 1602년, 이귀李貴는 상소를 올려 '호강豪强(토호)

98
이런 점에서 필자는 두 실록의 비교나 사료 비판 과정을 생략한 채 두 실록의 편향성을 주장한 이희권의 서술(『정여립이여, 그대 정말 모반자였나!』, 신아출판사, 2006, 95쪽)이나, 『선조수정실록』의 '절충적 성격'을 주장한 정호훈의 견해(「조선후기 당쟁과 기록의 정치성」, 『한국사학사학보』 33, 2016, 166~171쪽)에 동의하기 어렵다.

의 폐단', 특히 의병의 사병화私兵化, 감사나 수령에 대한 간섭 등을 이유로 정인홍鄭仁弘을 비판하는 상소를 올렸다. 선조는 이에 대해 "(정인홍이) 남쪽 지방에 있으면서 성혼成渾이 최영경崔永慶을 음모를 꾸며 죽였다고 강력히 주장했기 때문에 이런 상소가 있게 되었다"는 의미심장한 전교를 내렸다. 그러자 정인홍은 다음과 같이 상소를 올렸다.

"전교를 보고 전하의 총명이 천 리 밖에까지 뻗치고 있음을 알겠습니다. …… 신이 일찍이 영남의 사우士友와 이야기하다가 가슴이 아파 입 밖으로 튀어나온 과격한 말을 깨닫지 못하고 '간흉 정철을 몰래 사주하여 고현高賢(최영경을 말함)을 죽이는가 하면 우리 국맥國脈을 상하게 하고 피로 우리 사림士林을 더럽혀 욕되게 한 자는 성혼이요, 행장行長과 가등청정加藤淸正을 지시하여 우리 종묘사직을 능욕하고 우리 강토를 유린한 이는 풍신수길豊臣秀吉이니, 둘의 사안이 거의 같다'고 하였는데, 김휘金暉가 신을 배척하면서 성혼과 틈이 있다고 한 것은 대개 이러한 일을 가리킨 것이었습니다."[99]

정인홍은 자신이 성혼成渾·정철과 서로 좋지 못하고 또 유성룡柳成龍과도 사이가 좋지 않아 그 무리들이 자신을 시기하고 있다고 변론하였다.[100] 확인하거니와 이 말은 정인홍의 문도이자 조정에 있던 정인홍의 '수족手足'이었던 이이첨 주도로 편찬된 『선조실록』에 실려 있는 기록이니 왜곡의 혐의도 적다고 하겠다.

지금 주제인 기축옥사와 관련하여 정인홍의 말에서 주목되는 점은 다음 두 가지이다. 첫째, 선조宣祖가 '성혼이 최영경을 몰래 죽게 했다'는 말을 영남지방에서 정인홍이 했고 그것이 퍼져 나갔

99
『선조실록』 35년 3월 17일(기묘).
100
『선조수정실록』 35년 3월 1일(계해).

다는 사실을 알고 있었다는 점이다. 둘째, 정인홍 스스로 '성혼이 정철을 사주하여 학문 높은 최영경을 죽게 했다'는 말을 자신이 했다고 인정한 점이다.

정인홍의 발언이 널리, 그리고 오래 알려져 있었음은 광해군 대에도 이 발언이 회자되는 데서 알 수 있다. 1610년(광해군2), 사관 史官은 다음과 같이 말하였다.

"임진년 초기에 유언비어가 떠돌기를 '정인홍이 왜장倭將을 위하여 들어가 종묘를 점거했다'고 하였다. 혹자가 이것이 성혼의 말이라고 정인홍에게 전하니, 정인홍이 쾌씸하게 여겼다. 그 뒤 앞장서 말하기를 '성혼이 기축옥사 때 정철에게 사주하여 최영경을 살해했다'고 하고, 마침내 상소하여 그 죄를 논하며 장청臧淸과 수길秀吉로 비유까지 하였으니, 아마 왜장倭將을 위하였다는 말에 대한 보복인 듯하다."[101]

이는 앞서 살펴본 『선조실록』의 기록과 일치한다. 사관의 말 중 '주상主上이 왕위를 계승하여 기축機軸이 크게 변하자, 정인홍의 명성과 세력이 더욱 떨쳤다'는 말에서 '주상'이라고 표현한 것으로 보아 이 사론은 『광해군일기』를 편찬하던 인조 때가 아니라 광해군 당대에 쓴 것으로 추정할 수 있다.

두 자료에 나오는 정인홍의 말은 정여립의 모반謀反으로 시작된 기축옥사에 대한 기억의 차이가 발생한 과정 하나를 선명하게 보여 준다. 1602년 이귀가 회상했던 대로 기축옥사 때는 "정여립과 교분이 두터웠던 자들만 죽겠구나 생각한 것이 아니라, 그와 안면이 없는 자들도 명색이 동인이면 조관朝官, 유생儒生을 막론하고

[101] 『광해군일기』 2년 3월 21일(정유) 7번째 기사.

두려워 숨을 죽이고 감히 기를 펴지 못하는 형편"이었다.

이런 상황에서 정인홍의 '가슴이 아파 입 밖으로 튀어나온 과격한 말'이 근거가 되어 이제는 기축옥사가 성혼과 정철의 의도와 음모라는 기억으로 퍼져 나갔음을 어렵지 않게 짐작할 수 있다. 선조 후반 및 광해군 대 정인홍의 영향력을 고려할 때 동인 또는 경상도 합천 지역에서 그의 발언이 근거가 되어 윤색되고 덧입혀졌으리라는 추정이 무리는 아닐 것이다.

당색 프레임에 대한 반증들

당색 프레임으로 기축옥사를 접근하면 실제를 왜곡할 수 있음을 증명하는 두 번째 방법을 보자. 기축옥사에 대한 기록을 검토하다 보면 동인-서인 당색 프레임으로 환원되지 않는 사료가 매우 많다는 점이다.

- 정여립도 동인과 서인을 조화시키려던 이이를 따랐다가 나중에 동인으로 분류되는 이발 등과 친했다.
- 서인 영수라고 불리는 정철을 우의정으로 천거한 이는 동인으로 분류되는 이산해이다.
- 정여립과 가까웠다는 이유로 신문을 받고 죽은 백유양은 백유함과 4촌이며 서인으로 분류되는 백인걸의 조카이다.
- 서인으로 분류되는 백유함, 유공진을 의망한 윤돈ᄁ敦은 이황과 기대승의 제자였다.
- 이산해는 송익필을 숨겨 주었는데 송익필에게는 서인으로 분류되

는 친구가 많았다.
- 이발 형제가 죽게 된 계기가 되었던 상소의 소두疏頭 정암수는 서인으로 분류되는 고경명, 정철 외에, 동인으로 분류되는 정구, 김부륜에게도 네트워크가 있었다.
- 조헌은 이이에게 배웠고, 서인의 영수라는 정철과도 가까웠다. 동시에 조헌은 서인의 영수라는 이발과 친구였다.
- 정언 강찬姜燦은 김장생金長生과 교유했지만, 정언신을 고신栲訊하는 것은 부당하다고 논계하고 남언경의 옥을 구원하였다.
- 동인으로 분류되는 정개청은 서인이라는 심의겸沈義謙·홍인경洪仁慶에게 배웠고, 박순朴淳이 집에 살게 하며 10여 년 동안 가르쳤다.
- 홍여순洪汝諄은 이산해, 정인홍과 가까웠으나, 전라도 순찰사가 되어 옥사를 처리할 때는 혹심했다.
- 전주부윤으로 전주 지역에서 극심한 옥사를 만연시켜 70여 명을 죽게 한 윤자신은 서인으로 분류되지 않는다.
- 최영경의 옥사 때 증인이었던 경상감사 김수金睟는 동인-남인으로 분류되는 인물이다.

이상의 몇몇 근거만으로도 동인-서인의 대립 프레임만으로는 기축옥사를 설명할 수 없음을 알 수 있다. 이들 사실은 당색으로 환원되지 않는다. 사건에 당색이 영향을 미치지 않았다는 말이 아니다. 기축옥사라는 사건을 이해하는 데 결정적 요소가 아니라는 말이다. 단순히 당색이 사건의 상위 결정 요소가 아니라는 말도 아니다. 당색 프레임을 벗어나야 한다는 필자의 주장에는 사실, 사건을 이해하는 방식의 질적 차이가 내포되어 있다.

정여립과 친한 인물들에 동인이 많았기 때문에 발생한 사건이라는 관점과, 서인의 동인에 대한 공격이라는 관점은 전혀 다르다. 전자는 기축옥사가 일어난 무대이거나 배경이지만, 후자는 기축옥사를 일으킨 원인, 의도, 목적이 된다. 이 두 가지를 혼동하면 사건의 설명이 부정확해진다. 설사 사건이 전개되면서 어떤 시점에 두 요소가 뒤섞인 때조차 그러하다.

이는 역사 연구에서 일반화의 함정에 대한 경계를 촉구한다. 탐구하는 사건들 사이에 원리原理 같은 것이 없다고 할 수는 없으며, 그걸 발견하려는 노력은 역사학자에게 매우 자연스럽다. 하지만 일반화가 사실이나 사건의 추상화를 포함한다면 이는 '모든 사건은 독특하다'라는 역사학의 출발점과 정면으로 배치된다. 숨어 있는 일반 원리(또는 좀 더 정확한 원인)의 발견과 설명의 일반화는 전혀 다른 차원의 행위이다. 당색 프레임은 이 둘의 차이를 흐릿하게 만들어 사실 탐구를 방해하고, 그 결과 원리의 발견과 설명의 일반화 모두를 오염시킨다.

다시 한번, 기축옥사를 마치며 책봉된 평난공신의 구성을 떠올려 보자. 2등 공신 김귀영金貴榮·유전柳㙉·유홍兪泓·정철鄭澈·이산해李山海·홍성민洪聖民·이준李準, 3등 공신 이헌국李憲國·최황崔滉·김명원金命元·이증李增·이항복李恒福·강신姜紳·이정립李廷立 등은 추관推官으로서 공을 세웠다고 하여 녹권을 받은 것이다. 그런데 소위 '서인이라 불린' 사람들과 '동인이라 불린' 사람들이 섞여 있다. 게다가 옥사의 추국은 국왕의 친국이거나 위관이 있는 추국청에서 이루어졌고, 적어도 삼성추국으로 이루어졌다. 당시 추국청의 구성과 운영 방식을 보아도 기축옥사의 원인을 당쟁으로 돌리기 어렵다는 것을 알 수 있다.

기억의 재현: 지역 차별?

당색 프레임이 기축옥사 당시 기록부터 현재 연구자의 논저에 이르기까지 사안에 대한 이해를 흐리게 하거나 왜곡하는 기제로 작동하였다면, 지금 다룰 지역성과 근대주의는 그리 오래되지 않은 프리즘이라고 할 수 있다.

기축옥사에 드리운 지역성은 기축옥사로 인하여 호남을 '반역향'으로 인식하거나 또는 전라도를 차대差待하게 되었다는 주장으로 나타난다. 앞서 당색 프레임을 다루면서 서술했던 주의점은 여기에도 해당된다. 지역성은 사건의 상위 결정 요소가 아니었다. 나아가 모반의 주모자 정여립이 전주, 진안에 살았고, 정여립과 친한 인물들이 전라도에 많이 살았기 때문에 발생한 사건이라는 관점과, 기축옥사가 전라도 사림이나 인민에 대한 탄압이라는 관점은 전혀 다른 것이다. 전자는 기축옥사가 일어난 무대이고 배경이지만, 후자는 기축옥사를 일으킨 의도이자 목적이 된다.

기축옥사의 고변은 황해도에서 시작되었다. 조정에서는 이 사건의 해결을 위해 전라도만이 아니라, 충청도와 경상도에도 토포사를 파견하였다. 오억령은 경상도 어사로 파견되었다는 이유만으로 최영경을 죽이고 영남 사람들을 일망타진하려고 했다는 비난을 들었다. 즉 모반은 지역을 가리지 않고 시작되었고, 또 퍼져 나갔던 것이다.

그럼에도 불구하고 정여립의 거주지, 관련 인물이 전라도에 많았기 때문에 전라도 사림이나 인민의 피해가 컸던 것은 분명한 사실이었다. 전쟁의 무대가 되면 희생이 크듯, 모반의 무대가 되면 그 피해 역시 크게 마련이었다. 동시에 모반에 대한 고변이든 공포 등의 이유로 거리를 두려는 시도 때문에 정암수의 상소나 선홍복의 복주 등에서 보듯 전라도 사람들에 의해 옥사 확대가 벌어진 것도 사실이었다. 이는 모반 사건이 전라도라는 지역을 배경으로 벌어졌기 때문에 생긴 일이었다.

필자가 옥사의 지역성과 관련하여 주목하고자 하는 이유는 기축옥사를 기점으로 호남 인물에 대한 차대가 있었다는 시각이 타당한가 하는 의문 때문이다. 최명길崔鳴吉이 기축옥사 이후 호남 인재가 적체되었음을 지적한 바 있고,[102] 황윤석黃胤錫도 호남 학풍과 민심에 대한 편견을 비판한 바 있다.[103] 하지만 이귀李貴를 대신하여 올린 최명길의 차자 이후 이발李潑 등 기축옥사에 희생된 호남 인물에 대한 복권이 이루어졌다. 또 김인후金麟厚의 문묘종사文廟從祀 주장에서 보듯이 황윤석의 문제 제기는 호남에 대한 편견이 기축옥사에 기인한다고 본 것도 아니었다.

근자에 이희권, 이동희 교수 등이 기축옥사 이후 전라도 차대로 인재 등용이 쇠퇴하였다고 주장하였다. 이동희 교수는 이원명의 연구를 인용하여 15, 16C에 걸쳐 전라도는 경상도보다는 적지만, 충청도보다는 많은 문과자를 배출했으나, 17C 전반에 들어와 충청도에 밀렸으며 18C 후반에 가서 전라도 출신의 문과 점유율이 6위로 전락하였고, 특히 기축옥사 이후 '급작스럽게' 줄었다고 하였다.[104] 그러나 해당 자료를 보더라도 이런 논리는 무리가 있다.

우선 기축옥사 전후인 16C 후반~17C 전반의 변화, 즉 전라도 지역 급제자가 10.98%에서 8.65%로 낮아진 것이 과연 기축옥사 때문인지 설명하기 어렵다. 같은 기간, 경기가 6.72%에서 2.98%로 전라도보다 더 낮아진 점을 고려하면, 이런 변동이 과연 옥사

102
『遲川集』 권8, 「代延平府院君箚」, "大抵湖南士子, 自己丑以後, 最爲朝廷之所擯斥, 入仕者輒遭彈劾, 赴科者例被停擧, 結髮讀書, 皓首禁錮. 而至於昏朝則又有金克誠, 金佑誠輩附托權奸, 鍛鍊組織, 無所不至, 咸懷惆恐, 莫保朝夕. 歲月旣久, 志氣頓挫, 抑而不揚, 而又無先生長者爲之倡導, 故有志有才者, 或放意於詩酒, 或流入於曠達, 發言行事頗有不中程式者."

103
배우성, 「18세기 지방 지식인 황윤석과 지방 의식」, 『한국사연구』 135, 2006, 36~43쪽.

104
이동희, 『조선시대 정여립 모반사건과 전라도』, 전북연구원, 2022, 180~185쪽.

로 인한 것인지 단정하기 어렵기 때문이다. 또 전라도 출신의 문과 점유율이 6위로 '전락'한 시점에 경상도 역시 5위로 '전락'했고, 이는 숙종 이후 서울, 경기, 충청도의 급제자가 늘고, 경화사족京華士族이 중앙 조정을 주도했던 현상의 연장이었다.[105]

지역 차별론에 대한 반론

한편 송만오 교수는 전라도 출신 문과 점유율이 기축옥사 전후로 별다른 차이를 보이지 않는다는 연구를 제출하였다. 그는 선조 대, 광해군 대, 인조 대의 급제자 비율이 7.9%, 6.4%, 9.5%로[106] 오히려 선조 때보다 인조 때 늘어난 것으로 조사하였다. 또한 선조 대를 기준으로 전후를 살펴보면, 선조 대 이전이 264명, 이후가 765명으로 전라도 출신 문과 급제자의 수가 늘어났고, 연평균 급제자 수도 마찬가지 경향을 보인다고 하였다. 그러므로 적어도 문과의 경우 전라도 차대는 확인되지 않는다.

이동희 교수는 "오랫동안 전라도의 역사를 저항과 차대로 보는 경향이 있었다. 정여립 사건도 그런 차원에서 해석되었다. …… 전라도 지역사를 바로 보기 위해서는 저항이 아니라 변혁으로, 차대가 아니라 견제로 보는 시각의 전환이 필요하다"고 하였지만,[107] 이미 본문에서 서술하였듯이 그의 논증이 '전라도 피해의식'이라는 지역 프레임을 벗어난 것으로 보이지 않는다.

더욱 심각한 점은 이런 인식이 정여립 모반과 '광주항쟁'을 연결하는 데로 비약한다는 것이다.[108] 이는 대중서를 표방하는 저술에서 두드러진다. '광주사태'라는 비유도 타당하지 않지만, 광

105
황현(黃玹)도 『梧下記聞』, 「首筆」에서 경상도와 전라도의 인재를 등용하지 않는 풍조를 비판했다.

106
송만오, 「조선시대 전라도 출신 문과 급제자 연구(1)」, 『전북사학』 61, 2021, 92~94쪽. 특히 「표1」 참고.

107
이동희, 「조선시대 정여립 모반사건과 전라도」, 전북연구원, 2022, 205~206쪽.

108
신정일, 『지워진 이름 정여립』, 가람기획, 2000; 『조선을 뒤흔든 최대 역모사건』, 다산초당, 2007.
앞의 책은 아예 부제가 '조선조의 광주사태'이다.

주항쟁(5.18 광주민주화운동)을 이런 식으로 소비해도 되는지 모르겠다. 같은 전라도에서 일어난 사건이라는 이유로, 반역, 저항, 혁명, 민중 등의 용어로 포장되어 사건의 성격을 흐리면서 미화하는 것, 이를 필자는 지역 프레임이라고 부른다.

결론적으로 조선 후기의 급제자 흐름을 기축옥사와 연결하는 것은 과도한 인과因果 추론이라고 생각한다. 전라도 모역 사건으로 중앙정부가 호남 사림들의 중앙 진출을 억제하는 방법으로 전라도를 견제했다는 증거는 없다. 기축옥사는 호남 사림이나 인민을 타깃으로 발생한 사건이 아니었다. 그저 전주 근처에 살던 사람이 중심이 되어, 전라도를 무대로 일어난 모반 사건이었을 뿐이다.

무엇보다 조선시대에 풍패지향豊沛之鄕인 전주를 정여립 사건 발생지라는 이유로 폄손하거나 지역 인물을 배제하는 일은 상상하기 어렵다. 풍패지향이기 때문에 정여립 사건 이후 "전주는 조종祖宗의 어향御鄕이니 전주에 있는 정여립의 조부 이상의 분묘墳墓에 대해 그곳 본관本官이 낱낱이 파내어 그 족인族人으로 하여금 이장하도록 하고, 또 그의 멀고 가까운 족류族類들도 모두 전주에서 내쫓아 딴 고을에 살도록 하라"는 전교가 있었던 것이다.[109]

그러므로 '전라도 반역향' 운운하면서 기축옥사를 호남 홀대, 차대, 차별의 기원이나 원인 중 하나로 인식하는 것은 과도한 피해의식이 아닐까 한다.[110] 홀대, 차별의 근거를 고려시대「훈요십조訓要十條」까지 소급하고 기축옥사를 그중 하나로 해석하는 것은 또 다른 지역주의 환원론을 만들어내어 사실에 대한 비-역사적 이해를 초래할 수 있다. 필자는 이것이 1970년 이후 박정희 정권에 의해 조장된 전라도 소외 정략의 결과, 그 정략을 내면화한 지역 엘리트들의 피해의식 또는 무기력의 다른 표현이 아닌지 우려

109
『선조실록』 22년 12월 26일 (기해).

110
이희환 교수도 '반역향'과 같은 근거 없는 표현이 교과서에 실리는 실태를 경계한 바 있다. 『조선정치사』, 혜안, 2015, 102~103쪽.

한다. 역사의 낭만주의도 현실의 피폐함을 토양으로 자라나기 때문이다.

현재 전라북도 전주시 덕진구에는 정여립로, 정언신로 등 기축옥사 관련 인물의 이름을 딴 도로가 있다. 정여립로는 "역사적인 인물명을 명칭으로 부여, …… 문신 겸 사상가로 천하공물설과 하사비군론 등 왕권 체제하에서 용납될 수 없는 혁신적인 사상을 품은 사상가"라는 점에서, 정언신로는 "지역 주민에게 자긍심을 심어 주기 위해 전주 출신 인물명을 활용"한다는 점에서 도로명으로 정해졌다고 한다.[111]

조선왕조를 세운 전주이씨의 풍패지향으로 중앙동에 경기전慶基殿이 있는 도시에서, 그 왕조에 모반한 주인공의 이름을 딴 도로명이 있다는 것은 곧 사회의 민주주의적 다원성을 보여 준다. 시대가 달라지고 서로 다른 가치가 공존할 수 있다는 증거의 하나라는 점에서 이는 반길 만하다. 그러나 도로명 등을 통한 지역의 인물 현창은 시민들이 지향할 과거와 현재, 미래의 가치를 담고 있어야 한다. 이는 해당 인물의 행적과 사상에서 나올 수밖에 없다. 그러므로 남은 자료가 얼마 되지 않더라도 논의를 통해 정여립의 사상을 검증하여야 한다.

기억의 재현: 근대사상?

지역과 연관된 인물인 정여립에 대한 기억의 재현[112]에서 검토해야 할 또 하나의 요소는 근대주의라는 프레임이다. 이 프레임은 "영국의 올리버 크롬웰보다 50년 앞선 공화주의자였다는 평가를

111
전주시청 도시계획과 박수빈 담당관은 도로명 제정 절차 및 관련 내용을 도와주었는데, 김규남·신정일·김진돈, 『천년전주 도로명 이야기』, 전주시 전주문화원, 2010. 정여립로, 정언신로, 충경로의 해당 페이지를 제공해 주었다. 이 기회에 감사드린다.

112
기억의 재현은 구비문학을 통해서도 논의될 수 있다. 한정훈, 「정여립의 이야기 구성과 분기된 지역의 인물상」, 『한국문학연구』 68, 2022.
한정훈은 전주, 김제, 진안의 각기 다른 구비전승을 통해 지역사를 기억하고 치유하려고 했다고 보았다.

받고 있는 정여립의 사상은 그 뒤 『홍길동전』을 지은 허균의 호민론豪民論으로 이어졌다. 그리고 정약용의 『탕무혁명론湯武革命論』으로 이어졌으며 1894년의 동학농민혁명으로 분출되었다"는 주장으로 나타나, 정여립 현창 논리이자 덕진구 도로명의 근거가 되었다.

근대주의란 자본주의-민주주의로 대변되는 근대(현대)가 사실의 측면에서 인류사와 세계사에서 도달하게끔 되어 있는 시대이며, 가치의 측면에서 인간의 자유와 평등을 위해 도달해야 할 시대라고 인식하는 이데올로기를 말한다. 역사학에서는 이를 목적론이라고 부른다. 실제로는 지구상의 극히 일부만이 제국주의 근대로의 길을 갔고, 대부분의 지역에서 근대는 노예 또는 식민지라는 폭력적 상황 속에서 다가왔음은 주지의 사실이다. 그럼에도 불구하고 역사 사실의 설명이나 해석에서 여전히 근대주의는 기승을 부리고 있다. 정여립의 사상에 대한 논의도 예외는 아니다.

정여립의 사상이 『홍길동전』이나 '탕무혁명론', 동학농민혁명으로 이어졌다는 견해에 필자는 동의하기 어렵다. 『홍길동전』은 왕정王政으로 귀결되었고, 「호민론」은 지배층의 입장에서 정치적 반성의 의미를 강조하지만 인민을 대상화하고 있다. 「호민론」에 나타난 인민에 대한 두려움은 이미 『서경』에 나오는 고전적인 전거이다.[113] '탕무혁명론湯武革命論'을 김규남·신정일·김진돈(『천년전주 도로명 이야기』, 전주시 전주문화원, 2010)은 정약용의 저술로 이야기하는데, 정약용의 어떤 저술을 가리키는지 모르겠다.[114] 아무튼 탕왕, 무왕은 조선시대 역성혁명의 사례로 빈번하게 언급된다.[115] 최영성 교수는 정여립 사상을 동학과 연결시키지만 근거가 약하다.[116] 김용옥 선생은 이미 동학을 반외세, 반봉건의 관점에서 해석하거나, 서구 근대 지향의 사상으로 해석하는 견해에 대한 비판을 제시한 바

113
『서경』, 「소고(召誥)」에 "왕은 소민(小民)을 위한 정책을 뒤로 두어서는 안 되니, 백성들의 험함을 돌아보고 두려워하소서.[王不敢後, 用顧畏于民嵒.]"라고 하였다.

114
「탕론(蕩論)」을 이렇게 말한 것이 아닌가 한다. 『정본 여유당전서(定本與猶堂全書)』 文集 권11.

115
대표적으로는 권득기(權得己, 1570~1622)의 『湯武革命論』이 있다. 『晩悔集』(한국문집총간 76집) 권2 雜著.

116
최영성, 「정여립의 생애와 사상」, 『전주학연구』 3, 2009.

있다.[117]

정여립 사상은, 사상이라고 할 만한 점이 있다면, 현대 연구자들에 의해 선형적 발전 인식이나 공화주의 운운하는 방식으로 해석되곤 하는데, 이는 목적론적 역사관의 특징이다.[118] 하지만 최근에는 그런 근대주의 진보사관에 대한 반성이 역사학계에서 말 그대로 봇물 터지듯 쏟아지고 있다.[119] 이것이 필자가 정여립을 둘러싼 기억의 재현을 이해하는 데 서구식 근대주의나 근대주의에 대한 비판적 접근이 유용하다고 보는 까닭이다.[120]

일찍이 김용덕은 기축옥사 관련 인물들의 성향을 검토한 뒤 "鄭汝立·李潑 兄弟·白惟讓·鄭介淸 등에서 볼 수 있는 共通點은 宣祖 바로 그 사람에 대하여 등을 돌리는 姿勢, 그 아래서는 아무것도 成就될 수 없다는 생각이 아닌가 한다. 世襲君主制의 矛盾을 특히 宣祖를 통하여 절감한 것이 이들의 公約數였다고 생각된다"라고 결론 내렸다.[121] 그의 결론대로라면 이발·백유양·정개청이 복권 내지 서원 배향 논의는 불가능했으리라는 점에서 수긍하기 어려운 주장이다. 정여립의 사상에 대한 김용덕의 설명은 배동수가 '공화주의적 및 사회주의적' 사상이라고 평가하는 관점으로 이어졌고,[122] 작금의 논자들이 주장하는 정여립 사상의 혁명성 또는 혁신성으로 해석되었다.

이후 연구에서 발견되는 "영국의 크롬웰보다 60년이나 앞섰으며, 프랑스혁명보다는 200년이나 앞선 것이다"라는 표현은 배동수의 논문이 출전이다.[123] 배동수는 주자학을 보수라고 단정한 뒤 동인을 진보, 서인을 보수라고 규정했는데 이 역시 식민지 강점기 이래 조선 사상계를 도식적으로 성리학(=朱子學=虛學)과 탈주자학/반주자학(=實學)으로 정리하는 근대주의 이데올로기의 연장이다.[124]

117
김용옥, 『동경대전』 1, 통나무, 2021, 248~254쪽.
필자는 조선 성리학 진화의 연장에서 동학을 이해해야 한다고 보고 있다. 「최제우의 깨달음…여종 둘을 수양딸과 며느리로」, 『중앙일보』, 2022) 참고.

118
오항녕, 『호모 히스토리쿠스』, 개마고원, 2016, 107~123쪽.

119
권내현, 「내재적 발전론과 조선 후기사 인식」, 『역사비평』 111, 2015; 최종석, 「내재적 발전론 '이후'에 대한 몇 가지 고민」, 『역사와현실』 100, 2016; 김정인, 「식민사관 비판론의 등장과 내재적 발전론의 형성」, 『사학연구』 125, 2017; 염정섭, 「조선후기 경영형부농론을 사학사에 내려놓기」, 『내일을 여는 역사』, 2017; 임성수, 「한국사 교과서의 조선후기 서술과 내재적 발전론」, 『역사교육연구』 34, 2019; 오항녕, 「2020년 간행(2018년 교육과정) 중고등학교 역사교과서의 조선사 서술 검토」, 『한국사학보』 80, 2020.

120
오항녕, 『통일시대 역사인식을 찾아서』, 『삼국통일과 한국통일』 하, 통나무, 1993; 『조선초기 성리학과 역사학-기억의 복원, 좌표의 성찰』, 고려대 민족문화연구원, 2007 재수록; 허태용, 「'성리학 대 실학'이라는 사상사 구도의 기원과 전개」, 『한국사상사학』 67, 2021.

121
김용덕, 「鄭汝立研究」, 『한국학보』 4, 77쪽.

122
배동수, 『鄭汝立 硏究』, 건국대 박사학위논문, 1999. V. 鄭汝立의 政治思想.

공화주의는 로마공화정부터 시작하여 근대 공화정까지 스펙트럼이 매우 넓다.[125] 논란이 있을 수는 있지만 그 이유를 상식적인 수준에서 생각해 보자면, 국체國體보다 정체政體가, 다시 말해서 주권의 소재가 어디 있느냐보다 주권의 행사 방식과 과정의 성격에 따라 공화주의의 정의가 다르게 내려지기 때문이다. 국민에게 주권이 있는 민주공화국이 있을 수 있고, 주권이 국왕이나 황제에게 있는 황제공화정도 있을 수 있다. 이 점을 고려하고 논의가 진행되어야 했다. 이는 공화정이 역사성에 대한 검토를 벗어나 지향할 가치 있는, 즉 선한 정치 형태라는 가정이 타당한지 논의할 필요가 있다는 것을 의미한다. 그동안 제시된 정여립의 사상과 공화주의의 연관에서는 이런 논의를 발견하기 어려웠다.

정여립 '사상'의 재검토

정여립의 생각은 단편적인 말로만 전해질 뿐이다. 그 대부분은 기축옥사에서 정여립의 평소 언행을 기록하면서 '그 사람은 원래 모반의 소지가 있었다'는 점을 뒷받침하려는 정황 증거로 제시된 것이었다.[126] 정여립이 이발, 최영경, 선홍복 등과 주고받았다는 편지에는 그들끼리 나누었던 얘기, 즉 공개된 대본과는 다른 은닉된 대본이 있었을지 모른다.[127] 하지만 지금 연구자는 은닉 대본을 담은 자료를 연구에 활용할 길이 없다.

필자가 보기에 지금 남아 있는 정여립의 말에 인용된 전거는 사회적 논란의 여지가 없을 뿐더러 누구나 알고 있는 경전經典 또는 일화였던 점에서 '정여립 사상의 혁명성'을 검증하려는 최근

123
배동수, 『鄭汝立 硏究』, 건국대 박사학위논문, 1999, 270쪽.

124
오항녕, 「석실서원의 미호 김원행과 그의 사상」, 『북한강 유역의 유학사상』, 한림대학교 아시아문화연구소, 1998; 「늦게 핀 매화는 한가로운데-고봉 기대승(高峯 奇大升)의 사상사적 좌표에 대한 시론(試論)」, 『한국사상사학』 52, 2016.

125
최장집, 「서문」, 니콜로 마키아벨리, 박상훈 옮김, 『군주론』, 후마니타스, 2014, 64~84쪽. 귀족적 공화주의와 민주적 공화주의가 있을 수 있다. 또 "공화정 체제의 근간이라 할 혼합 정체의 중심 원리는 사회 세력-왕권·귀족·평민-사이의 견제와 균형"(83쪽)이므로, 공화주의라는 정체(政體)는 다양한 국체(國體), 즉 민주, 왕정, 귀족정 등과 결합할 수 있다.

126
『선조수정실록』 22년 10월 1일 (을해) 7번째 기사.

127
지배집단 사이의, 또 지배-피지배 집단 사이의 관계에서 벌어지는 순응과 저항의 형태에 대한 통찰과 논증은 제임스 스콧, 전상인 옮김, 『지배, 그리고 저항의 예술-은닉 대본』, 후마니타스, 2020 참고.

연구자들이 애를 먹고 있는 것으로 보인다.[128] 정여립 옥사가 '조작 또는 무함'이라고도 주장하고 싶고, 정여립 '사상'이 혁명성, 근대성을 가지고 있다고도 주장하려다 보니 필연적으로 빠지게 되는 함정이기도 하다.

정여립이 조직했다는 대동계大同契의 '대동大同' 자체가 『예기禮記』, 「예운禮運」이라는 경서에 나오는 표현이며 실제로 유가儒家의 이상 사회나 정책을 말할 때 통상 사용하던 용어였다. 일부 연구자들은 당시 유학의 관점에서 누구나 할 수 있는 뻔한 얘기를 뭔가 혁명성을 띤 것으로 해석해야 한다는 강박관념을 가진 듯하다. 제한된 자료나마 '사상'의 흔적을 더듬어 보겠다.

① "사마온공司馬溫公의 『자치통감資治通鑑』은 위魏나라로 기년紀年을 삼았으니 이것이 직필直筆인데, 주자朱子가 그것을 그르게 여겼다. 대현大賢의 소견이 각기 이렇게 다르니 나는 이해할 수가 없다."

이는 사마광司馬光과 주자朱子의 위魏/촉蜀 전통론에 대해, 사마광의 위나라 정통론을 옹호하는 정여립의 말이다.[129] 다나카田中謙二는 사마광의 정윤설正閏說 부정을 역사가다운 면모로 보아, 주자의 촉한 정통론과 대비하였는데, 정여립이 그런 입장을 취했는지는 알 수 없다.[130] 그런데 사학사적으로 보면, 오행설에 입각한 정윤론을 부정하고 공업功業의 실재에 근거하여 위기魏紀를 세운 것은, 정통론의 근거가 오행정윤론五行正閏論에서 공업론功業論으로, 다시 의리론義理論으로 변화하는 연장에서 이해할 수 있을 것이다.[131] 사마광도 부득이 기년紀年을 둘 수밖에 없다고 생각하여 공업론을 꺼낸 것인데, 주자는 공업론에 따르면 형세의 우열, 즉 패도覇道의

128
이런 고충은 이동희, 『조선시대 정여립 모반사건과 전라도』, 전북연구원, 2022, 78~87쪽의 서술 곳곳에 보인다.

129
司馬光, 『자치통감』 권69 魏紀 1 世祖文皇帝 上 黃初 2년의 일이다.

130
田中謙二, 「資治通鑑의 理解」(1964), 閔斗基 편, 『中國의 歷史認識』上, 창작과비평사, 1985, 320~322쪽.

131
오항녕, 「조선 세종대 『資治通鑑思政殿訓義』『資治通鑑綱目思政殿訓義』의 편찬」, 『태동고전연구』 15, 1998; 『조선초기 성리학과 역사학-기억의 복원, 좌표의 성찰』, 고려대 민족문화연구원, 2007에 재수록, 155~158쪽.

논리로 흐를 수 있다는 점에서 위나라를 정통으로 삼지 않았던 것이다. 그러니까 정여립이 못 할 말을 한 것은 아닌 셈이다. 다만 서서히 주자의 『자치통감강목』의 논리를 따르고 있던 당시 사림들의 관점에서는 정련되지 못한 견해로 비칠 수도 있었을 것이다.

> ② "천하는 공물公物인데 어찌 정해진 임금이 있겠는가. 요堯 임금, 순舜 임금, 우禹 임금은 서로 왕위를 전수하였는데, 성인이 아닌가!"

위 인용문도 정여립의 '패역悖逆'을 보여 주는 증거로 제시되었다. 주지하듯이 '천하는 공물이다[天下公物]'라는 표현 역시 『예기』 「예운」에서 대동사회를 묘사할 때 공자가 한 말인 "대도가 행해질 때에는 천하가 모든 사람의 공유가 된다[大道之行也, 天下爲公.]"에 전거가 있다. 아다시피 요, 순, 우는 선양禪讓으로 왕위를 이었지 세습한 것이 아니었다. 세습은 우임금이 세운 하夏나라 왕조에서 시작되었다.

결국 이 논리는 대도가 행해지는 세상을 전제로, 세습이 아닌 덕德과 정책 능력을 기준으로 왕위를 승계할 수 있다는 주장임에 틀림없다. 그 승계 자격을 정여립 자신이 가지고 있다고 자임한 말로 본다면 사론史論의 논평대로 '패역'이라고 판단할 수 있을 것이다. 정여립 자신을 요, 순, 우에 비유한 것이 되기 때문이다. 아래 사례도 같은 논리로 설명할 수 있을 것이다.

> ③ "두 임금을 섬기지 않는다는[不事二君] 것은 왕촉王蠋이 한때 죽음에 임하여 한 말이지 성현聖賢의 통론通論은 아니다. 유하혜柳下惠

는 '누구를 섬긴들 임금이 아니겠는가[何事非君]' 하였고, 맹자孟子
는 제 선왕齊宣王과 양 혜왕梁惠王에게 왕도王道를 행하도록 권하였
는데, 유하혜와 맹자는 성현이 아닌가."

④ "남자는 양陽이고, 여자와 같지 않으니, 누구를 섬긴들 임금이
아니겠는가?"

③의 왕촉은 제齊나라의 충신이다. 조정에서 물러나 살고 있었
는데, 연燕나라 장수 악의樂毅가 제나라를 쳐서 함락할 때 왕촉의
능력을 인정하고 "장수로 삼고 만가萬家의 고을을 봉해 주겠다"고
제의했으나, 왕촉은 "충신은 두 임금을 섬기지 않고 정녀貞女는 두
남편을 섬기지 않는다"라며 거절하고 목매어 죽었다고 한다.[132]

③은 연관된 두 진술로 이루어진 말이다. 왕촉의 불사이군不事
二君은 정론正論이 아니라는 말이 그 하나이고, 하사비군何事非君을
주장한 유하혜나, 제나라와 양나라 두 임금에게 왕도정치를 권한
맹자 역시 성현이라는 것이 또 하나이다. 이 진술은 서로 합하여
유하혜나 맹자를 통해서 하사비군을 합리화하는 발언이 된다.
여기에 사평을 달았던 사관은 정여립이 자신을 유하혜나 맹자에
비견하였고, 거기에 불사이군의 논리를 부정하였다고 보아 패역
이라고 한 것이다. ④는 전제와 결론이 거친 언사이기 때문에 선
뜻 이해가 가지 않지만, 핵심은 뒤 '하사비군'에 놓여 있다고 보면
③과 마찬가지로 패역이라는 평을 들을 여지가 있었다.

132
『史記』 권82, 「田單列傳」

설명과 해석의 딜레마

이렇게 보면, ①, ②, ③, ④에 제시한 네 가지 정여립의 발언을 두고 사평자가 패역하다고 판단할 충분한 이유가 되지 않는가? 자신을 요, 순, 우, 맹자, 유하혜에 비유하였으니 '사실이 아니고 도리에 어긋난 것'이 패이고, 대동세계의 천하위공 논리를 현실 정치 일반에 적용한 뒤 불사이군을 정론으로 보지 않았으니 그것이 역인 것이다. 또한 정여립은 발언에 그치지 않고 행동으로까지 옮겼다. 즉 모반을 했다. 이를 패역이라고 하지 않으면 달리 무엇이라 부를 것인가. 물론 이는 조선왕조의 조정 관원인 사관의 생각이다.

그러면 이상 정여립의 발언에서 왕조시대의 사관의 평가를 벗겨 줄 다른 지향이나 사상을 발견할 수 있는가? 예언이나 도참圖讖은 언제나 등장할 수 있으나 그 방향이 어디로 향할지는 누구도 예단할 수 없다. 대동이나 천하공물에서 유가儒家가 상정하던 이상사회의 흔적을 짐작할 수는 있지만, 정여립의 사상을 살필 수 있는 근거는 그것으로 끝이었다. 세습왕조의 부정 근거는 이미 『서경書經』에 요, 순, 우의 사례가 있고, 왕조 교체의 논리는 이미 맹자孟子에서 마련되었다.

원래 경전은 현실의 설명을 위해서도 존재하지만 현실의 비판을 위해서도 존재하는 법이다. 경전이라는 공식대본은 현실 정치가 경전의 기대에 미치지 못할 경우 곧바로 비판의 근거로 전환되기 때문이다. 사실 그것이 경전이라는 공식대본이 만들어진 이유이기도 하다. 경서가 아니었던 『맹자』가 송나라 신유학의 시대에 경서가 된 이후 『맹자』를 근거로 삼아 조선왕조가 경연經筵을 통해 국왕을 비롯한 국가권력의 행사를 제어하고 방향을 수정, 제시하게 된 것도 마찬가지 과정으로 이해할 수 있을 것이다.

"임진왜란이 일어날 줄 알고 기회를 틈타 줄지에 봉기하고자 인근 고을의 무사들, 공사公私 천인 가운데 건장하고 용맹한 사람들과 대동계를 만들었다[知國家將有壬辰之變, 欲乘時猝起, 卽與隣邑諸武士、公私賤隷壯勇人等, 作爲大同稧.]"는 기록을 통해서도 정여립이 지향한 사회의 단서를 찾을 수 있을 것이다. 이는 조선 전기 자연촌락을 단위로 구성된 향도香徒 및 상하 합계合契의 전통에서[133] 형성되었을 것이다. 그렇더라도 정여립의 대동계에서 보이는 무사, 공사 천인과 같은 인적 구성은 대동계 자체가 개방적이었음을 보여 준다. 그러나 의병 역시 이렇게 구성되었고 병농일치의 개병제에서 흔히 나타나는 조직 방식이라는 점에서 대동계의 조직에서 평등 관념을 끌어내기는 어려워 보인다.

필자는 정여립의 사상에서 일부 논자들이 말하는 공화주의共和主義나 사회주의社會主義의 흔적을 발견하지 못하였다. 그것은 각 논자들의 희망, 즉 근대주의 이데올로기의 프리즘을 통해서 그려낸 상상으로 보인다. 사상사 또는 지성사에서 발견되는 흔한 오류는 몇 가지가 있다. 과거의 어떤 사실을 오늘날의 도덕 또는 규범에서 판단하거나 또 과거에서 현재까지 역사적인 매개를 거치지 않고 이어지는 무언가의 기원을 찾아내는 데로 나아간다. 결국 역사 속의 누군가에게서 단순명료한 교훈을 끌어내는데,[134] 그간의 정여립 사건에 대한 해석 역시 예외가 아닌 듯하다.

133
이해준, 「한국의 마을문화와 자치자율의 전통」, 『한국학논집』 32, 2005, 219~221쪽. 필자는 임진왜란 때 의병 구성 역시 대동계, 상하 합계와 유사하다고 생각한다. 살던 동네, 지역을 지키는 인민들의 대응 방식이 서로 같기 때문이다.

134
리처드 왓모어, 이우창 옮김, 『지성사란 무엇인가?』, 오월의 봄, 2020, 198쪽.

생산적인 논의의 길

지금까지 사실과 담론이라는 두 측면에서 기축옥사를 살펴보았다. 사실의 관점에서 처음부터 연구자는 기록의 부재라는 약점을 안고 기축옥사에 대한 탐구를 시작해야 한다. 임진왜란으로 추안, 사초, 승정원일기 등이 사라졌기 때문이다. 거기에 더하여 광해군 때 이이첨 주도로 편찬된 『선조실록』은 사실도 성근 데다가 당색에 따른 편파성이 심해서 매우 조심해서 이용해야 한다는 것도 알게 되었다. 필자가 사실과 논리에 관한 '다문궐의多聞闕疑'의 태도를 강조할 수밖에 없었던 이유이다.

그리하여 필자는 기축옥사에 대해 몇 가지 사실을 확인할 수 있었다. 첫째, 당시 사료는 정여립 모반을 부정하지 않는다는 점이다. 이는 자료 작성의 주체나 시기와 상관없이 일치하는 사항이다. 즉 모반이라는 엄중한 사태가 조야를 흔들고 사람들을 연루에 대한 불안과 공포에 휩싸이게 했다는 것이다. 더구나 정여립이 국왕의 턱밑인 홍문관 전직 관원이었고, 홍문관 장관을 비롯한 다수의 조정 관원이 연루되어 있었다. 그 때문에 약 한 달 동안의 조사 뒤에 소강 국면에 들었던 옥사가 정암수, 선홍복 등의 상소와 진술로 확산되었다. 그 와중에서 영남과 동인 사이에서 영향력이 컸던 정인홍의 발언으로 '성혼-정철의 기축옥사 확대설'이 시작되었음도 확인할 수 있었다.

필자가 또 주목한 것은 기축옥사를 해석하는 담론이었다. 사실을 덮어버린 첫 번째 담론은 당론이었다. 기축옥사를 동인-서인의 대립으로만 해석하는 태도이다. 기축옥사의 조작설 내지 피해 인원의 과장도 여기서 시작된다. 당색 프레임은 사건을 인간의 의지나 욕망만을 잣대로 설명할 때 나타나는 보편적 오류 중 하나이다. 『선조실록』의 이해에 이미 당론이 개입하였다. 하지만 교류, 친분, 학연, 관직 생활, 사건 처리 등에 대한 현존 사료만으로도 사건의 원인이나 전개를 동인-서인 프레임으로 설명할 수 없는 경우가 많음을 확인하였다. 특히 이런 프레임은 기축옥사가 일어난 무대나 배경을 기축옥사를 일으킨 원인, 의도, 목적으로 보는 원인이 된다.

둘째 담론은 전라도의 피해를 강조하는 지역 프레임으로 당색 프레임과 마찬가지로 기축옥사의 배경과 의도를 혼동하게 만들었다. 주모자 정여립이 전주 지역에 살았고 친한 인물들이 전라도에 많다는 배경에 곧장 전라도 사림이나 인민에 대한 탄압이라는 관점을 섞어버렸다. 기축옥사 이후 전라도 출신의 정계 진출이 쇠퇴했다는 주장도 그 하나인데, 이는 논증된 것으로 보기 어렵다.

정여립의 사상과 가치를 재평가할 수 있다면 기축옥사를 다른 차원에서 해석할 수 있을 것이다. 하지만 현재 남은 사료에서 정여립의 사상을 대동大同, 천하위공天下爲公 등 유가의 전통 사상과 다른 세계를 지향했다고 보기 어려운 점이 있다. 나아가 공화주의, 사회주의 등의 근대주의 이데올로기로 그의 사상이나 행적을 설명하기에는 더욱 무리가 따른다.

정철과 이발의 복권

인조반정이 일어난 이듬해, 인조는 정철鄭澈의 관작을 추복追復(사후에 복권함)하라고 명하였다.[135] 기축옥사에서 최영경을 추국할 때 무

135
『인조실록』 2년 5월 29일(임오).

함하여 죽게 했다는 혐의로 정철의 관작이 추탈된 지[136] 30년 만이었다. 한 달이 지나 이번에는 기축옥사 때 희생된 이발李潑·이길李洁·정개청鄭介淸·유몽정柳夢井·조대중曺大中 등의 복관이 이루어졌고, 이발·이길에게 직첩도 나누어 주었다.[137] 인조반정 이후 이괄李适의 난이 있었던 점을 고려하면, 인조와 반정 주체들은 이 조치를 매우 신속하게 진행하였음을 알 수 있다. 기축옥사가 일어난 지 30여 년이 지났지만, '가해자 또는 피해자'로서 억울하게 낙인찍혔던 인물들의 권리를 회복하고 후손들의 마음을 풀어준 데 이 조치의 의의가 있었다고 하겠다.[138]

그러나 인조반정 이후의 조치나 그 조치를 반영한 『선조수정실록』의 편찬에도 불구하고, 사람들의 기억은 상처를 치유하는 방향으로만 작동하지는 않았다. 기축옥사는 모반이라는 정치적 성격을 띠고 있었을 뿐 아니라, 억울한 죽음과 처벌, 인간이 인간을 처벌하는 형벌의 근원적 한계, 증거의 제한성과 심문제도의 불완전성, 거기에 스며드는 의심과 두려움 등이 담긴 비극이자 사회적 사건이었기 때문이다. 기록은 불확실하고, 죽은 자는 말이 없으며, 죽음을 되돌릴 수는 더욱 없었다.

그러므로 비극에 대한 진혼鎭魂은 그 자체로 존중되어야 할 따뜻한 인심의 표현이다. 억울함에 대한 변론이 필요할 수 있다. 다만 애이불상哀而不傷, 진혼이나 변론이 애도를 넘어 자신이나 다른 이의 마음을 상하게 하지 않았으면 좋겠다. 누군가의 불행 위에 선 행복이 허망하듯 누군가에 대한 비난을 먹고 자란 명예가 고상하긴 어렵지 않은가?[139] 애도의 이유였던 비극의 치유와 거리가 멀어져서, 오히려 비극의 재생산을 가져와서는 안 된다. 기축옥사에 대한 연구가 오해가 아닌 이해를, 갈등이 아닌 화합을 이루고,

136
『선조실록』 27년 11월 13일(정해).
정철의 아들 정종명(鄭宗溟)의 신원 상소는 아무런 효과가 없었다. 『선조수정실록』 27년 5월 1일(무인) 3번째 기사.
137
『인조실록』 2년 7월 3일(을묘).
138
광해군 정권 아래서는 이발 등에 대한 복관 요청에도 불구하고 선조 때의 일이라 하여 시행되지 않았다. 『광해군일기』 2년 3월 27일(신묘).
최영경은 진즉 추증하였다. 『선조실록』 27년 5월 4일(신사).
139
종종 문중이 후원하는 학술대회에서 '우리 조상은 훌륭하고, 다른 조상이나 상대 조상은 못났다'는 콩쥐팥쥐론 구도가 등장한다. '콩쥐팥쥐론'은 공존하거나 동시에 있을 수 있는 정책이나 견해, 활동을 선/악 구도로 환원하는 '근대 한국 역사학의 포폄론'을 말한다. 오항녕, 『조선의 힘』, 역사비평사, 2010, 223쪽.

이를 통해 후손들에게 평화롭고 연대하는 세상을 물려주는 데 기여하기를 바라는 마음 간절하다.

지금까지 기축옥사 전반에 걸쳐 사실을 재검토하고, 시각과 담론의 문제점을 살펴보았다. 제2부에서는 기축옥사에서 벌어진 하나의 사건이지만, 기축옥사의 성격을 대변할 만한 함축적 의미를 지닌 사건 하나를 추적해보려고 한다. 바로 이발 노모와 아들이 죽은 시기를 둘러싼 기억의 변주와 갈등에 대한 이야기이다.

사실을 만난 기억

제2부

선조 23년?
선조 24년?

III장_
그 시대, 송강과 서애

송강松江 정철鄭澈(1536~1593)은 조선의 정치가일 뿐 아니라 당대 인간의 말과 정서가 도달할 수 있는 높은 경지를 체현한 문장가이다. 그가 남긴 「관동별곡關東別曲」「사미인곡思美人曲」「속미인곡續美人曲」 등 주옥같은 가사는 한국 문학사에서 빼어난 작품으로 손꼽힌다. 그의 작품인 「관동별곡」을 소개한다.

江湖(강호)애 病(병)이 깁퍼 竹林(죽림)의 누엇더니, 關東八百里(관동팔백리)에 方面(방면)을 맛디시니, 어와 聖恩(성은)이야 가디록 罔極(망극)ᄒ다 …… 天根(천근)을 못내 보와 望洋亭(망양정)의 올은말이, 바다 밧근 하ᄂᆞᆯ이니 하ᄂᆞᆯ 밧근 므서신고.

강호 좋아 병이 되어 대숲에 누웠다가, 광동 8백 리에 관찰사를 맡았으니, 아, 성은이 갈수록 망극하다 …… 하늘 끝을 못 보아 망양정에 올라서 읊조린 말은, 바다 밖은 하늘이니 하늘 밖은 무엇인고

서애西厓 유성룡柳成龍(1542~1607)은 임진왜란 때 영의정에 올라 국

난을 극복한 경세가經世家이다. 임진왜란 7년 동안의 경험을 『징비록懲毖錄』이라는 책으로 남겨 후세를 경계했다.

『시경』에 '내가 지난 일을 징계하여 후환을 조심한다'는 구절이 있으니 이것이 『징비록』을 지은 이유이다. …… 백성들이 흩어지고 나라가 어지러울 때 나라의 중대한 임무를 맡아, 위기를 지탱하지 못하고 엎어지는 것은 떠받치지 못하였으니, 죄는 죽어도 용서받지 못할 것인데, 여전히 시골에서 눈 뜨고 숨 쉬며 구차히 목숨을 이어 가고 있으니, 어찌 임금의 관대한 은혜가 아니겠는가.

서애는 필자에게 남다른 인물이다. 어린 시절 아버지의 서가에 꽂혀 있던 『국역 서애집』을 들추어 보곤 했기 때문인지 마치 잘 아는 분처럼 느껴진다. 그래서 『광해군, 그 위험한 거울』(너머북스, 2012)을 쓰면서, 서애가 광해군 때 살아 있었다면 어땠을지 상상도 했다. 서애는 광해군이 즉위하기 1년 전에 세상을 떴다.

송강이 서애보다 여섯 살 위다. 두 분 다 선조 연간에 한몫했던 정치가였다. 서애는 66세로 별세하여 당시로서는 오래 산 편이나, 송강은 58세에 별세하여 환갑을 넘기지 못하였다. 이 두 분이 하나의 사건을 함께 겪어야 했는데, 두 분이 돌아간 뒤에 그 사건에 대한 기억이 엉키게 되었다. 아니, 정확히 말하자면, 후세 사람들에 의해 엉킨 기억의 당사자가 되어 버렸다. 이제 그 엉켜 버린 기억의 실타래를 풀어 보고자 한다.

이 책 처음에 밝혔듯 필자는 이모 씨와 논쟁을 한 적이 있었다. 나에게는 생산적인 논쟁이었다. 왜냐하면 나는 논쟁이 매우 훈련이 필요한 지적 활동이라는 것을 확인하였고, 오늘 논의할 주제를 탐구할 과제로 얻었기 때문이다. 자료의 해석과 배치, 서술의 정합성과 논리, 비판의 객관성에 대한 주의가 한층 깊어졌다. 아울러 사실과 기억에 대한 고민도 심화시킬 수 있었다.

본론에 들어가기 전에 간략히 우리가 다룰 사안을 요약해 보자. 1589년(선조22), 옥사獄事가 있었다. 정여립 모반 사건 또는 기축옥사己丑獄死라고 알려져 있다. 옥사에 이발李潑이라는 사람이 연루되었는데, 그의 어머니와 어린 아들도 감옥에 갇혀 신문을 당하다 죽는 일이 발생했다. 여든이 넘은 노인과 어린아이가 죽었다는 점에서 혹독한 국문鞫問으로 여론의 지탄을 받았다. 이에 추국청推鞫廳의 책임자였던 위관委官 역시 지휘 책임을 면할 수 없었다.

문제는 여기서 생겼다. 누구는 그 사건이 1590년(선조23) 정철鄭澈이 위관이었을 때라고 주장하였고, 누구는 1591년 유성룡柳成龍이 위관이었을 때라고 기억하였다.

왜 이런 차이가 생겼을까? 기축옥사는 조선시대에 벌어진 큰 옥사 중의 하나였는데, 거기서 하루 이틀도 아니고 1년이나 차이가 나는 기억이라니! 그것도 당대 내로라하는 정치가로 정승의 반열에 있었기에 기록이 많이 남아 있을 텐데 ……. 위관이 송강 정철이었을 때라는 둥, 서애 유성룡이었을 때라는 둥 기억과 기록의 편차가 생긴다는 것 자체가 이해하기 어려운 일이다. 더구나 그로 인해 후손들 사이에 혐오와 갈등이 아직도 지속되고 있다고 하니 안타까운 노릇이다.

기억의 갈림길

이씨와 논쟁이 시작된 것은 이씨가 『한겨레』에 "이덕일 주류 역사학계를 쏘다"를 연재하면서 쓴 글 '노론 사관에 일그러진 조선후기사'(2009년 7월 9일)에서 비롯되었다.

처음에는 율곡 이이의 십만양병설이 조작이라는 그의 주장이 사실을 왜곡한 것이라는 정도로 교정해 주고 넘어가려고 했는데, 찬찬히 읽어 보니 여러 가지 오류와 곡해가 발견되었다. 그래서 아울러 지적하였는데, 그는 별다른 반론을 제기하지 못했다. 이미 발간된 책[1]에서 전말을 소개한 바 있는데, 그중 오늘의 논제도 포함되어 있다.

논쟁을 시작할 때는 이 문제를 심각하게 생각하지 못했다. 생각지 않게 논쟁이 중단된 뒤에 곰곰이 자료를 다시 검토해 보니 이씨가 내세운 주장의 연원이 매우 뿌리 깊다는 것을 알게 되었다. 400년이 넘은 이력을 가진 주장이었다. '사실과 기억의 괴리', 역사학자를 긴장시키는 바로 그 주제였다. 논의를 명확하게 하기 위해 먼저 이씨의 글 일부를 인용해 보겠다.

이덕일의 주장

…… 김장생은 또 「정철행록」에서 정여립의 옥사 때 '유성룡이 위관委官(수사 책임자)을 맡아 이발의 노모와 어린아이를 죽였다'고 기록하면서 '정철이 유성룡에게 왜 노모와 아이까지 죽였느냐'고 따졌다고까지 적었다. 이발의 노모와 아들이 형벌을 받은 날짜는 선조 23년(1590) 5월 13일인데, 유성룡은 그해 4월부터 휴가를 얻어 안동에 내려갔다가 5월 20일에는 정경부인貞敬夫人 이씨李氏를 군위에 장사 지

---

[1] 오항녕, 『조선의 힘』, 역사비평사, 2010.

내고, 5월 29일에 우의정에 제수되어 6월에 서울로 올라와 사직 상소를 올렸다. 이발의 노모와 아들이 죽을 때 유성룡은 서울에 있지도 않았다. 정여립의 옥사 때 위관을 맡은 인물은 유성룡이 아니라 정철이었다. 북인들이 편찬한 『선조실록』은 정여립의 옥사 자체를 서인 정철 등이 동인들을 제거하기 위해 꾸민 것처럼 기술하고 있다. 실제 그랬는지는 더 연구해야 할 주제지만 정철이 정여립의 옥사 때 위관을 맡아 수많은 동인들을 죽인 것은 사실이다. 김장생은 정여립 사건으로 이발의 노모와 어린 아들까지 죽은 데 대한 비난 여론을 유성룡에게 전가하기 위해 사실을 날조했던 것이다.

그의 주장은 '정철이 정여립의 옥사 때 위관을 맡아 수많은 동인들을 죽였다', '유성룡이 위관을 맡아 이발의 노모와 어린아이를 죽였다는 김장생의 기록은 날조이다'라는 말로 요약된다. 그럴까?

이발李潑이란 인물에 대해 먼저 알아보자. 사건 배경을 이해하기 위해 중요하다. 이발이 문과에 장원으로 급제한 해가 1573년(선조6)인데[2] 그 이후로 사림들이 갈리기 시작했다. 이른바 동서분당東西分黨이다.

> 양사兩司(사헌부와 사간원)가 윤두수尹斗壽·윤근수尹根壽·윤현尹睍을 논핵하여 파직시켰다. 당시 사류士類들이 두 파로 나뉘어 선배 그룹을(무리를) 서인이라 하고 후배들을 동인이라 했다. …… 정철은 서인의 주장이었고 이발은 동인의 주장이었는데, 두 사람은 모두 청망淸望을 지고 있어서 당시 사람들에게 추대를 받고 있었다. 그래서 이이가 매양 정철과 이발 두 사람에게 '그대들이 의논을 화평하게 유지

2
『선조실록』 6년 9월 26일.

하고 마음을 함께하여 협조를 해 간다면 사림은 아마 무사할 것이다' 하였는데 그 말이 매우 간절했다. 정철은 그 말을 듣고 자기 소견을 바꾸어 이발과 더불어 교분을 정하고 조정調停의 의논을 전개했다. 그러나 동인 중에 뒤늦게 붙좇는 자들이 다투어 서인을 공격해 제거하는 것으로 진취의 계제를 삼고자 해서 모두 윤현·윤두수·윤근수 세 윤씨를 사악의 괴수라고 지목하였는데 유성룡 등 두세 사람만은 그들을 따르지 않았다.[3]

이발은 1583년(선조16) 정월에 부친상을 당해 남평에서 어머니 윤씨를 모시고 지냈다. 그러니까 윤씨는 지금 논의의 핵심인 '이발 노모와 어린 아들이 죽은 시기'가 언제인가에서 거론된 당사자이다. 윤씨의 본관은 해남이다.

이발의 집안은 고조 이형원李亨元 5형제가 급제했고, 증조 이달선李達善 대에서도 8명의 문과 급제자가 나왔다. 그래서 돌림자인 원과 선을 따서, 오원팔선가五元八善家라고 일컬어진 명문가였다. 거기에 이발 형제가 급제하여 10대에 걸쳐 급제자가 나오자, 십대홍문十代紅門이라는 명칭까지 얻었다.[4]

이발은 당초 율곡을 따랐다. 하지만 율곡이 세상을 뜨고 이발이 대사간이었을 때, 그는 자신이 율곡과 입장을 달리한다고 밝혔다. 이때 선조는 「삼색도화시三色桃花詩」를 지어 넌지시 이발을 비판했다고 한다.[5]

3
『선조수정실록』 11년 10월 1일.
4
이발의 가문 내력과 동서분당 및 기축옥사 전후에 대한 개관은 이종범, 『사림열전』 1 「이발」, 아침이슬, 2006 참고.
5
『선조수정실록』 20년 3월 1일.

같은 나뭇가지에 곱게 핀 복사꽃	夭桃一樹枝
어인 일로 두세 가지 빛깔이던가	何事兩三色
식물들도 오히려 이와 같을지니	植物尙如此

인심이 반복하는 것 당연하리라   人心宜反覆

이런 상황에서 기축옥사가 일어났다. 얽히고설킨 사람과 사건이 많았고, 후대의 기억도 모두 달랐다. 이씨의 주장은 다양한 기억 중 하나였다. 나는 그의 주장이야말로 '반복되는 날조와 조작'이라고 주장하면서 다음과 같이 비판했다.

나의 비판[6]

조선후기사 왜곡의 유력한 증거로 이 소장[7]은 김장생의 「송강행록」을 들었습니다. 이 역시 시기를 잘못 본 데서 온 오류였으며, 김장생이야말로 이덕일 소장에게 느닷없이 매도를 당한 경우입니다.

   이 소장은, 김장생이 날조했다는 근거로, '유성룡이 위관委官(수사 책임자)을 맡아 이발의 노모와 어린아이를 죽였다'는 기록, '정철이 유성룡에게 왜 노모와 아이까지 죽였느냐고 따졌다'는 기록을 들었습니다. 그러면서 이 소장은 이발의 노모와 아들이 형벌을 받은 날짜는 선조 23년(1590) 5월 13일인데, 당시 유성룡은 어머니 이씨李氏의 장례 등의 이유로 조정에 없었다고 하였습니다. 그러므로 조정에 있지도 않았던 유성룡이 추관을 맡아 사람을 죽였다고 김장생이 왜곡하였으며, 이는 김장생이 유성룡에게 허물을 뒤집어씌우려는 의도였다고 주장한 것이지요.

   이발의 노모와 아들들이 국문을 받다가 죽은 시기는, 이 소장이 말한 선조 23년이 아니라 한 해 뒤인 선조 24년 5월의 일이었습니다. 같은 5월경이었기 때문인지, 이 소장이 연도를 잘못 본 것이지요. 김장생의 기록처럼, 선조 24년(1591) 4~5월경 추국의 위관은 유성룡이었고, 5월 어느 무렵에 위관이 이양원으로 바뀌었습니다. 이

6
『한겨레』(2009년 7월 13일). 편집자는 "'이덕일 주류 역사학계를 쏘다' 9회 '노론 사관에 일그러진 조선후기사'(7월 8일 치)에 대해 충북대학교 우암연구소에 있는 역사학자 오항녕 씨가 비평을 보내왔습니다"라고 소개했다.

7
당시 이씨는 한가람역사연구소 소장이었다.

92

때 정철은 같은 해 윤3월에 이미 파직을 당한 상태였습니다. 파직 당한 정철은 5월에 진주晉州로 유배되려다가, 선조가 아주 변방으로 옮기라고 명령하여 강계江界로 유배를 갑니다. 이런 상황에서 정철이 추관을 맡는다는 것은 상상할 수도 없는 일입니다.

또한 정철과 유성룡이 나눈 대화의 의미도 이 소장의 주장과 상당히 다릅니다. 김장생이 쓴 「송강행록」을 보면, 이 소장의 말처럼 '유성룡이 이발의 노모와 어린아이까지 죽였다'고 한 듯한 기록이 있긴 있습니다. 정철이 유성룡에게, '이발의 노모와 어린 자식을 공은 어찌하여 죽였습니까?' 하고 물었다는 기록이 그것입니다. 그런데 김장생은 이어서 이렇게 기록했습니다. "유 정승이 말하기를, '공이었다면 그들의 죽음을 구할 수 있었겠습니까?'라고 물었다. 공이 '나라면 구했을 것입니다' 하자, 유 정승이 말하기를, '그럴 수 있었을까요?' 하였다." 결국 문맥은 이 소장의 단정처럼 '유성룡이 이발의 노모와 어린 자식을 죽였다'고 한 것이 아니라, '유성룡이 이발의 노모와 어린 자식을 구하지 못하였다'고 한 것입니다.

특히 김장생이 '유성룡과 이양원 등 또한 그 노부인과 어린 아들을 어찌 살려 주고 싶지 않았겠는가. 하지만 결국 구해 주지 못한 것은 당시 형편이 그러했기 때문이다'라고 말한 데 이르면, 실제 행록의 논지와 이덕일 소장의 해석이 얼마나 다른 느낌과 맥락을 보여 주는지 알 수 있습니다. 이 말이 유성룡에게 허물을 덮어씌우려는 말인지, 유성룡의 입장도 헤아려야 한다는 말인지는 삼척동자도 알 수 있을 것입니다.

일단 여기서 두 가지를 정리하고자 한다. 첫째, 이발의 노모와 어린 아들이 죽은 때가 선조 23년인가, 24년인가를 두고 의견이 갈린다는 점이다. 둘째, 앞으로 논의하고 검토하여 도달할 결론과 역사적 의미 여부를 떠나, 사료를 인용하는 최소한의 목적과 의도에 대해 먼저 짚고 넘어가자. 원래의 맥락을 벗어나 자료를 가져다 자신의 견해를 합리화할 때 우리는 그것을 견강부회牽強附會, 단장취의斷章取義라고 말한다. 이씨의 논의는 그 전형을 보여 준다. 다음 사료를 통해 추후 역사학도들의 맥락 이해에 도움이 되고자 한다.

김장생의 「송강행록」 해당 부분 기록

송강이 위관委官에서 교체되자 유 정승이 이를 대신했다. 이발의 노모와 어린 자식을 잡아다 끝까지 형신하여 80세 노부인은 결국 곤장 아래 죽었다. 그 뒤 이양원李陽元, 최흥원崔興源 역시 추관이 되어 이발의 어린 아들 명철命鐵을 국문하였는데 그의 나이는 10세가 채 되지 않았다. 상이 "즉사하지 않았으니, 필시 형刑을 엄히 다스리지 않았다"라고 문책하자, 이양원 등은 두려워 나졸로 하여금 목을 부러뜨려 죽이도록 하였고, 그 당시 문사낭청問事郎廳이 눈으로 보고 이 사실을 말했다. 동인東人이라고 어찌 역옥逆獄의 추관이 마음대로 법을 적용할 수 없다는 사실을 왜 몰랐겠으며, 유성룡과 이양원 등 또한 어찌 그 노부인과 어린 아들이 살기를 바라지 않았겠는가만 결국 구해 주지 못한 것은 형편이 그러했기 때문이다. 그렇다면 이발과 최영경의 죽음을 모두 공에게 잘못을 돌리는 것은 어찌 편벽된 것이 아니겠는가.

　(임진왜란으로 평안도) 정주定州에 머물 때, 공이 유 정승에게 말하기를, "공은 나와 함께 일하면서 나를 불측한 곳에 빠뜨려 놓고서 한 번도 묻지 않았습니다. 함께 일한 사람으로서 이럴 수 있습니

까?"

하니, 유 정승이 말하기를, "저 역시 공이 서운해할 줄 알고 있었습니다. 다만 저를 너무 심하게 의심한다고 하기에 감히 묻지 못한 것뿐입니다." 하였다.

공이 또 유 정승에게 말하기를, "이발의 노모와 어린 자식을 공은 어찌하여 죽였습니까?" 하니,

유 정승이 말하기를, "공이었다면 그들의 죽음을 구할 수 있었겠습니까?"라고 되물었다.

공이 "나라면 구했을 것입니다." 하자,

유 정승이 말하기를, "그럴 수 있었을까요?" 했다.

오늘날 젊은 무리들 중 공을 시기하고 미워하는 자들이 이발의 노모와 어린 자식을 죽였다고 모두 공에게 죄를 돌리고 있다. 모르고서 이처럼 말한다면 이는 이상할 것이 없지만, 어떤 사람은 분명히 그렇지 않다는 사실을 알면서도 오히려 시론時論에 영합하여 부화뇌동하는 자가 있다. 사람의 마음이 이토록 위험하니, 가소롭고도 두렵도다.[8]

위관은 추국청의 책임자이다. 대개 영의정이나 좌우 의정이 맡는다. 문사낭청은 심문을 담당하는 실무 관원으로 대개 사헌부나 사간원의 관원이 맡는다. 이들은 사건의 심문을 진행하고 기록을 담당한다. 곤장을 치거나 압슬壓膝,[9] 낙형烙刑[10]은 형리刑吏들이 담당한다.

8
원제목은 『사계전서』 권9, 「송강 정 문청공-철-행록(松江鄭文淸公-澈-行錄)」이다. 김장생이 지었으므로 『사계전서』에 수록되어 있지만, 『송강집』 부록에도 「행록-김문원공장생(行錄-金文元公長生)」이라는 제목으로 실려 있다. 그런 까닭에 흔히 '송강행록'으로 줄여 부른다. 문청공은 정철의 시호, 즉 죽은 뒤에 주는 이름이다.

9
죄인의 무릎 아래 사금파리 등을 깔고 무릎 위에 무거운 돌 따위를 올려놓는 고문.

10
불에 달군 쇠로 몸을 지지는 고문.

두 번째 반론과 비판

거듭 강조하거니와 이씨가 인용한 「송강행록」의 기록은 김장생이 송강의 말을 인용하여 이발 노모와 아들의 타살을 서애에게 덮어씌우려고 했다는 내용이 아니라, '왜 구하지 못했느냐'고 안타까워하는 말임이 분명하다. 그걸 두고 '덮어씌운다'느니, '날조'라느니 주장하는 것은 다른 사사로운 뜻이 있지 않고는 하기 어려운 말이다. 갈등을 해소시켜도 모자랄 판에, 없는 갈등을 조장해서 무엇을 얻으려는 것일까? 의도는 필자가 알 바가 아니나, 역사 자료를 이렇게 다루면 못쓴다. 이씨는 내 비판에 다음과 같은 반론을 보내왔다. 그의 반론에 대한 나의 재반론까지 한꺼번에 소개해 두겠다.

이덕일의 반론[11]

…… 오 박사는 또 기축옥사(정여립 옥사) 때 이발의 노모를 죽인 인물이 유성룡이라는 과거 서인들의 주장을 되풀이했다. 그러면서 이발의 노모가 죽은 해가 선조 23년(1590, 경인년)이라는 필자의 견해가 틀렸다면서 선조 24년(1591, 신묘년)이라고 주장했다. 이발의 노모가 죽은 해에 대한 각 당파의 서술은 엇갈리는데 광해군 9년(1617) 생원 양몽거楊夢擧 등의 상소는 "경인년 5월 13일"이라고 서술하고 있고, 동인 영수였던 『아계 이상국(이산해) 연보』 역시 '경인년'이라고 쓰고 있다. 반면 인조반정 후인 효종 8년(1657) 서인들이 편찬한 『선조수정실록』은 신묘년(1591, 선조24) 5월의 일로 기록하고 있다. 수백 년 전에 있었던 이런 사건의 진위 공방을 검토할 때 가장 중요한 것은 사건의 기본 성격을 파악하는 것이다. 기축옥사는 처음부터 정철을 비

[11] 『한겨레』(2009년 7월 29일). 편집자는 "'십만양병설 조작' 주장은 오류"라는 역사학자 오항녕 박사의 반박(『한겨레』 7월 23일)에 대해 이덕일 한가람역사문화연구소장이 재반박의 글을 보내왔다"고 소개했다.

롯한 서인들의 정치공작이란 비난이 들끓었다. 『아계 이상국 연보』
는 '정철을 위관委官(수사 책임자)으로 명하니 그 당시 사대부 중에 정여
립과 교유가 있다고 연좌되어 화를 입은 자가 무려 100여 명이나
되었다'고 기록했다. 이때 위관 정철이 물증도 없이 이발, 최영경, 정
언신 등 당대의 명사들을 죽인 것에 대해 비난이 들끓었다. 훗날
선조가 이 사건으로 자신에게 쏠린 비난을 돌리기 위해 정철을 독
철毒澈(악독한 정철), 간철奸澈(간악한 정철)로 불렀다는 사실이 그 진상을
짐작하게 해 준다. 『아계 이상국 연보』는 "이때 정철이 이 옥사와 연
루시켜서 공(이산해)과 유서애(유성룡)에게 전적으로 화를 전가시키고
자 했다"고 적고 있다. 김장생은 「송강행록」에서 '정철이 유성룡에게
왜 이발의 노모와 어린 아들을 죽였느냐'고 비난했다고 썼지만, 이
는 광주진압군 사령관이 디제이DJ나 와이에스YS에게 왜 양민을 죽
였느냐고 힐난했다는 것과 마찬가지로 있을 수 없는 상황 조작에
불과하다. ……

논의 과정에서 '서인의 주장을 되풀이'한다고 해서 그것이 사
유가 되지는 않는다. '누가 말했기 때문에 틀렸다'는 논리는 성립
하지 않기 때문이다. 누가 말했든 '어떤 이유로 틀렸다'고 해야
한다. 그럼에도 이 논법을 즐겨 쓴다면 이는 전형적인 패싸움 스
타일이다. 자신이 주장하는 내용 역시 지극히 편파적인 기록에
입각한 것임에도 자신의 자료에는 절대적 정당성을 부여하고,
다른 사람이 인용하는 자료는 당파심에 의한 것으로 매도하는
방식이 되어 버리면 생산적인 논쟁이 될 수 없다.
다시 강조하거니와, 역사 연구나 토론은 먼저 자료에서부터
출발한다. 생각이나 입장이 아니라 자료가 먼저이다. 생각이나

입장에 자료를 꿰어맞추는 것이 역사 공부가 아니라, 사실과 자료가 다른 증거 앞에서 기존 생각이나 입장을 바꾸는 것이, 나아가 바꿀 수 있는 것이 역사 공부의 힘이다. 관점, 해석을 앞세우는 것은 역사 공부가 아니다. 물론 관점이나 해석이 중요하지 않다는 말은 아니다.[12]

이씨는 '광해군 9년(1617) 생원 양몽거楊夢擧 등의 상소'를 근거로, 이발 노모와 아들이 죽은 때는 '경인년 5월 13일'이라고 했고, 또 '동인 영수'였던 『아계 이상국(이산해(李山海)를 말함) 연보』에도 '경인년'이라고 나온다고 했다. '반면 인조반정 후인 효종 8년(1657) 서인들이 편찬한 『선조수정실록』은 신묘년(1591, 선조24) 5월의 일로 기록하고 있다'고 했다. 밝혀 두건대 나는 뒤에서 이씨가 언급한 양몽거의 상소, 『아계 이상국 연보』, 그리고 『선조실록』과 『선조수정실록』을 다시 하나하나 검토할 것이다.

이씨는 "수백 년 전에 있었던 이런 사건의 진위 공방을 검토할 때 가장 중요한 것은 사건의 기본 성격을 파악하는 것"이라고 했다. 흥미롭다. 사건의 기본 성격을 파악하는 것이 중요하다고 하면서, 그 기본 성격을 규정하는 사료는 가장 편파적인 기록에서 끌어왔다. '기축옥사는 처음부터 정철을 비롯한 서인들의 정치공작이란 비난이 들끓었다'는 인용이 그것이다. 이 사료는 동인 일부의 주장으로, 『선조실록』 및 『기축록己丑錄』(『대동야승大東野乘』에 수록) 등에 나오는 자료이다. 스스로 편파적인 자료에 입각하여 '기본 성격'을 규정해 놓은 것이다. 이씨는 짐짓 객관적인 듯 포장하지만 이는 '순환 논증의 오류'의 전형적인 사례에 불과하다. 나는 다음과 같이 다시 반론했다.

[12] 오항녕, 『역사학 1교시, 사실과 해석』, 푸른역사, 2024.

나의 재반론[13]

…… 정철과 유성룡의 대화를 기록한 김장생의 「송강행록」이 조작이라고 이 소장은 주장했습니다. 선조 23년에 위관委官은 정철이었는데, 마치 유성룡인 것처럼 김장생이 기록하여 이발의 노모와 아들을 유성룡이 죽인 것처럼 덮어씌웠다는 게 그의 주장이었습니다. 저는 이 일이 선조 23년이 아닌 선조 24년의 일이었다고 바로잡아 그의 오류를 지적했습니다.

그런데도 그는 여전히 '광해군 9년(1617) 생원 양몽거楊夢擧 등의 상소'와 『아계 이상국 연보』를 근거로 선조 23년이 옳다고 주장했습니다. 인조반정 이후의 서인들 기록에서부터 '선조 24년'으로 바뀌었다는 것입니다.

하지만 양몽거의 상소는 광해군 9년이 아니라, 60년 뒤인 숙종 3년(1677)의 일이었습니다. 그 뒤 양몽거의 상소에 대해, 신묘년(선조24)을 경인년(선조23)으로 잘못 보았다는 다른 이들의 비판이 이어집니다. 『아계 이상국 연보』도 광해군 때가 아니라 인조반정 이후에 편찬된 것입니다. 이것이 '장황한 판본 조사'가 중요한 이유입니다. 이발의 노모와 아들이 죽은 시기는 분명 선조 23년 5월이 아니라 유성룡과 이양원이 위관을 맡았던 선조 24년 5월입니다.

이덕일 소장은 '가장 중요한 것은 사건의 기본 성격을 파악하는 것'이라고 논조를 바꿉니다. 아니지요. 기본 성격은 바로 이러한 사실들에 대한 면밀한 검토에서 도출되는 것입니다. 이 소장과 같은 방식으로 사료를 인용하면서 주장하는 '기본 성격'을 저는 신뢰하지 않습니다.

사료를 조사할 때 초보적인 단계가 판본 조사이다. 그 사료가

13
『한겨레』(2009년 8월 5일).

언제 작성되었고 전해졌는지, 누가 작성했는지, 다른 사료와 어떻게 다른지 살피는 것이다. 그런데 이씨는 이 과정을 '장황하다'[14]고 말했다. 이 말을 듣는 순간 나는 이분이 역사학자가 맞나 하는 의문이 들었다.

모반은 정당하다?

우리는 제1부 Ⅰ장에서 정여립 모반 사건으로 알려진 기축옥사를 이미 정리했으나 여기서 다시 요약하겠다. 1567년 선조의 즉위로 정계에 진출하여 정국을 장악한 사림 세력은 1575년 이후 동인과 서인으로 나뉘었다. 한때 이이의 천거로 청현직淸顯職(홍문관 같은 청망의 관직)에 오르기도 했던 동인 정여립은 이이가 죽은 후 그를 배신했다 하여 선조의 미움을 받고 고향인 전주로 쫓겨 갔다.

정여립은 전라도, 황해도 일대의 세력과 결탁하여 대동계大同契라는 조직을 결성하고 모역을 꾀했다. 그는 천하는 공물公物이라는 전제 아래 혈통에 의한 왕위 계승이 결코 절대성을 가질 수 없으며, 불사이군론不事二君論에 매우 회의적인 입장이었다고 한다. 이런 주장의 한계 및 관련 자료는 이미 Ⅱ장에서 정리한 바 있다.

옥사는 무엇보다도 '정여립의 모반'이라는 데서 촉발된 하나의 사건이었다. 하지만 정여립의 모반에 대해서 두 가지 의심 또는 해석이 사건 자체의 이해를 어렵게 만든다. 첫째, 모반은 조작이었을 뿐이라는 주장이 그것이다. 그러나 정여립의 대동계는 실재하였고 활동하고 있었다. 모반이 아니었다면 강력히 아니었다고

14
『한겨레』(2009년 7월 29일).

주장했어야 할 당사자인 정여립은 아들과 함께 죽도竹島로 도망쳤다가 자살했다. 동료 학자들과 조선시대 반역 사건 문서인 『추안급국안推案及鞫案』[15]을 완역하며 얻은 경험에 비추어 볼 때 정여립의 행동은 이해되지 않는 처신이다. 역적모의를 꾸미지 않았거나 모의에 연루되지 않았다면 당사자는 적극 해명하지 이렇게 자살하는 경우를 본 적이 없다.

둘째, 조선시대의 반역을 저항이나 혁명처럼 해석하는 상투적인 경향이 사태의 이해를 가로막는다. 즉 역사가 원시사회에서 현대사회로 '진보'해 왔다는 관념에 입각하여 조선시대를 현대사회로 오기 전 단계인 봉건제 시대로 보는 것이다. 최근 역사학계에 이런 관점에 대한 비판과 반성이 종종 제기되지만, 학계는 물론 일반 시민까지 상식처럼 여기는 이데올로기이다. 그런 역사관에서 조선시대를 보면 작은 사회변동조차, 심지어 반동적인 변화조차 '새로운 시대'인 근대로 나아가는 몸짓 같은 착시현상이 일어난다. 그리하여 분별없이 혁명, 변혁이라는 용어를 쓰며, 농민층 분해나 신분제 해체라는 해석이 따라붙는 것이다. 달리 말하면 근대주의적 시각으로 역사를 포맷하는 셈이다. 포맷된 디스크에서 기축옥사의 진실이 담긴 파일을 찾기란 불가능하다.

다시 숙제로 돌아와

정철은 기축옥사가 시작된 뒤 위관으로 임명되었지만 "조정의 기강을 마음대로 하여 그 위세가 세상을 뒤덮었다"는 이유로 옥사의 와중에 파직되었다.[16] 유성룡은 기축옥사가 한창이던 1589

15
전주대학교 한국고전학연구소 역, 『국역 추안급국안』, 흐름, 2014.

16
『선조실록』 24년 윤3월 14일, 16일.

년 12월 호남 유생 정암수丁巖壽를 비롯한 50여 인의 상소에서 "유성룡은 역적모의에 가담한 사람은 아니지만, 지금 만약 반성해 본다면 태양 아래서 어떻게 낯을 들고 살 수 있겠습니까"라는 비난을 들었지만, 기축옥사 후반기의 위관이기도 했다. 이는 당쟁론으로 접근할 때 해석하기 어려운 '사실'이다. 거듭 강조하거니와, 당심黨心에 기초한 당쟁론을 통하여 기축옥사를 볼 것인지, 반역으로 촉발된 왕조시대의 사건이라는 관점에서 접근할 것인지에 따라 기축옥사의 성격은 달라질 것이다.

한편 2009년 있었던 논쟁은 필자에게 과제를 남겨 주었다. 내가 이발의 노모와 아들이 죽은 때가 선조 24년이라고 아무런 의심 없이 생각했던 것을, 이씨는 당연하게 생각하고 있지 않았던 것이다. 단순히 그가 잘못 알았다는 것으로 치부할 수 없는, 무려 400년 동안 지속되면서 미묘하게 기억이 뒤틀려 온 배경이 있었다. 왜 이런 일이 생겼을까? 진실은 어디에 있을까? 이처럼 기록과 기억이 변주된 데에는 어떤 역사적 의미가 있을까?

이제 사건의 흩어진 기억과 기록을 찾아가는 과정에서 이발 노모와 어린 아들의 죽음이 경인년(1590)에 일어났는지 신묘년(1591)에 일어났는지 진실의 윤곽이 드러날 것이다. 논의의 편의를 위해 다음과 같은 용어를 쓰기로 한다.

송강이 위관이었던 때 1590년 5월설=선조 23년설=경인년설
서애가 위관이었던 때 1591년 5월설=선조 24년설=신묘년설

실록에 기록된 송강의 면모

조선시대 공식 기록 중 하나인 실록은 송강을 어떻게 기억하고, 평가하고 있을까? 광해군 대 이이첨李爾瞻이 대제학이었을 때 편찬된 『선조실록』의 정철 졸기卒記에는 이렇게 나온다.[17]

> 인성부원군寅城府院君 정철鄭澈이 졸했다. (정철은 논박을 받고 강화江華에 가 있다가 졸했다.) 사신은 논한다. 정철은 성품이 편협하고, 말이 망령되고 행동이 경망하고, 농담과 해학을 좋아했기 때문에 원망을 자초했다. 최영경이 옥에 갇혀 있을 적에, 그가 영경과 사이가 좋지 않다는 것은 나라 사람이 다 같이 아는 바이고, 그가 이미 국권을 잡고 있었으므로 법을 집행하는 사람들도 모두 정철과 잘 알고 지내는 사이였는데 결국 죽게 만들었으니, 손을 썼다는 말을 어떻게 면할 수 있겠는가. 게다가 일에 대응하는 재간도 모자라 처사가 거칠고 빠뜨리는 것이 많았기 때문에 양호兩湖의 체찰사體察使로 있을 때에는 인심을 만족시키지 못하였고, 중국에 사신으로 가서는 외교상의 잘못을 저지르는 등 죄가 잇따랐으므로 죽을 때까지 비방이 그치지 않았다.

졸기는 누가 죽었을 때 그의 생애와 논평을 짤막하게 적은 글이다. 짐작건대 사마천司馬遷의 『사기史記』 같은 역사서에 나오는 「백이숙제 열전」, 「자객 열전」 같은 열전列傳 형식이 일기체의 실록에 남은 것이 아닌가 한다. 졸기는 생애에 관한 정보를 모았다가 실록을 편찬할 때 작성했던 것으로 추측된다. 한 인물의 주요 행적과 평가가 남는 기록이니만큼 중시될 수밖에 없었다. 따

[17] 『선조실록』 26년 12월 21일.

라서 조선 후기 실록이 개수 또는 수정될 경우 가장 변화가 큰 부분이 줄기 등에 포함된 사론史論이었다.

『선조실록』의 기록에 왜곡이 많다고 해서 인조반정(계해반정) 이후 『선조실록』을 수정한 『선조수정실록』이 편찬되었음을 이미 살펴보았다. 『선조수정실록』에는 정철의 줄기가 어떻게 기록되어 있을까?

수정본에는 송강이 중국 사신으로 갔을 때 중국 병부兵部에 "왜적이 이미 철수해 돌아갔다"고 했다는 말의 진위를 따지고 철군하려는 중국 병부의 농간을 밝혔다고 기록하였다. 아마 『선조실록』에서 말한 "중국에 사신으로 가서는 외교상의 잘못을 저질렀다"는 기록에 대한 해명으로 보인다. 그 뒤로 "강화江華에 머물다가 술병으로 죽었는데 향년은 59세였다"고 했다. 송강이 술을 지나치게 좋아한 것은 분명하다. 나머지 기록은 김장생이 초고한 「송강행록」의 일부를 발췌, 게재했다. 먼저 눈에 띄는 부분부터 살펴보자.

선조 초년에 이조 낭관으로 기용되었는데, 오로지 시비를 가리는 데만 힘썼으므로 명망은 높았으나 그를 좋아하지 않는 자들이 많았다. 당론이 갈라지자 그는 한쪽만을 극력 주장하다가 시론時論의 원수처럼 되었는데, 상이 돌보아 구제된 것이 여러 번이었다. 신묘년(1591, 선조24)에 이르러 상의 사랑도 식어서 거의 죽음을 당할 뻔했는데 이덕형李德馨이 구제해 준 덕분에 조금 완화되었다. 그 뒤 전란 때문에 기용되었으나 또한 조정에 용납되지 못했다.[18]

송강은 처신을 모나게 하였으므로 서애가 평소에 그를 미워

18
『선조수정실록』 26년 12월 1일.

하였다고 한다. 정유년(1597, 선조30)에 서애가 탄핵을 받았는데, 탄핵하는 자들이 서애가 뇌물을 탐했다고 무고하며 동탁董卓의 미오郿塢에 비유하자,[19] 서애는 "지난번에 논핵하는 자들이 계함季涵(정철의 자)을 가차 없이 공격하면서도 '탐욕스럽다'고는 지목하지 않았는데, 어찌 나의 처신이 저 계함에 미치지 못했단 말인가"라고 탄식했다고 한다.

특히 송강이 최영경의 죽음을 방치했다거나 방조했다는 소문이 많았기 때문인지 수정본의 졸기에는 이에 대한 해명이 포함되어 있다. 당시 종사관從事官이던 서성徐渻은 송강이 오히려 최영경을 구명했다고 변론하니, 서애가 "계함이 항상 떳떳하게 스스로 이 일을 해명하였으나, 나는 최영경의 죽음이 계함 때문이었다고 마음속으로 여겨 왔기 때문에 그 말을 듣고도 답하지 않았었다. 그런데 지금 와서 생각해 보니, 그 사람은 입이 곧아 자기가 한 일은 반드시 숨기지 않았을 인물이다. 아마도 그대의 말이 옳지 않겠는가" 하였다고 한다. 그러나 수정본의 졸기가 변론이나 칭찬에만 중점을 둔 것은 아니었다. 송강이 술을 좋아하고 고집스러웠으며 옥사 처리가 지혜롭지 못했다고 평하였다. 하지만 그가 권세를 부렸다고 보기는 어렵다고도 덧붙였다.

만일 그가 강호 시골에 살았더라면 잘 처신했을 것인데, 지위가 삼사三司(사헌부·사간원·홍문관)의 벼슬까지 오르고 몸이 장수와 정승을 겸하였으니, 그에 맞는 벼슬이 아니었다. 정철은 중년 이후로 주색에 병들어 자신을 충분히 단속하지 못한 데다가 탐욕스럽고 간사한 사람을 미워하여 술이 취하면 곧 면전에서 꾸짖으면서 권력자든 왕족이든 가리지 않았다. 치우친 의논을 극력 고집하며 믿는 것은 척

19
후한(後漢) 말, 동탁이 미(郿) 땅에 오(塢)를 쌓아 이름을 만세오(萬歲塢)라 하고, 그 속에 금은보화를 저장한 데서 연유한 말로 탐오한 관리를 뜻한다. 『後漢書 卷72 董卓列傳』 1597년(선조30). 문홍도가 서애를 탄핵할 때 뇌물을 탐했다고 무고하며 미오에 비유한 적이 있다. 『선조실록』 34년 2월 16일; 『기언』 권38 동서기언 「서애유사」

리戚里(임금의 외척)의 진부한 사람이었고, 왕명을 받아 역옥을 다스릴 때 원수 진 당색을 많이 체포하였으니, 그가 세상의 공격 대상이 된 것은 괴이할 것이 없고 그의 처신은 정말 지혜롭지 못했다.

그러나 그를 권세를 부린 간신이나 역적으로 지목하는 것은 문제가 있다. 정철은 조정에서 앉은 자리가 미처 따스해질 겨를도 없었고, 정승을 지낸 기간은 겨우 1년 남짓 했다. 밝은 임금이 스스로 모든 권한을 행사하고 있었고 이산해·유성룡을 포함하여 세 사람이 아울러 정승을 하고 있는 상황에서 이산해가 특히 임금의 은총을 입고 있었으니, 정철이 어떻게 권세를 부릴 여지가 있었겠는가. 이것은 변론할 것도 없이 자명한 사실이다.[20]

실록에 기록된 서애의 면모

이번에는 서애에 대한 기록을 살펴보겠다. 1607년(선조40) 서애가 세상을 떴을 때 『선조실록』에 실린 졸기이다.

전 의정부 영의정 풍원부원군豊原府院君 유성룡柳成龍이 졸했다. 사신은 논한다. 유성룡은 경상도 안동安東 풍산현豊山縣 사람이다. 타고난 자질이 총명하고 기상이 단아했다. 어린 나이에 퇴계退溪 선생의 문하에 종유하여 예법으로 자신을 단속하니 보는 사람들이 그릇으로 여겼다. 어린 나이에 과거에 급제하여 명예가 날로 드러났으나 아침저녁 여가에도 학문에 힘써 종일토록 단정히 앉아서 조금도 기대거나 다리를 뻗는 일이 없었다. 사람을 응접하는 즈음에는 고요하고 단아하여 말이 적었고 붓을 잡고 글을 쓸 때에는 일필휘지하여 뜻

20
『선조수정실록』 26년 12월 1일.

을 두지 않는 듯하였으나 문장이 정숙하여 맛이 있었다. 여러 책을 널리 보고 외우지 않은 것이 없었는데 한번 눈을 스치면 환히 알아 한 글자도 잊어버리는 일이 없었으며 의리를 논설하는 데는 서적에 밝아 수미首尾가 정밀하니 듣는 이들이 탄복했다. 외교의 명을 받들고 북경에 갔을 때 중국의 학자들이 모여들었으나 논쟁하지 못하고 서애西厓 선생이라고 칭했다. 이로 말미암아 명예와 지위가 함께 드러나고 총애가 융숭했다.

재상의 자리에 올라서는 국가의 안위가 그에 의지하였는데, 정인홍鄭仁弘과 의논이 맞지 않아서, 인홍이 매양 공손홍公孫弘이라 배척하였고,[21] 성룡 역시 인홍의 속이 좁고 편벽됨을 미워하니, 사론士論이 두 갈래로 나뉘어져 서로 공격하는 것이 물과 불 같았다. …… 유성룡은 조정에 선 지 30여 년 동안 재상으로 있은 것이 10여 년이었는데, 상의 대우가 조금도 쇠하지 않아 귀를 기울여 그의 말을 들었다. 경연에서 좋은 말을 올리고 임금의 잘못을 막을 적엔 겸손하고 뜻이 극진하니 이 때문에 상이 더욱 중히 여겨 일찍이 말하기를, "내가 유 아무개의 학식과 기상을 보면 모르는 사이에 심복할 때가 많다"고 했다. 그러나 규모가 조금 좁고 마음이 굳세지 못하여 이해가 눈앞에 닥치면 흔들림을 면치 못했다. 그러므로 임금의 신임을 얻은 것이 오래였었지만 직간했다는 말을 들을 수 없었고 정사를 전담하였으나 나빠진 풍습을 구하지 못했다.

기축년의 변에 권력을 잡은 간신이 화禍를 요행으로 여겨 역옥으로 함정을 만들어 무고한 사람을 얽어서 자기와 다른 사람을 일망타진하여 산림山林의 착한 사람들이 잇따라 죽었는데도 일찍이 한 마디 말을 하거나 한 사람도 구제하지 않고 상소하여 자신을 변명하면서 구차하게 몸과 지위를 보전하기까지 했다.

21
공손홍은 한(漢)나라 사람으로 무제(武帝) 때 발탁되어 승상까지 지냈다. 평소 베 이불을 덮고 상에는 고기반찬을 두 가지 이상 놓지 않았으며, 고인(故人)과 빈객들에게 녹봉을 모두 나누어 주어 집안에 남은 것이 없었다. 그러나 성품이 남을 해치려는 뜻이 많고 겉으로는 관대한 듯하면서도 실제로는 각박하여 자신과 틈이 있는 자는 어떤 방법으로든지 끝내 화를 입혔으므로 소인이라는 평을 받았다. 『漢書 卷 58 公孫弘』

임진년과 정유년 사이에는 군신君臣이 들판에서 자고 백성이 고생하였으며 두 능陵이 욕을 당하고 종사가 불에 탔으니 하늘까지 닿는 원수는 영원토록 반드시 갚아야 했다. 그런데도 계획이 군건하지 못하고 나라의 원칙이 정해지지 않아서 화의를 극력 주장했다. 왜적과 통신하여 적에게 잘 보이고자 원수를 잊고 부끄러움을 참은 죄가 천고에 한을 끼치게 하였으므로, 의로운 사람들이 분개하고 말하는 사람마다 탓했다.[22]

줄기의 말미에 부제학을 지낸 김우옹金宇顒의 상소 가운데 "성룡은 역시 얻기 어려운 인물입니다마는 재상으로서의 국량이 부족하고 대신의 풍모가 없습니다"고 했던 말을 두고 '정확한 논의'라고 첨언하며 끝내고 있다.

『선조수정실록』의 서술도 일견 크게 다르지 않은 듯하지만, 자세히 살펴보면 흥미로운 사실들이 눈에 띈다. 줄기 초반에는 「서애행장」에서 가져온 듯, 원본과 마찬가지로 퇴계 문하에서 배운 일, 청요직을 거치며 중망重望을 받은 일을 기록했다. 이이첨이 편찬한 『선조실록』과 다른 점은 다음과 같은 기록이다.

계사년에 수상으로서 홀로 경외의 기무를 담당했다. 명나라 장수들의 자문咨文(중국과 주고받던 외교문서)이 밤낮으로 폭주하고 각 도의 보고 문서가 이곳저곳에서 모여드는데도 성룡이 좌우로 처리하는 것이 민첩하고 빨라 마치 흐르는 물과 같았다. 당시 신흠申欽이 비변사 낭관으로 있었다. 신흠으로 하여금 붓을 잡고 부르는 대로 쓰게 하였는데, 문장이 오래도록 다듬은 것과 같았다. 신흠이 항상 사람들에게 그와 같은 재주는 쉽게 얻을 수 없다고 말했다.

[22] 『선조실록』 40년 5월 13일.

그러나 국량이 협소하고 지론持論이 넓지 못하여 붕당에 대한 마음을 떨쳐 버리지 못한 나머지 조금이라도 자기와 의견을 달리하면 조정에 용납하지 않았고 임금이 득실을 거론하면 또한 감히 대항해서 바른대로 고하지 못하여 대신다운 풍모가 없었다.

일찍이 임진년의 일을 나중에 기록하여 『징비록懲毖錄』이라 하였는데 세상에 유행되었다. 그러나 식자들은 자기만을 내세우고 남의 공은 덮어 버렸다고 하여 이를 기롱했다.

이산해가 그 아들 이경전李慶全과 함께 오래도록 조정에 나오지 못하면서 성룡을 원망하여 제거하려고 꾀했다. 결국 무술년(1598)에 왜적과 화의를 주도하여 나라를 그르치고 명나라에 변무辨誣 사신으로 가기를 회피했다는 이유로 탄핵을 받고 떠나게 되었는데, 향리에 있은 지 10년 만에 죽으니 나이가 66세였다.[23]

『선조수정실록』에는 서애의 건의로 처음 훈련도감을 설치하였고, 포砲·사射·살殺의 삼수三手를 뽑아 군용을 갖추었으며, 외방의 산성을 수리하였고, 진관법鎭管法[24]을 손질하여 방어책을 삼았다는 말로 줄기를 마쳤다.

반면 원본인 『선조실록』에는 서애가 왜적과 화의를 주도한 점을 들어, 이는 항복과 마찬가지라고 혹평했다.[25] "화의를 그르다고 하여 화의를 주장하지 않는 것처럼 하면서 마음을 숨겼고, 나아가서는 임금을 속이고 한 세상을 속이고 후세를 속이려고 하였다"고 평했다. 그러나 서애가 속이기까지 했다는 정황이나 증거는 확인하기 어렵다.

23
『선조수정실록』 40년 5월 1일.
24
각 도에 군사 진영을 설치하고 책임자를 둔 지방 방위 조직.
25
『선조실록』 27년 7월 20일.

이에 대해 『선조수정실록』의 다음과 같은 기록은 신뢰성이 있어 보인다. 1597년 문홍도文弘道의 서애 탄핵에 이어, 1598년 서애에 대한 탄핵이 다시 벌어졌을 때 상황이다.

> 유성룡은 평소 중망을 지고 여러 해 동안 나라를 맡아 소인배들에게 상당히 미움을 받았다. 처음에는 사신 가기를 자청하지 않은 것으로 죄안罪案을 삼더니 이내 기회를 틈타 근거 없는 말과 이치에 닿지 않는 비방을 마음대로 얽어 마침내는 어머니가 북杼을 던지는 지경[26]에 이르렀으니, 슬픈 일이다.
>
> 당시 양사의 여러 신하 가운데 어찌 한두 명의 지식인이 없었겠는가. 다만 소인배들의 유혹과 위협에 같은 말로 헐뜯어 배척하기에 힘을 다하였으니, 더욱 애석하다. 이 논의는 대개 이경전李慶全·남이공南以恭의 무리가 은밀히 주장하고 문홍도와 이이첨이 앞장선 것이라고 한다.

사간원 정언인 문홍도가 서애를 탄핵할 때 동조한 사헌부의 관원을 보면 대사헌 정창연鄭昌衍, 집의 송일宋馹, 장령 유몽인柳夢寅·송응순宋應洵, 지평 유인길柳寅吉 등이었다.[27] 사간원과 사헌부, 양사에서 들고 일어나 서애를 몰아붙인 셈이다. 정창연은 광해군의 왕비 유씨가 생질이었고, 광해군 즉위 후 이조판서, 좌의정을 지냈다. 그러나 폐모론에 반대하고 광해군 대에 일어난 옥사에서 사람들을 여럿 구하였다고 한다. 송일은 서애를 탄핵한 뒤 홍여순洪汝諄의 편에 서서 소북小北을 공격했던 인물이다. 유몽인, 유인길은 모진 인물이 못 되었던 것 같다. 요약하자면, 이산해의 아들 이경전과 이이첨 등 과격한 북인이 주도하고, 나머지 북인

---

[26] 계속된 참소로 그 말을 믿어 버리는 상황을 말한다. 옛날에 증자(曾子)가 비(費) 땅에 살았는데, 그곳 사람 중 증삼(曾參)이란 자가 있어 증자와 이름이 같았다. 그 증삼이 살인을 하였는데, 사람들이 증자의 어머니에게 "증삼이 살인하였다"고 고하자, 증자의 어머니는 "내 아들은 살인하지 않을 사람이다" 하면서 태연하게 베를 짰다. 얼마 있다가 또 사람들이 "증삼이 살인하였다"고 하니, 증삼의 어머니는 그대로 베를 짰다. 한참 뒤에 어떤 사람이 또 "증삼이 살인하였다"고 하자, 증자의 어머니는 두려움에 베틀의 북(杼)을 내던지고 달아났다. 『戰國策 秦策 2』

[27] 『선조수정실록』 31년 11월 1일.

이 좌시하거나 방조하며 서애 탄핵이 진행되었던 것으로 보인다.

『선조실록』과 『선조수정실록』을 통해 송강과 서애의 행적과 평가를 살펴보았다. 일치하는 곳도 있고 엇갈리는 부분도 있다. 엇갈리는 부분 중 어느 편이 진실에 가까운지 판단할 수 있는 데도 있고 판단하기 어려운 데도 있다. 일치한다고 곧 진실이라고 단정할 수는 없다. 하지만 엇갈리는 부분보다는 더 신뢰할 수 있다고 추정할 수는 있다.

부록으로 두 인물의 생애에 대한 종합 기록인 행장을 번역하여 제시해 두었다. 정경세와 김집 두 학자가 편찬한 「서애행장」과 「송강행장」이다. 행장의 성격으로 보아 좋지 못한 평은 숨기겠지만, 적어도 없는 일을 있었다고 하지는 않았을 것이다. 조금 지루하거나 번쇄한 곳은 중략하였다. 혹여 필자의 판단에 의구심이 든다면 명시한 전거를 확인하기 바란다.

IV장_
선조 23년인가, 선조 24년인가

야사野史는 흐릿하여

매천梅泉 황현黃玹(1855~1910)은 본관이 장수長水이고, 자는 운경雲卿이다. 1894년 동학농민운동, 갑오경장, 청일전쟁이 연이어 일어나자 『매천야록梅泉野錄』, 『오하기문梧下記聞』을 지었다. 1905년 11월 을사늑약이 체결되자 통분을 느껴 김택영金澤榮과 함께 국권 회복을 위해 망명을 시도하다가 실패하고, 1910년 8월 강제로 나라를 빼앗기자 '목숨을 끊을 때 남기는 시[絶命詩]' 4수를 남기고 자결했다. 매천이 1902년(광무6), 48세 되던 해에 지은 시로 「남평 오현당에서 이남계의 일에 느낌이 있어서[南平五賢堂感李南溪事]」[28]라는 시가 있다.

옥당의 문장 두 봉황 새끼 배출하니	玉署文章兩鳳雛
광산이씨 문호는 호남에서 으뜸일세	光山門戶冠全湖
공론은 지금도 옥사를 원통해하는데	祇今公議終冤獄
맑은 명성 당대에도 대유로 칭해졌네	當世淸名亦大儒

[28] 『매천집』 권4, 임인고(壬寅稿).

황량한 부학촌엔 산 귀신이 울어 대고	副學村荒山鬼嘯
어두운 오현당엔 물 반딧불 죽어 있네	五賢堂暗水螢枯
송야와 애상 중에 누가 과연 은원인가	松爺厓相誰恩怨
야사는 흐릿하여 태반이 거짓인 걸	野錄沉沉太半誣

매천은 오현당에 답사를 갔다가 기축옥사 때 죽은 이길을 생각하며 이 시를 지었다. 남평 오현당은 이발의 고조 항렬인 원元자 돌림 다섯 사람을 기린 사당이다. 남계는 기축옥사 때 죽은 이발의 동생 이길의 호이다. 옥서玉署는 옥 같은 관청, 즉 옥당玉堂으로 홍문관을 말한다. 이발은 홍문관 장관인 부제학까지 지냈고, 이길은 수찬을 지냈으므로 '두 봉황 새끼'라고 일컬었다. 아직 봉황은 아니지만 봉황이 될 인물이었다는 뜻으로 보인다. 시에 보이는 '부학촌'은 바로 '부제학 마을'이라는 뜻으로, 이발이 부제학을 지냈기 때문에 그렇게 부른 것이다. 광산이씨는 광주이씨, 이발의 본관을 말한다.

한편 송야, 즉 송 노인은 송강을 가리키며, 애상, 즉 애 정승은 서애를 가리킨다. 매천은 둘 중 누가 은원이냐고 묻고 있다. 은원은 은혜를 베푼 사람과 원한을 품은 사람을 말한다. 서애와 송강 중 누가 은인이고 원수라는 말이 아니다. 알 수 없다는 말이다. 이는 마지막 구절에서 확인된다. 야록野錄, 곧 세간의 이야기를 적은 기록은 명확하지 않고 태반이 거짓이라는 말이다. 후대에 전하기 위해 역사 기록을 모을 때 가져야 할 신중함을 떠오르게 한다. 매천은 자신이 남긴 역사서도 겸손의 의미를 담아 '야록'이란 이름을 붙여 『매천야록』이라 했다. 이 시의 행간에서, 300년 전의 기축옥사가 매천 당대에도 오해와 원망이 덧붙여진

채 세인들 입에 오르내리고 있었다고 추정하기에 큰 어려움이 없을 듯하다.

그런데 200년 전으로 올라가면 매천의 시와는 전혀 다른 태도를 보인 자료를 만날 수 있다. 1694년(숙종20) 어느 날 경연에서 있었던 일이다.

당인黨人이 한때의 충성스러운 현자들을 모함하여 거의 다 죽게 한 일에 대해 선조대왕宣祖大王께서 즉시 깨달으시고 '독철毒澈(독한 정철)'이라는 분부를 내리셨습니다. 그 후 조정의 의론이 준엄하게 일어나 추탈追奪(죽은 뒤에 삭탈함)하도록 계청하였으나, 인조 계해년(1623)에 한쪽 사람들이 곡진하게 비호하여 곧바로 그의 관작을 회복했습니다. 이로부터 망령되이 무함하는 무리들이 줄지어 일어났습니다. 안방준安邦俊은 심지어 충현 및 이발의 어미와 어린 아들을 모함하여 죽인 것은 정철의 소행이 아니라 선정신先正臣 문충공文忠公 유성룡이 한 것이라고 버젓이 책에 써 놓아 시비를 뒤집고 사람들의 귀를 현혹시켰으며, 유생 유경서柳景瑞 등은 날짜를 바꾸어 유성룡이 재상이었을 때의 일이라는 것을 입증하기까지 했습니다.

그 당시의 곡절에 대해서는 호남의 유생 정무서鄭武瑞와 유성룡의 손자 유후상柳後常 등의 상소에 상세히 실려 있으며, 비변사의 회계回啓에도 너무나 명백하게 분별되어 있어 지금 다시 번거롭게 진달할 필요가 없습니다. 그러나 안방준이 간사한 말을 주창하여 흑백黑白을 혼란시킨 죄는 실로 천지 사이에 피할 데가 없는데 오랜 세월이 흐르도록 바로잡지 못하고 있었습니다. 이제 전하께서 밝게 통찰하여 시원스럽게 씻고, 정철의 관작을 삭탈하는 한편 또 안방준의 관작을 삭탈하고 그의 사당을 허물어 시비를 분명하게 하시니, 이는

또한 근래 이래로 없던 일로 누군들 통쾌하다 하지 않겠습니까.[29]

이 발언은 갈암葛庵 이현일李玄逸(1627~1704)에게서 나왔다. 그는 1689년(숙종15), 장희빈이 왕비가 되고 인현왕후가 폐출된 뒤 정계에 나와 대사헌, 이조판서를 역임하였고 경연에서 숙종에게 강의했다. 갈암은 이 말을 한 지 얼마 안 되어 일어난 갑술환국 이후 함경도 종성으로 위리안치되었다.

흔히 일제강점기의 다카하시 도루高橋亨가 쓴 『조선의 유학』[30]에서 '주리主理-주기主氣' 논리를 이어받은 이병도李丙燾가 『한국유학사』[31]에서 퇴계학파=영남학파, 율곡학파=기호학파라는 도식으로 조선 사상사를 정리한 것으로만 알고 있다. 그러나 이 도식은 이현일에게서 정식화된 것이다. 그는 다음과 같이 말했다.

퇴도退陶 이 선생이 일찍이 고봉高峯 기씨와 사단칠정四端七情의 분변에 관해 서신 왕복을 통하여 오래도록 논란한 끝에 마침내 결론을 보았다. 그런데 그 후 율곡栗谷 이씨란 사람이 나와 퇴도의 정론定論을 배척하고 고봉의 이전 학설을 주워 모아 "고봉의 설은 명백직절明白直截하고 퇴계의 논의는 의리가 분명치 못하다" 주장하면서 조금도 거리낌 없이 제멋대로 비방했는데, 간혹 남의 말뜻을 다 알지도 못하면서 억지로 자기 설을 고수, 종횡무진한 언변에 전도된 주장을 마구 쏟아내어 학문을 제대로 하지 못한 범용한 사람들을 현혹시키고 있다.[32]

율곡 이후에도 제자들인 서인들이 퇴계를 선배 이상의 선생으로 대우하며 퇴계의 문집을 읽었던 점을 고려하면, 조선 사상

---

[29] 『갈암집』 부록 권1 연보 숙종 20년 3월 4일.
[30] 다카하시 도루, 조남호 옮김, 『조선의 유학』, 소나무, 1999.
[31] 이병도, 『한국유학사』, 아세아문화사, 1987.
[32] 『갈암집』 권18 「율곡이씨논사단칠정서변(栗谷李氏論四端七情書辨)」

계의 흐름을 퇴계학파와 율곡학파로 가르는 것은 역사적 사실과 부합하지 않는다. 갈암 이현일의 주장을 살펴보면, 퇴계와 고봉의 논의를 이해하지 못한 것으로 보이는 증거가 여럿 나온다. 무엇보다 퇴계가 고봉의 이기일원론을 인정하였고, 이것이 율곡으로 전승된 점을 무시하였다는 점에서 갈암의 논리는 설득력이 약하다.

특히 『퇴계집』의 편지를 보면 고봉 기대승과 주고받은 편지가 맨 앞에 실려 있어, 『퇴계집』을 편찬한 사람들이 고봉을 퇴계의 수제자로 생각하고 있었고, 퇴계가 고봉에게 묘지명의 작성을 부탁한 점을 고려한다면 퇴계와 고봉(+율곡)을 대립시키는 갈암의 주장에 동의하기 어렵다.[33] 고봉의 학설에서 보면 언제부턴가 상식처럼 되어 버린 조선 사상사의 연원 도식인 영남학파=퇴계학파, 기호학파=율곡학파라는 인식의 한계성이 드러난다. 영남학파=퇴계학파, 기호학파=율곡학파는 전라도 사람 고봉이라는 존재 자체로 인해 부정된다.[34] 다른 기회에 더 논의하겠지만 오늘은 퇴계가 세상을 뜰 때 자신의 일생을 정리하는 행장을 고봉에게 맡겼고, 『퇴계집』에 고봉 기대승의 편지가 제자들 중 맨 먼저, 가장 많이 실려 있다는 점만 기억하고 가겠다.

[33] 조남호, 「주리주기논쟁-조선에서 주기 철학은 가능한가」, 『논쟁으로 보는 한국철학』, 예문서원, 1995; 최영진, 「朝鮮朝 儒學思想史의 分類方式과 그 問題點-'主理'·'主氣'의 問題를 中心으로-」, 『한국사상사학』 8, 1997; 오항녕, 「석실서원의 미호 김원행과 그의 사상」, 『북한강 유역의 유학사상』, 한림대학교 아시아문화연구소, 1998.

[34] 오항녕, 「늦게 핀 매화는 한가로운데-고봉 기대승(高峯 奇大升)의 사상사적 좌표에 대한 시론(試論)」, 『한국사상사학』 52, 2016.

되살아난 갈등의 불씨

1694년(숙종20) 경연에서 했던 이현일의 말, 즉 앞에서 인용한 사건은 1691년에 있었던 일을 가리킨다. 1691년 호남 사람 정무서 등이 상소하여 '정철의 관작을 추탈'하기를 청했다. 이는 1677년 양몽거가 했던 말과 같은 취지였으며, 한편으로는 1680년 유경서의 상소에 대한 반론의 성격을 띠었다. 이 흐름을 찬찬히 짚어보겠다.

2009년 나와 이모 씨가 논쟁을 했을 때 이모 씨는 양몽거의 상소를 근거로 주장을 폈던 적이 있다. 이씨는 '광해군 9년(1617) 생원 양몽거 등의 상소'라고 했으나, 나는 양몽거의 상소가 '광해군 9년'이 아니라 한 갑자甲子 뒤인 1677년의 상소였음을 지적한 바 있다. 1677년은 2차 예송논쟁으로 송시열宋時烈 등이 귀양을 가고 허목許穆, 윤휴尹鑴 등 북인계 관료들이 득세했던 시기였다.

효종이 승하한 뒤, 인조 왕비인 자의대비慈懿大妃 조씨趙氏의 상복을 어떻게 입을 것인가 하는 전례 문제로 시작한 것이 제1차 예송, 즉 기해예송己亥禮訟이었다. 정태화鄭太和, 송시열의 기년복설期年服說[35]에 대해 허목은 차장자설次長子說[36]에 따라 삼년복을 주장했고, 윤휴는 신모설臣母說[37]에 따라 삼년복을 주장했다. 상복을 몇 년 입어야 하는지에 대한 실용적인 문제였다. 그런데 윤선도尹善道가 윤휴의 삼년복을 지지하며 기년복설이 효종의 정통을 부정하는 설이라고 주장하면서[38] 예송논쟁은 복제에 관한 논쟁에서 졸지에 정통성과 관련된 민감한 정치문제로 비화했다.

학계에서는 허목, 윤휴 등을 '근기近畿 남인'으로 분류하는데, 이들은 대개 광해군 대 북인 당파의 잔존 세력이었다. 이들은 보편성을 강조하는 서인과 달리, 예송에서 국왕의 특수한 위상을 강조하는 논리를 폈다. 윤선도의 주장이 가능했던 데에는 이런 논리도 한몫했는데, 정통성 문제로까지 비화시킨 윤선도의 주장에 조정은 대체로 화들짝 놀랐고, 결국 윤선도가 함경도 삼수三

35
효종은 둘째 아들이니 왕위를 계승했다고 해도 적자이면서 장자가 아닌 경우에 해당하니 기년상을 해야 한다는 주장.
36
차자로 태어났더라도 왕위에 오르면 장자가 될 수 있다는 주장.
37
왕에게는 어머니도 신하라는 주장.
38
『현종실록』 1년 4월 18일.

로 귀양 가는 것으로 끝났다.[39]

윤선도가 세상을 뜬 뒤, 효종비인 인선왕대비仁宣王大妃 장씨張氏가 세상을 떴을 때 대왕대비 조씨의 상복 논쟁이 재론되었다. 이를 제2차 예송, 갑인예송甲寅禮訟이라고 한다. 현종은 송시열의 기년설을 오례誤禮로 판정하고 세상을 떠났고, 숙종은 그에 따라 송시열 등을 귀양 보냈다. 이제 상복 논쟁은 마치 효종의 정통성 논쟁처럼 되어 버렸다. 이미 죽은 윤선도가 일으킨 사화士禍였다.

양몽거의 상소는 이 시기에 올라왔다. 실록 기사에는 단지 "전라도 유생 양몽거 등이 상소하여, 고故 상신相臣 정철鄭澈의 관작을 추탈하기를 청했다"고만 되어 있고[40] 나머지는 이를 둘러싼 조정의 논의뿐이다. 그렇지만 『기축록속己丑錄續』을 통해 상세한 내용을 알 수 있다.

최영경이 정철을 성질 급한 소인이라 하였고, 또 그 사람은 다만 좋은 벼슬을 하였을 뿐이요, 정사를 세우고 밝힌 일은 없다고 하였으므로 정철은 그에 대해 원한을 품고, 그를 무고할 바를 생각했습니다. 처음에는 중추부中樞府에서, "영남의 명사名士 가운데 역적과 작당한 사람이 있다"는 말을 퍼트리고는 사람을 시켜 최영경과 원한이 있는 집에서 무고토록 했습니다. 끝내는 뜬소문을 만들어 최삼봉이란 말을 꾸미고, 홍천경洪千璟·양천경梁千頃·강견姜涀 등을 시켜 장계를 올려 옥사를 일으켰습니다. 임금께서 그 억울함을 살피시고 석방을 명령하시자 대간에 부탁하여 다시 국문할 것을 거듭 청하게 하여 결국 병들어 죽게 한 것입니다. ……

아! 정철이 다시 위관이 된 것은 경인년 2월이었고, 이발의 어머니가 죽은 것은 경인년 5월 13일이었으며, 성룡이 우의정에 제수된

39
『현종실록』 1년 4월 19일.
40
『숙종실록』 3년 2월 18일.

것은 같은 달 일이라 아직 위관이 되지는 않았습니다. 이것은 일기日記에 소상히 실려 있는 바요, 나라 사람들이 다 아는 사실인데도 감히 속이기를 이와 같이 하니, 기타 애매한 일과 주워들은 말은 더욱 믿을 것이 못 됩니다.[41]

상소에 대해 숙종은 "지금 50년이나 된 뒤에야 어찌 이처럼 번거롭게 하느냐? 내가 생각하기에 매우 해괴하다"라고 대답했다. 숙종의 '해괴하다'는 답변이 흥미롭다. 숙종이 50년이나 된 일이라고 말한 이유는, 기축옥사의 위관이나 피해자였던 정철, 이발 등이 인조반정 뒤에 사면, 복권되었기 때문이다. 이 역시 우리가 앞서 확인한 바이다.

무엇보다 주목되는 것은 양몽거의 말이 우리가 『선조실록』에서 확인한 정인홍 자신의 말과 일치한다는 사실이다.[42] 상기하자면, 1602년 이귀의 정인홍에 대한 논박에 선조가 동의하는 전교를 내리자, 정인홍은 면직을 청하면서 '성혼이 최영경을 몰래 죽게 했다'고 자신이 영남지방에 있을 때 말했으며, 그 말이 퍼져 나갔다는 것을 알고 있었다고도 말했다. 정인홍 스스로 '성혼이 정철을 사주하여 학문 높은 최영경을 죽게 했다'는 말을 했다고 인정했던 일이다. 이로써 정인홍이 '화가 나서 한 말'이 '기억'으로 강화되어 영남지방 일각에서 지속된 사정을 짐작할 수 있을 것이다.

41
『기축록속(己丑錄續)』, 「정사년(1677) 봄 생원 양몽거 등의 소[丁巳春生員楊夢擧等疏]」
42
『선조실록』35년 3월 17일(기묘).

왜곡된 기억의 재생

양몽거의 상소는 처음으로 공공연히 경인년설, 즉 송강이 위관으로 있을 때 이발 노모와 아들이 죽었다는 설을 다시 드러낸 것이었다. 기축옥사 이후 100년이 지난 뒤, 인조반정 이후 기축옥사와 관련된 당사자들이 사면된 지 50년 뒤에 기축옥사의 불씨를 되살린 것이다. 우리가 탐구하고 있는 경인년설과 신묘년설이 해소되기는커녕 안에서 고스란히 잠재되어 있었던 셈이다. 미수眉叟 허목許穆(1595~1682)의 말도 그런 정황을 보여 주는 자료 중 하나이다.

> 『백사유고白沙遺稿』에 『기축록己丑錄』이 있어 선생(최영경을 말함)의 원통한 일이 매우 상세하게 실려 있었다. 후에 그 자손들이 권력을 가진 자들의 말을 듣고서 사실을 감추어 버린 위작僞作 『기축록』이 세상에 퍼졌다.[43]

허목은 백사白沙 이항복의 『기축록』이 '권력을 가진 자'들의 손에 의해 왜곡되어 개작되었다고 주장했다. 이현일도 이 말을 이어받아 최영경의 행장에 적었다.

> 적신賊臣 정여립이 반란을 모의하였다가 주벌을 당하게 되었을 때, 일이 점점 확대되어 당시의 명현名賢들 중에 무함을 받아 억울하게 죽은 이가 매우 많았다. …… 고故 재상 미수眉叟 허 문정공許文正公이 기록한 선생의 유사遺事를 보고 나서 길삼봉吉三峯이라는 설을 만들어낸 것과 『백사집』의 무함을 변개했다는 사실을 자세히 알게 되

43
『기언(記言)』 권26 「최수우 사적(崔守愚事跡)」

다. 나는 이에 더욱더 극도의 분통함과 애석함을 이길 수 없었다.[44]

그런데 이현일이 인용한 허목의 주장은 윤선도가 정개청의 복권을 청하며 1658년에 올린 「국시소國是疏」에서 한 말을 확대한 것이었다. 그러니까 『백사집』을 고친 근거는 원래 윤선도의 상소였다.

"이현영李顯英이 강원감사江原監司가 되고, 이명준李命俊이 강릉부사江陵府使로 있을 적에, 강릉에서 『백사집』을 발간하였는데, 백사는 바로 이항복의 별호別號입니다. 그 문집이 세상에 간행된 지 이미 오래되었는데, 정철의 아들 정홍명鄭弘溟이 이 만사挽詞(백사가 정언신의 아들 정률鄭慄에게 쓴 만사)를 보고는 꺼려하여, 다시 『백사집』을 진주에서 발간했습니다. 그런데 이 진주판晉州板에서는 그 만사를 삭제해 버리고, 한 편의 글을 말단에 추가하여 집어넣고는 이항복이 지은 것같이 하였는데, 이 글은 모두 정철이 좋은 사람들을 극력 변호하고 구제하였으며 선비를 죽이는 일은 하지 않았다고 말하고 있습니다.

그러나 안목이 있는 사람들은 모두 '문체文體가 같지 않다. 반 이상은 이항복의 문체와 같은데, 반 이하 나머지는 전혀 같지 않다. 그리고 위와 아래의 말뜻이 또 많이 어긋난다'고 했습니다. 그리고 이항복의 본뜻이 이와 같지 않음을 알고서 모두 이르기를, '이 글은 바로 정홍명이 멋대로 자기의 생각을 더하여 교묘하게 꾸미고 덧붙여 조작한 것이다'라고 했습니다.

그런데 위와 아래의 문체가 같지 않은 것과 위와 아래의 말뜻이 어긋나는 것을 가지고 유추해 보건대, 이 글은 원래 정철의 간사한 실상을 드러냈으므로 이항복의 자제들이 감히 내놓지 못한 까닭에

44
『갈암집(葛庵集)』 권28 「수우당 선생 최공행장(守愚堂先生崔公行狀)」

강릉본江陵本에 들어가지 않았던 것인데, 정홍명이 교묘하게 꾸미고 덧붙여 조작한 뒤에 문집의 끝에다 편집하여 진주본晉州本을 발간한 것이 아닌가 합니다. 그러나 이 글을 완전히 고치지 않고 정철에게 해로운 반 이상의 말을 그대로 둔 것은, 대개 이렇게 하지 않으면 사람들이 믿지 않을까 두려워했기 때문입니다."45

윤선도는 『백사집』을 다시 간행한 것이 기축옥사와 밀접한 연관이 있다고 주장했다. 윤선도의 주장은 두 가지이다. 첫째, 저자의 기축옥사 기사에는 본래 정철의 간악한 죄상이 모두 드러나 있어 강릉 초간본에서는 자손들이 숨기고 수록하지 못하였다는 것, 그런데 진주에서 중간重刊하면서 정철의 아들인 정홍명이 이 기사를 개작하여 정철이 오히려 선비들을 변호하고 구원하려고 했던 것처럼 조작하여 간행했으니, 그 증거로 전반부와 후반부의 문체가 동일인의 것이라고 볼 수 없을 만큼 판이하게 다르다는 것이다. 둘째, 강릉본에는 백사 이항복이 정언신의 아들 정률의 억울한 죽음을 매우 애통해한 만시挽詩가 실려 있는데 진주본에는 삭제되었던바, 이것도 정홍명이 꺼려해서 삭제하도록 하였다는 것이다.

허목은 윤선도의 이 말에서 한 걸음 더 나아가 강릉본에 원래의 「기축록」이 수록되어 있었는데, 그 책을 모두 없애 버리고 새로 진주본을 판각하면서 위작僞作 「기축록」을 수록하여 온 세상을 속이려 하였다고 주장했다.

현재 초간본인 강릉본은 매우 희귀한 것이 사실이다. 그리고 정률의 만시도 윤선도의 말처럼 진주본에서는 삭제되었다. 그런데 기축옥사 기록은 당초 강릉본에 수록되지 않았으므로, 강릉

45
『고산유고(孤山遺稿)』권3.

본에 「기축록」이 수록되어 있었다는 허목의 말은 사실과 분명 다르다.[46]

윤선도의 말도 추측이 많아 곧이곧대로 받아들이기에는 무리가 있다. 아무리 권세가 있기로 남의 집 문집을 마음대로 산삭할 수 있는지도 의문이고, '안목 있는 사람들'이 누구를 말하는지도 분명치 않다. 이런 까닭에 윤선도 자신도 시종 추측으로 일관했던 것이 아닌가 한다.

윤선도의 말은 더욱 조심해서 읽어야 한다. 억울하게 죽은 이발의 노모가 바로 해남윤씨이기 때문이다. 이런 인연과 함께 기축옥사의 기억이 겹치면서 최근까지도 광산이씨와 해남윤씨의 유대가 이어지고 있다. 이재수李栽洙가 지은 『광산이씨세보사光山李氏世譜史』(반도문화사, 1985)의 서문을 윤영선尹永善이 지었는데, "광산이씨光山李氏 이소재 선생履素齋先生의 사자四子 휘諱 급汲(호 북산), 휘 발(호 동암), 휘 길(호 남계), 휘 직(호 서천)은 모두 나의 16대조이신 귤정공의 외손자이시다"라고 하였듯이, 이발의 노모 윤씨에서 맺은 집안의 교류가 현재까지 지속되고 있다.

정말 어떻게 된 건가?

이렇게 되자, 공박을 받거나 공박을 받는 인물과 친교가 있는 인사들 사이에서도 당시의 사건에 대한 관심이 다시 높아졌다. 명재明齋 윤증尹拯은 "남쪽에서 올린 한 통의 소장이 마침내 임금에게까지 보고되었고 단번에 백 년의 공론을 뒤집으려 했다"고 말했다.[47] 다음은 독석獨石 황혁黃赫[48]의 『기축사적己丑事蹟』을 보고

46
신승운, 『백사집』, 「해제」, 한국고전번역원 종합DB.

47
『명재유고(明齋遺稿)』 권12, 「서경휘 봉령에게 답함-정사년 3월 7일[答徐景翬-鳳翎-丁巳三月七日]」

48
독석은 황혁(黃赫, 1551~1612)의 호이다. 본관은 장수(長水)이다. 아버지는 정욱(廷彧), 어머니는 조전(趙詮)의 딸이다. 기대승(奇大升)의 문인이다. 재취인 조정기(趙廷機)의 딸과의 사이에서 낳은 큰딸이 왕자 순화군(順和君)의 부인이다.

이선李選이 쓴 발문이다.

『기축사적』 한 편을 남의 집에서 얻었는데, 이는 돌아가신 아버지[49]의 큰외삼촌 독석 황공黃公이 쓴 기록이다. 황공이 당시 문사낭청이었기 때문에 사건의 본말을 두루 거론하며 상세하고 남김없이 기록하였으니, 참의 안방준의 『기축기사己丑記事』와 양 날개가 되어 진실로 세상에 전할 수 있을 것이다. 아! 그들이 죄를 입은 것은 스스로 초래한 것이 아님이 없으니, 옥사를 다스리는 신하가 어찌 터럭만큼이라도 일부러 가혹하게 했겠는가. 그런데도 한편 사람들은 지금까지도 구실로 삼고 있으니 참으로 애통하도다. ……

다만 최영경과 관련한 사실은 안방준의 기록과 기옹畸翁[50]의 상소에 보면 모두 홍여순의 장계에 따라 잡혀 왔다고 하는데, 이 책에서는 상의 특명이 있었다고 한다. 공이 실제로 왕실과 인척이었기 때문에 궁궐 안의 일에 대해 모르는 것이 없었을 것이므로 이 말이 맞다고 생각한다.

이발 노모와 어린 아들이 곤장을 맞아 죽은 해와 달은, 월천月川 이정암李廷馣이 쓴 기록과 독석공의 이 책이 실로 조응하지만, 진사 박광후朴光後의 기록이 더욱 명백하니 유(유성룡)와 이(이양원)가 위관이었다는 중요하고 공정한 문서가 될 것이다.[51]

독석 황혁의 『기축사적』을 보고 이선李選이 이 발문을 쓸 때가 기미년, 그러니까 1679년(숙종5)이었다. 일단 이 시기는 양몽거의 상소 이후의 일이다. 필자는 아직 황혁의 『기축사적』을 본 적이 없다. 현재까지 황혁의 『기축사적』은 발견되지 않은 듯하다.

『대동야승』[52]에 실린 『기축록 상己丑錄上』이 황혁의 것으로 되어

49
이후원(李厚源, 1598~1660)으로 본관은 전주(全州), 자는 사진(士晉)·사심(士深), 호는 우재(迂齋)이다. 어머니는 장수황씨(長水黃氏)로 황정욱(黃廷彧)의 딸이다. 김장생(金長生)의 문인이며, 김집(金集)·조속(趙涑)·송준길(宋浚吉) 등과 교류했다.

50
기옹은 정홍명(鄭弘溟, 1582~1650)으로 자는 자용(子容), 호는 기암(畸庵) 또는 삼치(三癡)이다. 송강 정철의 아들이다.

51
『지호집(芝湖集)』 권6 「기축사적발(己丑事蹟跋)」

52
조선시대 크고 작은 역사를 모아 놓은 역사서로, 한국고전번역원 홈페이지에서 제공되고 있다.

있으나 이는 오류로 보인다. 첫째, "지평 황혁이 피혐하면서 하는 말이 매우 장황하고[持平黃赫避嫌辭甚張皇]"라는 기사가 나오는데, 이런 표현을 저자 자신이 할 리 없기 때문이다.

둘째, 1612년(광해군4)에 세상을 뜬 황혁이 기록하기 어려운 허목의 「수우당 사적 뒤에 씀[書守愚堂事跡後]」이라는 글이 실려 있으니 황혁의 편찬서로 보기 어렵다.

셋째, 『기축록 상』은 북인 일각에서 선조 후반부터 주장한 내용을 중심으로 편찬되어 있다. 특히 이발 노모의 사망 기사에 대해 "(경인년 5월) 13일. 이발의 늙은 어미와 어린 아들이 매를 맞고 죽었으며, 그의 사위인 홍가신洪可臣의 아들 홍세洪稅와 김응남金應南의 아들 김명룡金命龍은 모두 압사당했고, 문생과 노비들은 모두 엄형에 처했으나 자복한 자는 한 사람도 없었다"고 기록되어 있다. 이와 같으니 이선이 『기축록 상』을 보고 '유성룡과 이양원이 위관이었다'는 판단을 내릴 리가 없다.

황혁의 『기축사적』과 이선이 말한 '월천月川 이정암李廷馣이 쓴 기록'은 뒤에 다시 논하기로 하고, 먼저 이선이 말한 '박광후의 기록', 곧 '유(유성룡)와 이(이양원)가 위관이었다는 중요하고 공정한 문서'부터 살펴보자.

…… 송강 정철이 유 정승을 탓한 것으로 보면 이발의 노모와 아들이 죽은 것은 송강이 귀양 간 뒤의 일로 보인다. 그런데도 일각의 사람들은 굳이 이 일을 송강에게 돌리고, 지금까지 화근으로 삼는 것은 무슨 이유일까? 만일 송강이 조정에 있을 때여서 말 그대로 이발의 노모와 아들을 죽였다면, 비록 송강이 위관이었을 때가 아니라도 송강과 유성룡이 함께 정승의 자리에 있었으니 어찌 서로

만나 이야기를 나눌 날이 없었겠는가. 송강이 유 정승을 만나러 영유永柔까지 와서 난리 통에 책망하겠는가. 이런 점 때문에 속으로 의심한 지 오래되었다.

정사년(1677, 숙종3) 3월, 마침 일이 있어 남평南平에 갔고, 홍윤하洪潤河와 함께 이소李䚘 어른에게 인사를 했다. 이소는 바로 이발의 동생인 진사 이직李溭의 외손이었다. 그 사람됨이 자못 진실하여 지난 일을 물어볼 만했다. 또 이씨 집안의 토대를 지키며 지금까지 살고 있었기 때문에 내가 기축년의 일을 상세히 물었더니 이씨 어른은 한숨을 쉬며 편치 않은 기색이었다.

이윽고 조용히 대답하기를, "기축년 화는 말하기 참혹하다. 이 승지 형제가 죽음을 당한 뒤, 외증조모 윤씨尹氏가 경인년 10월에 저 상촌上村으로 옮겨 와서 살았다. 상촌은 바로 이발이 살던 마을이다. 12월에 또 옥사에 연루되어 한양으로 잡혀갔다. 조중봉趙重峯(조헌을 말함)이 길에서 윤씨를 배웅하면서, 털옷 한 벌을 주어 추위를 막으라고 하자 외증조모 윤씨는 여러 차례 감사하다고 말했다. 이어 의금부에 여러 달 갇혀 있었다. 외조모도 따라가서 옥바라지를 했다. 신묘년 5월 22일에 외증조모가 압슬의 화를 당해 돌아가셨다"고 했다.

나는 이씨 어른의 말에 착오가 있을까 의심하여 다시 묻기를 "기축옥사가 과연 그렇게 (신묘년까지) 오래 질질 끌었습니까?" 하니, 이씨 어른은 "이 승지 형인 정읍井邑 이급李汲의 아들의 경우 화변이 있은 뒤 오래 옥에 갇혀 있다가 임진왜란 때 비로소 풀려났으니, 옥사의 재앙이 몇 해 동안 계속되었다는 것을 알 수 있다"고 했다.

내가 몸을 일으키며 말하기를, "그렇다면 윤씨의 죽음은 송강이 귀양 간 뒤의 일인데, 요즘 사람들이 왜 윤씨의 죽음을 두고 송강에게 원한을 돌립니까?" 하니, 이씨 노인은 "내가 외조모를 모신 지

오래되었다. 외조모가 그 재앙을 눈으로 보고 집에 사사로이 기록해 둔 것이 있었다. 그 때문에 내가 외조모의 말을 상세히 들었고 자세히 알게 되었다. 송강이 귀양 간 날짜는 내가 알지 못하지만, 윤씨의 죽음은 과연 앞에 말한 바와 같다"고 했다.

내가 이씨 노인의 말을 듣고, 이어 송강이 영유에서 유성룡을 책망한 말을 생각하니, 비로소 이발의 노모와 아들이 죽은 것이 송강이 이미 귀양 간 뒤라는 것을 깨달았다. 이런 까닭에 유 정승이 위관이 되어 한마디도 구원하는 말을 하지 않았다가 송강이 책망하는 말을 듣고서야 눈물을 흘리며 부끄러운 기색이 있었던 것이다. 아! 당시 그 일을 담당하여 죽도록 내버려둔 사람은 어찌 그 책임을 피하고, 도리어 유리되어 귀양 가서 조정에 있지도 않았던 사람이 맡았다고 하면서 지금까지 재앙의 빌미를 삼고 있으니 또한 괴이하지 않은가?[53]

박광후가 남평에서 이소라는 노인의 증언을 들은 것이 1677년이었다. 앞서 살펴본 사계 김장생의 「송강행록」에도 나온다. 귀양에서 풀려난 송강이 조정이 피난 간 평안도 영유永柔에 가서 서애를 만났을 때 했다는 이야기이다. 박광후의 증거는 매우 구체적이라는 점에서 신뢰성이 있고, 기축옥사 피해 당사자였던 이발 집안의 증언을 인용했다는 점에서 증거의 의미가 남다르다. 그리고 박광후의 기록은 우리가 앞으로 살펴볼 『선조실록』과 『선조수정실록』을 통해 다가갈 진실의 연장에 있다.

53
『안촌집(安村集)』 권3, 「참봉 이소와 송강의 사안을 문답하다[與李參奉韶問答松江事]」

반복되는 빗나간 기억들

1680년(숙종6) 경신대출척庚申大黜陟으로 북인계를 포함한 범凡 남인들이 퇴각하고 정국이 바뀌었다. 1677년 양몽거의 상소에 대한 반론 상소가 올라왔다. 앞에서 살펴본바 갈암 이현일이 1694년에 비난했던 유경서의 상소였다.

> 신들이 삼가 전라도 유생 나적羅積·안민유安敏孺·오상옥吳相玉·양몽거楊夢擧 등의 상소를 보니 …… 기축년 옥사를 정철이 만들었다고 말하는 데까지 이르렀습니다. 신들이 양몽거 등의 원래의 소를 가지고 하나하나 변명하고자 합니다. …… 정철이 최영경을 전후로 옹호해 준 상소는 옛 참의 안방준이 지은 『기축록』과 고故 상신相臣 이항복의 『기축기사』에 분명히 실려 있습니다. …… 당초에 임금께서 전교하시기를, "『대명률』에는 간신의 재산을 몰수하는 조항이 있는데, 이발 등이 반역에 참여한 죄는 간신보다 더하니 그 재산을 몰수하라" 하시고, 이발과 이길이 죽은 뒤에도 임금께서 이발 등은 여러 번 역적 공초에 나왔으니 같이 참여한 것이 틀림없다 하여, 이발의 어미 윤씨와 여러 아들을 묶어다 국문하라 명하였으므로 이발의 어미는 끝내 신묘년 5월에 압슬형을 당하여 죽었습니다. 정철은 이미 이해 윤3월에 무함하는 말로 조정을 떠났고, 이양원과 유성룡 등이 번갈아 위관이었으니, 실로 이 옥사는 정철이 관여하지 않은 것이 명백합니다.[54]

유경서는 양몽거의 상소를 하나하나 반박하며, 이 사실이 백사 이항복의 『기축기사』에 실려 있고, 이발 노모가 죽은 것은 신

54
『기축록속(己丑錄續)』, 「이해 가을 진사 유경서 등의 소[是年秋進士柳景瑞等疏]」. '이해'란 1680년을 말한다.

묘년 5월이므로 3월에 이미 조정에서 쫓겨나 귀양을 갔던 정철이 위관일 수 없다고 주장했다.

1689년 기사사화己巳士禍가 일어났다. 기사사화를 학계에서는 환국이라고 하고, 사료에서는 경화更化, 사화士禍 등의 용어로 나온다. 필자는 '사류士類에 대한 폭력적 탄압으로 상당수 인물을 살상한 사건'이라는 의미에서 '사화'라는 용어를 쓴다. 사화는, 첫째, 공론의 작동이 중단되는 지점에서 발생한다. 개인 또는 특정 세력의 무고誣告, 권신權臣의 야욕, 국왕권의 자의적 행사 등이 계기가 된다. 둘째, 어떤 경우든 국왕권의 폭력적 행사로 진행된다. 셋째, 그 폭력성이 상당 규모의 인명 살상을 낳는다. 이 과정에서 조정을 꾸려 갈 정치세력의 교체는 자연스러운 결과일 뿐이므로, 기사년의 정국 변동은 '환국'이나 '경화'보다 '사화'가 적절하다고 생각한다. 사화에 대한 개념화는 사림 개념과 연동되어 있으며, 여전히 정치사, 사상사의 주요 주제이니 추후 논의를 기다리겠다.[55]

기사사화 이후, 다시 장희빈을 배경으로 정권을 잡은 세력 중 정무서鄭武瑞 등이 유경서를 공격하는 상소를 올렸다. 이번에는 앞서 경인년에 올린 유경서 등의 상소가, 이발의 노모 윤씨의 사망 연도를 경인년에서 신묘년으로 바꾸어 거짓말을 했다는 데로 옮겨 갔다.[56] 정무서는 "윤씨는 경인년 정월 14일에 붙잡혀 동년 5월 13일에 죽음을 당하였으니, 5월 13일은 명백히 유성룡이 재상에 제수되기 전이며, 더구나 양원이 재상에 제수된 것은 신묘년 가을이었는데, 지금 유경서의 '양원과 성룡이 사실 이 옥사를 맡았다'고 한 말은 또 무엇을 이르는 것입니까"라고 되물었다.

55
사림에 대한 논의는 현 단계에서 이정철, 「조선시대 사림의 기원과 형성과정」, 『조선시대사학보』 73, 2015 참고.

56
『기축록속(己丑錄續)』, 「신미년(1691, 숙종17) 11월 22일 유학 정무서 등의 소[辛未十一月二十二日幼學鄭武瑞等疏]」.

정무서는 나아가 은봉隱峰 안방준安邦俊의 사당을 헐 것을 청했다. 은봉은 우계 성혼의 문인이었고, 기축옥사에 대한 상세한 기록을 남긴 바 있었다. 숙종은 "발본색원한다는 말은 매우 명쾌하나 죽은 뒤 삭제하는 것은 너무 심하다"고 답했다. 그러나 며칠 뒤 갈암 이현일이 경연에 들어와 강력히 요청하자 마침내 정철의 벼슬을 추삭하였고,[57] 은봉의 사당도 서애의 손자 유후상의 상소에 따라 헐어 버렸다. 유성룡의 손자인 유후상은 상소에서 다음과 같이 말하였다.

> 안방준은 바로 고故 상신相臣 정철의 문도인데, 기축년에 대한 거짓 기록僞錄을 지어냈습니다. 최영경을 죽인 일은 돌아간 할아버지 신臣 유성룡이 실지로 주도한 것이라며 선조께서 정철을 죄주셨던 분부를 깎아 고치고, 할아버지가 정승에 제배된 날짜를 바꾸어 정철은 흠을 없애고 저의 돌아간 할아버지를 모함하고자 했습니다. 정철의 편을 드는 사람들이 그의 저서를 기쁘게 여겨 중외에 배포하고 안방준의 사당을 세워 높이고 있으니, 사림들이 얼마나 통탄스럽겠습니까?[58]

사는 곳이 달랐고 배움의 연원이 달랐지만 살았을 때 조정에서 같이 국정을 담당했고 함께 술자리도 나누었던 송강과 서애였건만, 그들이 세상을 뜬 뒤 1백 년이 지날 무렵 그들의 후손들은 서로 적대감에 휩싸여 있었다. 기축옥사는 여전히 살아 있던 것이다. 그것도 기억을 악화시키는 방향으로 말이다.

은봉 안방준은 「서애연보」를 지은 우복愚伏 정경세보다 열 살 아래였고, 「송강행장」을 지은 신독재愼獨齋 김집보다 한 살 많았으

57
『숙종실록』 17년 11월 22일.
58
『숙종실록』 18년 4월 14일.

니, 세 사람은 거의 동시대 사람이라고 할 수 있다.[59] 은봉은 성혼의 문인으로, 의병장으로 순국한 조헌을 추모하여 『항의신편抗義新編』을 편찬했다.

역사에 관심이 많은 은봉은 『호남의병록湖南義兵錄』 같은 역사서도 남겼는데, 기축옥사에 관한 집성 연구라고 할 수 있는 『기축기사』와 『혼정편록混定編錄』을 편찬했다. 유후상의 상소에서 말한 '기축년에 대한 거짓 기록'이 바로 이 『기축기사』와 『혼정편록』[60]일 것이다. 유후상이 『기축기사』와 『혼정편록』을 거짓으로 판단했던 해당 기사를 추려 보면 다음과 같다.

① 이발과 이길이 죽은 뒤, 모친 윤씨 및 손자(이발의 아들)가 모두 잡혀와 갇혔다. 윤씨의 나이는 당시 여든 살이었다. 주상이 국문하려고 하였으나 정철이 법을 인용하며 논계하니 그대로 옥에 가두어 두었다. 대사간 홍여순洪汝諄, 집의 김늑金玏, 형방승지 이정암李廷馣 등이 함께 자리에 참여하여 처음부터 끝까지 지켜보았으나 감히 말 한마디 꺼내지 못했다.

윤씨가 옥에서 추국청을 출입할 때 정철은 옥졸의 접근을 엄격히 금하고 여자 의원[女醫]에게 부축하게 했다. 유성룡은 옥졸을 막지 않았고 심지어 압슬을 가했다. 윤씨가 말하기를, "자식이 이미 역적과 매우 친하였으니 죽을 수밖에 없겠지만, 이 늙은 몸이 어떻게 알겠는가" 하고, 결국 죽었다.[61]

② 이길이 아직 형을 받지 아니하였을 때 정철이 이산해와 유성룡에게 말하기를, "경함景涵(이발의 자)은 그만두더라도 이길이라도 살려낼 길이 없겠소?" 하니, 유성룡은 대답하지 아니하고 이산해는 일어나 나갔다. 정철이 홀로 계를 올리니 상이 노하여 이르기

59
안방준(安邦俊, 1573~1654)은 본관이 죽산(竹山)으로, 자는 사언(士彦), 호는 은봉(隱峰)·우산(牛山)이다. 정철과 조헌에게 배웠고 성혼에게도 배웠다.

60
『기축기사』는 『은봉전서(隱峯全書)』 권5에 수록되어 있고 『혼정편록』은 권17~34에 실려 있다. 『혼정편록』은 모두 9권으로 선조 8년부터 선조 연간은 전집과 후집, 광해 연간은 별집, 인조~효종 연간은 속집이라고 했다. 『은봉전서』 권5에 실려 있는 『기축기사』도 내용은 비슷한데, 이는 『혼정편록』을 편찬하기 위한 자료로 추정된다. 두 자료의 관계는 검토가 더 필요하다. 한편 『대동야승(大東野乘)』에 실린 『혼정편록』은 편찬자가 윤선거(尹宣擧)로 되어 있으나(한국고전번역원-혼정편록-해제) 윤선거가 『혼정편록』을 보고 의문나는 점을 안방준에게 질의하는 편지로 보아 착오가 아닌가 한다. 『노서선생유고(魯西先生遺稿)』 권7 「與安持平 邦俊○庚寅冬」.

61
『隱峯全書』 卷五 「기축기사(己丑記事)」

를, "이 계는 정철의 소행이다. 이산해 등은 필시 이런 의견이 아닐 것이다" 하고, 즉시 형신刑訊을 가하라고 명하니, 그도 형장 아래서 죽었는데 그해 11월이었다.

이발과 이길이 죽은 뒤 12월에 이발의 어머니 윤씨와 여러 손자가 모두 끌려와 갇혔다. 윤씨는 그때 나이 82세였고, 여러 손자는 대부분 8~9세였다. 상이 국문하려고 하자, 정철이 끝까지 법을 인용하여 논계하니, 윤씨 등을 그대로 옥에 가두어 두었다. 이후 경인년 5월에 유성룡이 위관이 되어 윤씨를 국문하며 압슬형까지 가하니, 윤씨는 다만 말하기를, "아프구나, 아프구나. 자식이 이미 역적과 친했으니 진실로 죽어 마땅하지만, 만약 함께 역모했다 이른다면 천만 억울하다. 설사 함께 역모했다 하더라도 이 늙은 몸이 어떻게 알겠는가?" 하고, 결국 죽었다. 여러 손자도 모두 불복하고 죽었으며, 하인 10여 명 중 누구도 난잡한 말을 하는 자가 없었다.

이길이 역적의 정상을 알면서도 즉시 고발하지 아니하여 온 집안이 씨도 남지 못하게 하였으니, 이길의 무식은 죽어도 아까울 것이 없으나, 이발 같은 효도와 우애로서 마침내 이 지경에 이르렀으니, 운명이로다.[62]

위 은봉 안방준의 기록에서 유후상이 상소에서 말했던 '안방준이 최영경을 죽인 일은 돌아간 할아버지 신 유성룡이 실지로 주도했다고 기록했다'는 주장을 뒷받침한다고 판단할 수 있는 자료는 없다. 은봉은 대체로 송강이 최영경을 구명하고자 했다는 자료를 소개했지만, 최영경의 죽음을 유성룡이 주도한 것으로 서술하지는 않았다. 또한 유후상이 '선조께서 정철을 죄주셨던

62
『국역 혼정편록』, 제5권.

분부를 깎아 고치고'라고 했던 말도 사실이 아니다. 선조가 송강을 처벌하는 내용이 『혼정편록』 권5와 권6에 나오기 때문이다.

그런데 유후상이 "할아버지가 정승에 제배된 날짜를 바꾸어 정철의 흠을 없애고 저의 돌아간 할아버지를 모함하고자 했습니다"라고 했던 대목은 사정이 다르다. 바로 ②번 사료 『혼정편록』 권5에 나오는 '경인년 5월에 유성룡이 위관이 되어 윤씨를 국문하며 압슬형까지 가하니[後庚寅年五月, 柳成龍爲委官, 推問尹氏至加壓膝]'라는 부분이다. 경인년(1590, 선조23) 5월에 서애는 일시 귀향했다가 부인 이씨의 상을 당하였고, 당시 위관은 송강이었다. 서애는 경인년 6월에 조정으로 돌아왔다. 당연히 그동안 위관은 이산해 또는 송강 같은 정승이 맡았을 것이며, 경인년 3월에 송강이 위관이었던 것으로 미루어 5월에도 송강이었을 것으로 보인다. 그러므로 '경인년 5월에 서애가 위관이었고, 이발의 노모 윤씨를 그때 국문했다'는 안방준의 『혼정편록』 서술은 명백히 오류였다.

이제 끝난 것일까?

동서분당 이후 사림의 논의가 둘로 갈라져 추한 무리들이 우계와 율곡 두 선생을 헐뜯는 데 끝이 없었다. 선생은 "시비는 비록 일시 혼란을 겪을 수 있겠지만, 공론은 자연히 만세에 결정된다[是非雖混於一時, 公論自定於萬世]"고 생각하고 두 당파의 문서를 널리 모아 『혼정편록』이라고 이름했다. 선조 을해년(1575, 선조8)부터 효종 경인년(1650, 효종1)까지 수록했다.[63]

63
『은봉전서』 부록 상 「연보」

『혼정편록』은 적은 분량도 아니고, 아예 당파심에 입각하여 작심하고 어느 쪽을 옹호하려고 쓴 당론서와도 거리가 있다. 그래서 당초부터 '두 당파'의 문서를 다 모았을 것이다. 남인과 북인이 갈라지고 북인이 다시 소북과 대북으로 갈라진 뒤의 기록을 고려하면, '세 당파' 또는 '네 당파' 이상의 기록을 모은 셈이다. 은봉은 당파가 각립하면서 흐려진 시비와 오해, 과장, 날조 등의 와중에 일단 자료를 모아 당론의 잔재가 없어진 뒤 공정한 판단을 기대하며 역사서를 편찬했다. 『혼정편록』에서 은봉은 다음과 같이 말했다. 이 내용은 『기축기사』에도 나온다.

정철이 옥사를 다스릴 때에 전후로 형장을 맞아 죽거나 귀양 간 사람들이 어찌 하나하나 다 억울함이 없었겠는가. 정철이 위관委官에 임명되어 공평하게 다스리고자 했으나 자기 의견을 고집하지 못한 바가 많았으니, 어떤 사람이 원한을 품었더라도 누가 책임을 지겠는가. 인심도 만족하게 여기지 않았다. 또한 주상이 '마음대로 결정한다[專恉]'는 전교를 두려워하여 조대중曺大中·정개청鄭介淸·유몽정柳夢井·김빙金憑·윤기신尹起莘 같은 무리에 대해 결국 실정을 따져 판결 내리고 법을 인용하여 극력 쟁론하지 못한 까닭에, 성혼이 편지를 보내어 책망하기를, "어찌 공이 하루아침에 일에 임하여 도리어 심공沈公만도 못할 줄을 알았겠는가. 비로소 장석지張釋之를 가볍게 논란할 수 없음을 알았다"[64]고 했다. 대개 심수경沈守慶이 정철을 대신하여 위관이 되어서는 자못 자기 의논을 고집하여 굳세게 버티고 나간 까닭에 성혼이 이를 옳게 여기고 정철을 경계했던 것이다. ……

이발의 82세 된 모친과 8~9세 된 어린아이를 모두 압슬형으로 죽인 것으로 말하면, 그 참혹하고 원통한 정상은 고금 천하에 일찍

64
장석지처럼 처신하기가 쉽지 않음을 알겠다는 말이며, 동시에 송강을 비판하는 말이다. 장석지는 한나라 때 법에 대한 견해가 공정하기로 이름났던 사람이다. 한 문제(漢文帝)가 수레를 타고 나갈 때 어떤 사람이 말 앞을 가로질러 가는 바람에 말이 놀랐다. 그를 체포하여 정위(廷尉)에게 처벌하게 하였는데, 정위로 있던 장석지가 벌금형에 해당된다고 아뢰었다. 그러자 문제가 몹시 노하여 "이자는 내가 탄 말을 놀라게 하였는데 벌금형만 준단 말인가?" 하니, 이에 장석지는 "법이란 천자가 천하와 함께하는 것입니다. 법령에 정해져 있는데 무거운 벌을 준다면 사람들이 법을 믿지 않습니다. 그 자리에서 죽이도록 명하였으면 그만이지만, 이미 정위에게 넘겼으면 법대로 해야 합니다." 하였다. 그러자 문제가 한참 있다가 "정위의 말이 옳다"고 했다. 『漢書』 卷50 「張釋之傳」

이 듣지 못했던 일이다. 유성룡은 위관으로서 아무렇지 않게 앉아서 보기만 하고 구원하는 말 한마디 없었다. 그렇다면 정철은 심수경의 죄인이고, 유성룡은 정철의 죄인이다. 이렇게 본다면, 정철이 혐의 때문에 피의자들을 죄에 얽어 죽였다는 주장도 공론은 아니며, 정철에게는 한 가지도 논란할 만한 사안이 없다는 주장도 공론이 아니다.

은봉은 송강이 옥사를 처리할 때 과실이 있었고, 또 혐의를 두고서도 자기 의견을 고집하지 못하고 오히려 선조에게 '마음대로 결정한다'는 말을 들었던 점까지 둘 다 드러내고자 했다. 은봉은 "조대중이 역적을 위하여 울고 소복을 입었다는 데 대해 김여물金汝岉이 그 억울함을 밝혀 주고자 여러 날 명을 기다렸는데도 종시토록 불러서 묻지 아니하였으며, 정개청이 평소 마음 쓴 것은 비록 볼만한 것이 없다 하더라도 심문할 때에는 정철이 다만 그가 역적과 친분이 두터웠는가만 물었어야 하는데, 도리어 불평스러운 말투를 입 밖에 내고 또 그를 정여립에게 비한 것은 무슨 까닭인가"라고 과실을 지적했다.

'마음대로 결정한다'는 선조의 말은, 이발이 귀양 가다가 다시 압송되었을 때 "경연관 중에서 정여립 같은 자가 나온 것도 이미 불행한 일이온데, 어찌 정여립이 둘씩이나 있을 수 있겠습니까"라고 하면서 이발에게는 반역의 혐의가 없다고 송강이 말한 데 대한 선조의 힐난이었다.[65] 정여립도 홍문관 수찬으로 경연관을 지냈고, 이발 역시 홍문관 부제학으로 경연관을 지냈기 때문에 송강이 이렇게 말한 것인데, 선조는 송강이 사안을 축소한다고 본 것이다. 은봉은 이런 송강의 태도를 심수경만 못하다고 판단

65
『기축록』, 「갑자년 여름 정종명, 홍명 등의 상소[甲子夏鄭宗溟弘溟等上疏]」

했다. 심수경은 좌의정이던 송강 대신 우의정으로 위관을 맡았다고 한다.[66]

은봉의 편찬 원칙 및 태도는 서애에 대해서도 마찬가지로 적용되었다. 그는 왜적과 화친을 주장했다고 서애를 비난하는 주장에 대해, 그런 주장은 서애가 영의정으로 논의를 주관했던 것을 두고 편파적으로 헐뜯는 데 불과하다고 반론하면서도 위관이었을 때 이발 노모의 죽음을 방관한 것은 실수라고 지적했다.[67]

이런 은봉의 조심성과 균형을 잡으려는 노력이 있었음에도 그중 이발 노모와 아들의 죽음이 경인년이었다는 하나의 오류가 그의 희망과는 달리 훗날 심각한 시비를 낳고 공론의 분열을 조장하고 갈등을 일으킬 줄 누가 알았겠는가.

한편 『혼정편록』의 기축년, 경인년, 신묘년 기록의 일부가 사실과 다르다는 지적은 은봉 당대에도 제기된 적이 있었다. 우계 성혼의 제자였던 윤선거尹宣擧는 "『혼정편록』 중 기축년, 경신년, 신묘년 세 해의 일은 사실과 다른 데가 많은 듯합니다. 용안현감 정양鄭瀁[68]의 집에 당시 조보朝報를 베낀 등본이 극히 온전히 남아 있으니, 가져다 비교 고찰하면 허실을 증명할 수 있을 것입니다"라고 했다.[69] 은봉이 기록한 송강의 행적에 윤선거는 불만이었고, 송강의 손자였던 정양의 집에서 자료를 확인하라고 조언했던 것이다. 이렇듯 『혼정편록』의 일부는 이편저편에서 불만을 불러일으켰다. 『혼정편록』을 편찬한 은봉은 사후에 서애의 손자 유후상에게만 지적을 받은 것이 아니라, 당대에도 윤선거로부터 송강에 대한 기록이 잘못되었다는 지적을 받았다.

66
심수경이 사직한 뒤 서애가 우의정이 되었다. 서애는 어머니를 뵈러 고향에 있었는데 6월에 서울로 들어왔다. 『선조수정실록』 23년 3월 1일.
67
『은봉전서』 권10 「매산문답(買還問答)」
68
정양(鄭瀁, 1600~1668)의 자는 안숙(晏叔), 호는 부익자(孚翼子)·포옹(抱翁)이다. 할아버지가 송강이고, 아버지는 강릉부사 정종명(鄭宗溟)이다.
69
윤선거가 1650년(효종1) 안방준에게 보낸 편지로 『혼정편록』이 완성되자마자 보고 연락한 듯하다. 『노서선생유고(魯西先生遺稿)』 권7 「與安持平 邦俊○庚寅冬」. 윤선거(1610~1669)는 본관이 파평(坡平), 자는 길보(吉甫), 호는 미촌(美村)·노서(魯西)이다. 윤증(尹拯)의 아버지이고 김집(金集)의 문인이다.

또 다른 기억 그리고 의문

1694년 갑술환국으로 서인 중심의 신료가 조정에 들어온 뒤 홍최일 등이 다시 정무서의 상소를 비판하는 상소를 올렸다. 홍최일은 "이발 노모의 죽음이 반드시 신묘년 선조 24년이 아니라, 경인년 선조 23년이었다고 한 뒤에 위관을 정철에게 미루고 스스로 그 조상의 죄상을 빼려고 했다"고 응수했다. 홍최일은 또 "유후상柳後常은 고故 상신相臣 유성룡의 후손이요, 이우진李宇晉은 곧 고故 상신 이양원의 후손이었기 때문에 상소를 했다"고 말했다.[70] 후손이 부모나 선조에 대해 좋은 기억을 남기고 싶은 것을 누가 말리겠는가. 그러나 후손이기에 윤색만 하리라고 생각하는 것은 어느 학파나 정파의 기록이므로 못 믿겠다는 말만큼이나 논리적 비약이다. 그런데 홍최일은 상소에서 흥미로운 사료 몇 가지를 제시했다.

고故 월천군月川君 이정암李廷馣의 수기手記 가운데 "나는 신묘년 2월에 승지로 전근되었는데, 형방刑房 사무를 맡아 역적 무리를 국문하는 데 참가했다. 부인과 어린아이들까지 모두 맞아 죽으니 마음속으로 그 원통함을 알지만, 좌우를 서로 보며 감히 말하지 못하니 비참하구나"라고 했습니다. 또 고故 승지 황혁黃赫은 기축사변 초기에 문사낭청(추국청에서 죄인의 심문을 맡은 실무 관원)이 되었다가, 신묘년에 승지가 되어 국청鞫廳에 참가해서 소상히 이 옥사의 전말을 알며, 또 『기축기사』가 있는데, 그 한 조항에 이르기를, "신묘년에 나는 승지로서 국문하는 데에 왕래하였는데, 당시 위관은 유성룡이었다. 이발의 어미는 나이가 거의 아흔이었고 그 아들은 겨우 어린아이를 면했다. 둘

70
『기축록속(己丑錄續)』, 「남평생원 홍최일 등의 소[南平生員洪最一等疏] 금상 20년 갑술(1694) 6월 모일[今上二十年甲戌六月日]」

다 압슬로 국문하여 무고하게 쓰러져 죽게 했으니 말할 수 없이 비참하다. 설령 이발이 정말 역모를 알았다 하더라도, 90 노모와 나이 차지 않은 어린아이는 결코 연좌될 수 없었을 것이나, 위관이 태연히 조치를 취하지 않으면서 입을 다물고 한마디도 없으니, 이것은 또 어떻게 된 일인가" 했습니다. 이것이야말로 이발의 어미가 신묘 연간에 죽었다는 명확한 증거이며, 이것이 바로 안방준의 『기축록』 가운데에서 말한 '당시 위관이 유성룡이었다'는 것입니다.

또한 홍최일은 1609년(광해군1) 정종명이 상소했을 때, 당시의 국문에 참가했던 홍여순, 이정암, 김늑 등을 끌어대어 증거로 삼았는데, 그때 유성룡과 이양원의 자손이 다 있었는데도 왜 그 조상들의 억울함을 한마디도 말하지 않고, 1680년(숙종6) 유경서가 상소할 때까지 가만히 있었는지 알 수 없다고도 했다.

홍최일이 말한 자료에서, 황혁의 『기축기사』는 앞서 이선의 글을 보며 살펴보았듯이 현재 남아 있지 않으므로 이정암의 '수기(일기)'만 살펴보겠다. 그 '수기'에 상응하는 자료로 확인할 수 있는 것은 「행년일기行年日記」[71]이다. 그 기록에 이정암이 1591년 신묘년 2월 우승지가 되었다고 했으므로, '형방승지'였던 것은 맞으나 '사무를 맡아 역적 무리를 국문하는 데 참가하였는데, 부인과 어린아이들까지 모두 맞아 죽으니 마음속으로 그 원통함을 알지만, 좌우를 서로 보며 감히 말하지 못하니 운운' 했던 내용은 보이지 않는다.

한편 유후상은 이발 노모와 아들의 죽음을 정철이 위관이던 경인년이라고 주장하면서 유성룡의 '일기'를 증거로 내세우고 있다. 현재 그 '일기'가 무엇인지 알 수 없다. 다만 유성룡의 기록이

71 『사류재집(四留齋集)』 권8.

라고 전해지는 자료를 통해 추가 정보를 얻을 수는 있다.

'일기'의 실체가 무엇인지는 애매하지만, 정철과 유성룡이 '행재소에서 만나 이야기했다'는 내용으로 보아 유후상이 말했던 '유성룡의 기록'은 「최지평전崔持平傳」일 가능성이 크다.[72] 그러나 「최지평전」에서는 기축옥사 때 이발 노모와 아들의 죽음과 관련된 사안에 대해서는 직접적인 언급이 없거나 아예 유보적이다.

서애가 지었다는 최영경의 행장은 남아 있다. 『기축록 상』「최지평전」뒤에 실려 있다.[73] 그러나 이 행장이 『서애집』에는 실려 있지 않아서 서애가 지은 게 맞는지 의문이 든다. 이 같은 비중을 가진 행장이라면 문집에서 뺄 이유가 없기 때문이다. 무언가 이유가 있었던 것일까? 모를 일이다.

누가 더 잘 알 수 있을까

사람이 하는 일인데 어찌 관점이 없겠으며 입장에 따른 해석의 차이가 없겠는가? 그렇지만 역사학은 일차적으로 사료를 통해 말하는 학문이다. 우리에게는 수천 년에 걸쳐 이루어 놓은 역사학의 성과가 있다. 상반되거나 어긋나는 사료를 두고 신중하고 합리적으로 진실을 찾아 나가는 방법과 논리, 통찰로 쌓아 올린 역사학이라는 인문 정신의 산물이 있다. 역사가 승자의 기록이거나 당파심의 기록이라면 역사학은 성립할 수 없다. 어떤 사건의 흔적이 검사의 것만도 피의자의 것만도 아닌 것과 마찬가지이다. 어떤 사건이든 진실의 영역이 있고, 역사학은 승패나 당파심을 넘어 진실을 찾으려는 많은 사람들의 노력을 통해 삶의 가

[72] 「기축록 상(己丑錄上)」「최지평전(崔持平傳)」
[73] 「기축록 상」「수우당 선생 최공 행장(守遇堂先生崔公行狀)」

치를 일깨워 주거나, 적어도 파괴적이고 비생산적인 갈등으로 빠지는 것을 막아 주었다.

> 매천이 살던 시대는 지금부터 100년 전, 기축옥사로부터 300년이 흐른 시점이었다.
> 갈암이 살던 시대는 지금부터 300년 전, 기축옥사로부터 100년이 흐른 시점이었다.
> 은봉이 살던 시대는 지금부터 400년 전, 기축옥사로부터 50~60년 흐른 시점이었다.

현재 시점에서 매천의 기축옥사에 대한 기억은 숙종과 장희빈에 대한 우리의 기억만큼 떨어져 있고, 갈암의 기축옥사에 대한 기억은 1905년 을사늑약이나 1910년 한일강제합병 시대에 대한 기억만큼 떨어져 있으며, 은봉의 기축옥사에 대한 기억은 1980년 12·12 쿠데타나 멀어야 1960년 4·19혁명에 대한 기억과 같을 것이다.

사건과 기억에 대해 내가 하고 싶은 말은 이것이다. 해당 사건에 가까운 시대에 살았다고 해서 그 사건을 더 정확히 아는 것은 아니라는 점이다. 직접 겪었다면 모르겠거니와, 시기의 멀고 가까움이 곧 사건의 진실에 대한 척도가 되기는 어렵다. 시간의 흐름이 기억을 어긋나게도 하지만, 늘 그런 건 아니다.

은봉이 갈암보다, 갈암이 매천보다 사건의 진실을 더 많이 알고 있을 수 있다. 그런 경우도 은봉이 각별한 역사적 관심으로 『혼정편록』을 편찬했기 때문이지, 단순히 사건과 가까운 시대를 살았기 때문은 아니다. 기축옥사에 관심이 없거나, 기억력이 좋지 않거나, 자료를 보지 않으면 제대로 알 수가 없다. 갈암과 매천도 마찬가지이다. 갈암이 매천보다 더 많이 알았는지 어떤지는 알 수 없지만, 차이가 있었다면 그것은 사건에 대한 관심의 차이이지, 시대가 멀고 가까운 차이는 아니었을 것이다. 특히 우리가 사는 시대에는 시기의 멀고 가까움이 곧 사건의 진실에 대한 척도가 되기는 어렵다는 관점이 매우 중요하다.

매천, 갈암 등은 지금 우리가 활용하는 사료인 『대동야승』 등에 실린 기축옥사의 기록을 활용했을 수도 있다. 하지만 『선조실록』이나 『선조수정실록』은 지금만큼 이용할 수 없었다. 실록은 공개되지 않았기 때문이다. 사관이 되면 실록을 볼 수 있었지만, 이들은 사관 경력이 없다. 아니, 사관 경력을 가진 사람은 드물었다. 더구나 한국문집총간 등으로 간행된 수백, 수천 권의 문집을 우리처럼 자유롭게 활용, 검색할 수도 없었다.[74]

한때 조선 정치사 연구에는 영재寧齋 이건창(李建昌, 1852~1898)의 『당의통략黨議通略』[75]을 주된 자료로 인용하던 시절이 있었다. 필자가 논문에 『당의통략』을 인용하지 않은 적이 있는데, 이를 지적하는 동료에게 필자는 되물었다. "내가 이건창보다 조선 정치사를 모른다고 생각하나?"

오만이 아니다. 과거 우암尤菴 송시열宋時烈이나 다산茶山 정약용丁若鏞이 활용 가능한 자료와 지금 활용, 검색 가능한 자료를 비교하면 하늘과 땅 차이라고 해도 과언이 아니다. 중국 마왕퇴馬王堆[76]에서 2,200년 전 비단에 쓴 글이 발견되기 전에 춘추시대를 연구한 학자와 발견된 후 그 자료를 활용하여 춘추시대를 연구한 학자 중 누가 춘추시대를 정확히 이해할 수 있을까? 이건창은 조선 정치사를 이해하는 수준에서 필자와 상대가 되지 않

74
조선실록이 디지털로 변신하여 누구나 보고 검색할 수 있으리라 누가 상상했겠는가. '본 디지털(Born-Digital)'은 아니었지만, 조선시대 사료들은 디지털로 부활(Revival)하고 있다. 논의의 여지는 있지만, 디지털 시대 역사학의 변화는 한누 살미, 최용찬 옮김, 『디지털 역사란 무엇인가』, 앨피, 2024 참고.

75
조선시대 당쟁사를 정리한 책.

76
전한시대 초기 재상의 가족 공동묘지.

는다. 이것은 개인의 능력 문제가 아니다. 이건창은 실록도 승정원일기도 그 많은 문집도 필자만큼 접할 수 없었다. 이런 조건이 이건창의 인식 수준을 일차적으로 제한하는 것이다.

    우리는 매천이나 갈암이 살았던 시대의 사람들보다 은봉이 살았던 시대의 사람들보다 기축옥사에 대해 사실에 가까운 지식을 확보할 수 있다. 왜냐하면 우리는 책상 위에서 거의 모든 자료를 섭렵할 수 있고, 인명·지명·관직에 대한 사전 같은 공구서를 이용할 수 있는 디지털 환경이라는 물적 조건에 기반을 두고 있기 때문이다. 이때 기축옥사와 동떨어진 시공간은 좀 더 객관적이고 다양한 시각에서 사건을 해석하고 비판할 수 있도록 돕는다.

『선조실록』의 한계

기축옥사의 진실을 밝히는 데 실마리가 되는 이발 노모의 사망 시점에 대해서는 경인년(선조23) 5월설, 신묘년(선조24) 5월설 등이 있다. 이처럼 주장이 엇갈릴 때 조선시대 연구자라면 제일 먼저 확인하는 자료가 실록이다. 실록만큼 포괄적이고 정확한 사료가 없기 때문이다. 그래서 『선조실록』에서 기록을 찾아보았다. 앞 장에서 이이첨본이라고도 부르던 광해군 대에 편찬된 실록이다.

    그런데 없었다. 우리가 찾으려던 기록이 안 나온다. 『선조실록』에는 1590년 1, 2, 3, 4, 5, 12월 등 여섯 달만 기록이 있고, 나머지 여섯 달은 기록이 없다. 송강이 위관이었던 1590년(선조23)

5월 기사를 보면, 선조 23년 5월 2일/선조 23년 5월 19일/선조 23년 5월 20일/선조 23년 5월 21일/선조 23년 5월 24일/선조 23년 5월 29일 등의 기사만 있다. 빠진 날짜가 더 많다. 개별 기사를 보아도 최영경을 국문하는 장면을 포함하여 우의정 정언신이 '고변한 자를 참수하겠다'는 발언에 대한 진상 조사, 그리고 5월 29일에 '이조판서 유성룡을 우의정에, 이양원을 우찬성에, 최황崔滉을 이조판서에 제수하였다'는 간략한 인사 기록 등을 포함하여 10개밖에 되지 않는다.

이산해의 『아계 이상국 연보』에서 이발의 노모가 경인년(선조 23) 3월에 죽었다고 하였으니 『선조실록』의 그때 기록을 보자. 다만 『아계 이상국 연보』는 소략하며 기축옥사에 관한 한 자료의 신뢰성이 떨어진다.[77] 특히 지금 우리는 서애와 송강만을 검토하고 있지만, 이산해 자신은 기축옥사 당시 영의정으로 추국 처결에 참여했으므로 핵심 당사자였다. 이 문제는 뒤에 다시 논의하기로 하고 먼저 『선조실록』의 기록부터 살펴보자.

선조 23년 3월 3일/선조 23년 3월 6일/선조 23년 3월 18일/선조 23년 3월 19일/선조 23년 3월 20일/선조 23년 3월 23일/선조 23년 3월 26일/선조 23년 3월 28일

3월 기사는 5월 기사보다는 많다. 기록이 있는 날짜도 8일이나 된다. 그러나 기록으로 들어가면 5월 기사와 대동소이하다. 노원(현재의 노원구)에 있던 덕흥대원군(선조의 아버지) 묘소에 불이 난 일로 시작하여, 기축옥사에 연루된 정여립·이발·백유양 등을 천거한 고 노수신에 대한 처리가 대부분이고, 광주廣州에 사는 노

---

[77] 『아계 이상국 연보』는 기축옥사 관련 서술에 관한 한 사료 비판이 필요한 자료이다. 『선조실록』에 따르면 임진왜란 이후 이산해의 아들 이경전(李慶全)이 이이첨 등과 함께 서애를 공박하였는데, 『아계 이상국 연보』에는 꼭 '공과 서애공'이라고 하여 마치 이산해와 서애가 매우 가까웠고 또 '정철(송강)'의 죄를 뒤집어쓴 공동 피해자인 듯 서술하고 있다. 이런 차이가 왜 발생했는지, 시간의 흐름에 따라 무슨 일이 있었는지를 탐구하는 것도 흥미로운 주제가 될 것이다.

비가 주인 등 네 명을 살해한 일, 창경궁 문정전文政殿에 도둑이 든 일 등을 비롯해 기사가 10개밖에 되지 않는다. 어디에도 이발 노모와 아들에 대한 기록은 없다.

서애나 노저露渚 이양원李陽元이 위관이던 1591년(선조24) 5월 기사를 이이첨본 『선조실록』에서 확인해 보자. 선조 24년에는 모든 달에 기사가 있다. 그러나 5월에는 선조 24년 5월 1일/선조 24년 5월 14일 단 이틀의 기록이 남아 있고, 그마저도 경상감사가 '선산부善山府에 있는 어떤 집에 참새가 큰 까마귀만 한 새끼를 길렀다'고 보고한 내용, 그리고 중국을 다녀온 동지사의 보고 등 기사 2개가 전부였다.

택당澤堂 이식李植의 고심

왜 이런 일이 벌어졌을까? 그토록 중대한 사건의 핵심 사안에 해당되는 기록이 왜 이렇게 없을까? 그런데 이이첨본 『선조실록』에는 이발 노모의 사망에 관한 기록만이 아니라, 기축옥사 자체에 대한 기록이 매우 성글다. 선뜻 이해하기 어려운 일이다. 선조 후반, 그러니까 임진왜란 이후 이산해, 이이첨 등 북인 일각에서 송강을 기축옥사의 원흉으로 지목하고, 서애에 대해서는 임진왜란 당시 화의를 주장했다는 등의 이유로 탄핵했다. 송강은 임진왜란 다음 해에 세상을 떴으므로 애당초 전란 처리의 책임을 물을 수 없었다. 이런 점에서 보자면 이이첨이 주도하여 편찬한 『선조실록』에서 기축옥사 기록이 소략한 것은 납득하기 어렵다.

여기서 곧바로 이이첨이 뭔가 기축옥사의 진실을 감추려는 의도가 있었다고 상상하지는 말자. 그럴 수도 있지만 장담할 수 없는 일 아닌가. 자료가 남아 있어도 사실을 판단하기 어려운데, 자료도 없는 사건에서 어떤 사람의 속마음을 판단하는 것은 역사학자의 몫이 아니다.

『선조실록』의 기록은 성글며, 특히 선조 23년, 24년 기록이 많이 빠져 있다. 무엇보다 이발 노모와 관련된 사건은 모두에게 민감한 사안이었기 때문에 실록을 편찬할 때 가장 먼저 기록하는 것이 상식에 가깝다. 임진왜란 때 사초가 사라졌다는 점만으로는 설명할 수 없다. 모를 일이다.

『선조실록』의 수정 책임을 맡았던 택당澤堂 이식李植은 이 공백을 위해 고심하였다. 그래서 은봉 안방준에게 질문하였는데, 현재 여섯 조항의 질문지가 남아 있다.[78]

① 정여립의 일과 관련하여 정사正史(곧 『선조실록』)에서는 혐의를 두고 조작해 낸 사건이라는 식으로 서술하고 있습니다. 또 당시의 현상賢相도 사실이 아니라고 했다고 하는가 하면, 그 괴수魁首(우두머리)에 대해서도 의문시하는 기록을 전하면서 두 가지의 설을 지어내고 있습니다. 지금 그 역모에 대한 전모를 밝혀낼 수 없는 상황에서, 사람들 사이에 전해지는 이야기를 들어 보면 또 사실과 거리가 먼 것이 많습니다. 이 때문에 그 일에 대한 기록을 얻고 싶습니다.

② 역적 정여립의 글을 보면 "상소하여 율곡을 변호하려고 하였지만, 성상에게 버림받아 지방에 나가게 되었기 때문에 지체하게 되었다"는 내용이 나옵니다. 그가 그전에 무슨 일로 선조宣祖에

78
『택당선생 별집』 권18, 「안우산에게 보내다[與安牛山]」

게 잘못 보였습니까?

③ 이발의 노모와 그 손자가 국문을 받다가 죽은 일에 대해서, 정사正史에서는 무시해 버리고 기록하지 않았는데, 이것은 대개 위관이 꺼렸기 때문이라고 하겠습니다. 그러나 그 옥사獄事를 쓰지 않으면 중봉에 대한 일도 함께 첨부하여 드러낼 수가 없습니다. 모르겠습니다마는, 그 노모의 성씨는 무엇입니까? 그리고 그때 나이가 이미 일흔이 넘었습니까? 당시에 구속되어 심문받은 것이 경인년 정월 같다고도 하는데, 그 말이 맞습니까?

④ 서애의 『징비록』을 보면, 진주성이 함락된 것은 전적으로 창의사[79] 김천일의 실책 때문이라고 하였고, 또 그가 죽을 때에 통곡하면서 마치 죽음을 두려워하는 것처럼 하였다고 기록되어 있습니다. 이것은 도대체 어떻게 된 것입니까? 정사에서는 극구 칭찬하고 있는데, 외사外史에 이런 식으로 기록되어 있으니, 참으로 괴이한 일입니다.

⑤ 이치梨峙와 웅치熊峙 두 곳 중에서 어느 곳이 권율權慄과 이복남李福男이 싸운 곳입니까? 그리고 황진黃進은 어느 곳에서 싸웠습니까? 왜인이 웅치에서 큰 승리를 거두었다느니 하면서 지껄이고 있는데, 이 일이 지금까지도 밝혀지지 않고 있으니 참으로 탄식할 일입니다.

⑥ 김덕령은 충성스럽고 용맹한 지사志士였던 것으로 생각되는데, 그가 공을 세운 것에 대해서는 잘 알려져 있지 않습니다. 그런데 전조前朝 때부터 흔히 말하기를, "그는 화의和議에 의해 저지되는 바람에 자신의 뜻을 펴지 못하였고, 또 시기하는 자들의 모함을 받아 그지없이 원통한 죽음을 당하고 말았다. 그래서 이로부터는 의병이 일어나지 않았는데, 정유년(1597, 선조30)의 변란을 당했

---

79 임진왜란 때 의병을 일으킨 사람에게 주던 임시 벼슬이다.

을 때에 호남에서 의병으로 응하는 자가 없었던 것도 바로 이 때문이었다"고 했습니다. 그런가 하면 어떤 이는 "그가 어리석게도 경거망동하였으니, 억울하게 죽은 것도 바로 그가 자초한 일이다"라고 비평하기도 합니다. 하지만 이것이 어찌 세도世道와 관계없는 일이라고 할 수 있겠습니까. 이 사람에 대해서는 처음부터 끝까지 알아볼 수 있는 기록이 전혀 남아 있지 않은데, 실록을 보아도 반신반의하는 상태로 그냥 방치해 두고 있습니다.

택당의 편지에서 말하는 '정사正史'는 곧 이이첨본 실록인 『선조실록』을 말한다. 택당은 이미 은봉으로부터 중봉 조헌에 대한 기록인 『항의신편』과 『혼정편록』을 받아 보았던 것으로 추정된다. 그런데 택당의 편지에는 기축기사에 대한 질문과 더불어 눈길을 끄는 대목이 있다. 위 별지 형식으로 된 질문에 앞서 은봉에게 『선조실록』의 수정에 임하는 자신의 생각을 말한 것이다.

우리 집안은 몇 대에 걸쳐 쇠퇴의 길을 걸어왔는데, 동인과 서인으로 당파가 갈린 뒤로는 더욱 부형父兄 중에 현달한 이가 나오지 않았습니다. 그리고 제가 어렸을 적에 여강驪江 고을에 살았는데, 그 고을에는 당론黨論이라는 것이 있지 않았고 그저 익히 들은 것이라고는 거리에 전해지는 이야기뿐이었습니다. 또한 아버지와 장인이 벼슬하지 않았을 때 동쪽 동네에 살았으므로 김효원 동료들과 알고 지냈던 반면에, 저는 심씨沈氏(심의겸)의 사위가 되었으니 흔히 말하는 서인 집안입니다만, 그동안 시비에 대해서 논한 내용을 들어 보면 시골 마을의 민간에 전해진 이야기들과 실로 큰 차이가 없었습니다.

그러다가 제가 과거에 급제하여 조정에 몸담게 되자, 사람들이 어느 당파에 소속되지 않으면 세상에서 행세하지 못한다고 일러 주었습니다. 그때 처음으로 조야朝野의 한두 기록과 이름 있는 공경公卿의 행적에 대한 시말을 구해서 살펴보았더니, 사정邪正이 서로 엇갈리고 흑백이 뒤바뀌어서 어느 것이 옳고 어느 것이 그른지 알 수 없었습니다.

40세 이후로 비로소 청반淸班[80]에 들어가 직접 당인黨人들과 이야기하며 좌우로 맞추어 보니 언론의 편파와 교유의 구별 등도 귀부鬼簿(택당이 조정에 들어와서 본 죽은 사람들에 대한 기록을 말하는 것으로 보인다)에서 얻은 것과는 크게 달랐습니다. 이를 통해서 스스로 깨닫게 된 것은 곧 당론을 힘쓰거나 당인을 가까이하는 사람은 모두가 훌륭한 덕을 갖춘 군자가 아니라는 사실이었습니다. 이때부터 그 뒤를 따라다니다가 일에 말려들기도 하고 혹은 억울하게 지목당하는 일이 있기는 하였지만, 사실 제 마음속으로는 당심을 가지지 않았습니다.

지금 선대의 실록을 보면, 또 조정의 당론보다도 한층 더 험악해서 하늘과 땅처럼 현격하게 사실을 왜곡하고 있습니다. 이는 대체로 당목黨目에 들어 있는 간신 중에서도 가장 못 할 짓이 없었던 자가, 자기의 더러운 냄새를 후세에 길이 남기게 될 것을 마음속으로 깨달은 나머지 감히 실록을 작성하는 과정에 은밀히 영향력을 행사하였기 때문입니다.

택당의 말은 조정에 들어오기 전에는 피부로 느끼지 못했는데 조정에 들어오니 남들이 당색을 가져야 한다고 충고했다는 것이다. 택당은 1610년(광해군2) 문과에 급제하여 관직에 나왔으니 그 무렵의 일을 말하는 듯하다. '40세 이후'라는 말은, 폐모론 이후 칩

80
홍문관의 경연관이나 예문관의 사관같이 관품이 높지 않으나 학덕 있는 사람에게 맡기는 관직.

거하다가 천거되어 관직에 다시 나온 1623년(인조1) 계해반정 이후를 말한다. 택당은 이조좌랑으로 관직에 나왔다가 홍문관 수찬으로 옮겼고 주로 홍문관에 계속 있었으므로, '청반에 들어갔다'고 한 것이다. '실록을 작성하는 과정에 은밀히 영향력을 행사하였다'고 지칭한 인물은 이이첨, 정인홍 등으로 추정할 수 있다.

택당은 감수성이 예민하면서도 사려 깊은 사람들에게서 흔히 보이는 균형감각을 가지고 있었던 듯하다. 그는 문장 실력도 뛰어났다. 서인 주도의 반정이라지만 여러 당파의 생각이 엇갈리고 서인 내에서도 공신과 학자 출신들 안에서도 생각이 달랐던 시기에 실록 수정이라는 중대사를 그에게 맡겨도 된다고 공론이 모아진 이유이기도 할 것이다.

주묵사朱墨史의 다른 뜻

역사 편찬에 임하는 택당의 태도를 다른 측면에서 살펴볼 수 있다. 이식이 실록 수정의 전례로 처음 언급한 것은 중국 송宋나라 '주묵사朱墨史'였다. 주묵사의 유래는 이렇다. 송나라 고종高宗이 남쪽으로 파천했을 때 원우태후元祐太后가 먼저 국사國史를 개수하여 선인후宣仁后의 무고誣告를 가릴 것을 청했다.[81] 이에 고종이 곧 사관史官 범충范冲에게 명하여 이전 역사에 근거해 개수케 하였는데, 그 초안이 주묵사이다. 범충은 『신종실록』을 수정하면서 『고이考異』를 저술하였는데, 원문은 검은 글씨로, 뺄 것은 노란 글씨로, 새로 삽입한 것은 붉은 글씨로 썼다. 세간에서 이를 '주묵사'라고 불렀다고 한다.

81
선인후는 송(宋)나라 영종(英宗)의 비이다. 철종(哲宗)이 어린 나이에 즉위하자 섭정했다. 왕안석(王安石)파를 물리치고, 사마광(司馬光) 등을 등용하여 원우지치(元祐之治)를 이루었다. 원우(元祐) 8년(1093, 철종8)에 죽었는데, 2년 뒤 장돈(章惇)·채변(蔡卞)·형서(邢恕) 등이 근거 없이 헐뜯었다. 고종 때 장돈 등의 죄를 밝히고 선인후의 집안을 기렸다. 『송사(宋史) 권242 후비 상(后妃上)』

택당은 『선조실록』과 다른 관점이나 사실을 제공하는 사료를 함께 보관해 두는 것도 주묵사의 교훈이라고 밝혔다.[82] 택당의 뒤를 이어 효종 때 『선조수정실록』을 완성한 채유후蔡裕後 역시 역사 기록에는 잘못된 곳이 있게 마련이기 때문에 『선조실록』처럼 정사正邪가 바뀐 경우 주묵사의 예에 따라 바로잡되 신구본新舊本, 즉 『선조실록』과 『선조수정실록』을 모두 보존하겠다고 말했다.[83] 그 결과는 현재 우리가 보는 바와 같다. 주묵사의 기본 정신은 '한 시대의 전형典刑을 후대에 증거로 남기는 것', 즉 원문 기사와 수정 기사를 구별해 놓아 '후세에 볼 사람'들이 그 사실에 대한 객관성과 시비를 판단하게 하는 데 있었다. 실록 수정에 참여한 사람들은 '최종 심판은 후대 사람의 몫'이라는 곧 후대 사람들의 눈을 현재화하는 역사관'[84]을 실록의 수정에 적용하여 자신들의 수정 작업까지도 객관화한 것이었다.

수정본의 기축옥사 기록

이이첨본 『선조실록』에서는 우리가 찾는 진실, 그러니까 기축옥사 와중에 발생한 이발 노모와 아들의 사망이 언제였는지에 관한 기록을 찾을 수 없었다. 그래서 택당이 편찬한 『선조수정실록』에서 보완된 주제의 하나가 기축옥사 관련 기록이었다. 택당이 은봉 안방준에게 편지를 보내 질문했던 데서 확인되었듯이, 택당은 여러 자료를 수소문하여 이발 노모와 아들의 사망과 관련된 사실을 『선조수정실록』에 다음과 같이 적었다.[85]

82
오항녕 역, 『국역 선조실록수정청의궤』, 일지사, 2004, 신사년 2월 15일, 대제학 이식의 차자.

83
『선조수정실록』 부록에 실린 채유후의 「후기(後記)」 및 『효종실록』 8년 10월 5일.

84
오항녕, 「性理學的 歷史觀의 성립:超越에서 現實로」, 『조선시대사학보』 9, 1999; 『한국사관제도성립사』, 일지사, 2009에 재수록.

85
『선조수정실록』 24년 5월 1일.

"이발의 어머니 윤씨와 그의 아들을 고문으로 죽였다. 이발과 이길의 가속家屬이 옥에 연루된 지 2년이었다. (옥사를 책임지던) 대신大臣은 미봉책으로 형국刑鞫은 면하게 하였지만 석방시키자고 청하지는 못했다. 이때에 옥사를 이미 완결시켰으나 이발의 집안 사람들에 대해서만은 미결된 상태였는데, 상은 모두 형신하며 국문하라고 명했다. 윤씨는 82세였고 이발의 아들 명철은 10세였다. 우의정 이양원이 추국청을 감독하면서 늙은이와 어린아이에게는 형벌을 실시할 수 없다고 하였으나 상은 허락하지 않았다. 명철은 압슬에도 승복하지 않았고, 윤씨는 나이 80여 세에 장형을 받았지만 역시 승복하지 않고서 죽었다.

이발의 아우 현감 이급은 앞서 형벌을 받고 죽었고 그의 아들 이만생李晩生·이순생李順生은 장형을 받고 죽었다. 이발의 아들 이효동李孝童과 이길의 아들 이효손李孝孫은 모두 연루되어 옥에 갇혔는데 효동은 병으로 죽고 효손은 임진년 난리에 옥문을 대규모로 열었을 때 석방되었으나 역시 역질疫疾로 젊은 나이에 죽었다. 온 가문이 화를 면한 자가 없었는데 이직李㳻만이 먼저 죽었기 때문에 화를 입지 않았다. 사람들은 '이직이 본래 길한 사람이라서 그의 형제와는 비교할 수 없다. 그래서 아무 탈 없이 죽게 되었던 것이다'라고 했다.

상이 『대명률』의 간신적몰조奸臣籍沒條에 의거하여 발·길이 역적과 체결한 죄는 간신보다 심하다 하여 가산을 적몰토록 했다. 이발 등이 필시 역모에 가담하여 알고 있을 것이라고 여겨 그 단서를 찾으려고 역률逆律로 단죄하였기 때문에 결국 옥사를 이와 같이 처리했던 것이다. 그 후 정승과 근신近臣들이 어쩌다가 이발 형제의 죽음이 원통한 죽음이었다고 말하면, 상이 돌연 화를 내며 '역적을 토벌하는 데 마땅히 그의 무리를 엄하게 해야 한다. 정여립이 어느 곳에서 나왔는가'라고 하였으므로, 감히 다시는 언급하지 못했다."[86]

『선조수정실록』의 공정성을 인정한다 하더라도 '그래도 반정 이후 서인들 시각이 ……' 하는 생각을 떨치기 힘들 수도 있다. 또 은봉 안방준의 『혼정편록』에서 '유성룡이 위관이었던 경인년 5월 13일'이라고 하여 조정에 있지도 않았던 서애가 위관이었던 것처럼 오류를 범한 일도 걸릴 것이다. 그러면 다음 사료를 보자. 기축옥사 8년 뒤, 임진왜란이 소강상태로 들어간 1597년(선조 30), 성균관 유생 최희남崔喜男 등의 상소이다.

지난 기축년에 국가가 불행하여 역적 정여립 같은 지극히 흉악한 인물이 학문을 좋아한다는 미명하에 조정 벼슬아치 사이에 끼어 세상을 그럴듯하게 속이면서 명사들을 두루 사귀었습니다. …… 감정을 품고 있는 상대편 사람들이 보복의 기회가 된 것을 요행으로 여겨 겉으로는 역적을 토벌한다는 이름을 가탁하고 속으로는 일망타진의 계획을 세워 죄에 얽어 넣음에 있어 못하는 짓이 없었습니다.

간괴姦魁 정철이 사류士類에게 버림받고서 밤낮으로 이발 등에게 이를 갈다가 역변逆變의 소식을 듣고 나서는 그들과 함께 손뼉을 치며 서로 경축했습니다. …… 이발 등의 죄상이 끝내 드러나지 않자 몰래 문객門客을 보내어 죄수들에게 죽음을 면하여 준다고 꾀어 그들에게 이발을 무고하게 하였으며, …… 늙은 어머니와 어린아이까지 모두 형신刑訊을 받게 하였으니, 이는 성대聖代의 허물일 뿐만 아니라 참으로 만고에 없었던 일입니다. 그런데도 당시 위관은 눈치만 보고 움츠려 간당에게 순종만 한 채 부당한 형옥에 대하여는 한마

86 『선조수정실록』 24년 5월 1일.

디 말도 언급하지 않았으니, 나라를 그르친 죄는 정철에게만 돌릴 것이 아닙니다.[87]

우리는 지금까지 실록에서 해당 사건이 발생한 시기에 대한 직접적인 사료만을 찾았는지 모른다. 다른 각도에서 접근할 수도 있었다. 이미 검토한 『선조실록』의 편향성으로 보아, 또 맥락으로 보아 정철에 대해 우호적인 편집이라고 볼 수는 없다. 더구나 유생 최희남이 북인의 입장에서 기축옥사의 위관을 비판하는 상소 아닌가.

최희남은 '늙은 어머니와 어린아이까지' 형신을 받게 했는데, '당시 위관'이 '간당에게 순종한' 채 한마디도 언급하지 않았다고 했다. 여기서 '간당'은 송강을 말한다. 결론적으로 최희남의 상소는 선조 30년경에는 적어도 이발 노모가 죽었을 때 위관은 송강이 아니었다는 것을 누구나 알고 있었다는 증거가 된다.

후대 기억과 다른 사실들

또 다른 사료를 살펴보자. 1594년(선조27) 최희남의 상소가 있기 3년 전, 송강이 세상을 뜬 다음 해에 상중이던 송강의 아들 정종명이 상소한 적이 있었다. 상소를 본 선조는 "최삼봉에 대한 말은 그때 역적의 공초에 있었고 정집鄭緝은 내가 친히 국문했었다"고 대답했다.[88] 최삼봉에 대한 말이니, 짐작건대 최영경의 억울한 죽음을 두고 벌어진 논란으로 보인다.

이때 올린 정종명의 상소는 『선조실록』에는 수록되어 있지 않

87
『선조실록』 30년 4월 11일.
88
『선조실록』 27년 5월 19일.

지만, 『선조수정실록』에는 나온다. 전前 현감 권유權愉가 "산림의 선비가 옥중에서 억울하게 죽었으니, 이는 간신이 감정을 품고 기회를 이용해서 모함에 빠뜨렸기 때문이다"라고 아버지 정철을 무함했다는 것이다.[89] 정종명은 아버지 정철이 최영경을 죽이려고 하기보다 구원하려고 했다는 논거를 제시했다. 최영경이 길삼봉이라는 설은 전라감사 홍여순洪汝諄의 서장書狀에서 한 말이 퍼졌다는 점, 정여립이 최영경에게 두류산頭流山에서 만나자는 편지를 보냈음에도 불구하고 정철은 최영경의 죄를 더 요청하지 않았다는 점 등이 근거였다.

상소를 올렸던 권유는 영남 사람인데 1년 전 아산현감으로 있을 때 '사람됨이 교만 포악하여 일 처리 하는 것이 도리에 어긋나므로 백성이 고통을 견디지 못하고 있다'는 사간원의 탄핵을 받고 파직된 상태였다. 1594년에 그가 올린 상소의 구체적인 내용은 알 수 없지만, 비변사에서 알아본 결과가 실려 있어 그가 말한 '간신'은 정철이고, '억울하게 죽은 사람'은 최영경임을 알 수 있다.[90]

이미 살펴본 대로 송강 정철이 최영경이나 이발, 이길, 백유양 및 정개청 등의 옥사를 사주했다는 주장은 이미 선조 후반부터 퍼지고 있었다. 이때도 최영경의 죽음에 대한 책임을 송강에게 묻는 논란이 있었을 뿐 이발 노모와 관련된 언급은 없었다.

광해군이 즉위한 뒤, 상황은 다른 국면을 맞았다. 1608년(광해군 즉위년), 의금부 경력 나덕윤羅德潤은 장문의 상소를 올려 기축옥사를 거론하며 송강을 몰아세웠다. 정여립은 애초부터 불을 지른다거나 사람을 겁탈하는 도적 정도가 아니고, 실은 하늘을 속이고 사람을 속인 간악한 자였다, 그렇게 속였기 때문에 당시에

89
『선조수정실록』 27년 5월 1일.
90
『선조실록』 27년 5월 4일.

지식이 해박하고 견문이 넓은 인물로 선비들의 추앙을 받았다, 이이와 성혼이 처음 정여립과 교유해 보고 나서 그를 추켜세우고 칭찬하였는데, 그가 청요직에 천거되어 등용된 것은 사실 이이가 이끌어 준 덕분이었다는 내용이었다. 그러면서 기축옥사 때 "정철은 본래 괴팍한 성미로 날조하여 얽어 넣으려고 꾀하여, 음험한 함정을 파서 무고한 자를 빠뜨리고 공법公法을 빙자해 사적인 원수를 갚았다"고 비난하였다.[91]

이에 광주목사廣州牧使 신응구申應榘는 스승 성혼을 변론하며, "정철이 위관에서 체직된 뒤에 이발의 여든 된 어머니와 열 살 된 아들까지도 곤장 아래서 죽었으니 지나가는 사람들도 모두 그 원통함을 말했는데, 그 당시의 추관들 역시 법을 끌어와 구원하지 못했습니다"라고 했다. 그런데 당시 사관의 말이 주목할 만하다.

정승 이항복은 기축옥사 당시 문사낭청이었는데, 일찍이 사람들에게 "이발 등은 진실로 억울하지만, 백유양은 참으로 간악한 인간이다" 했으니, 이 말이 옳은 말이다. 그런데 지금 사헌부, 사간원에서는 한갓 억울함을 푸는 것이 급하다는 것만 알아 그 경중은 따지지 않고 백유양까지 아울러 함께 복관復官을 청하였으니 어찌 잘못이 아니겠는가.

「후세에 기축년 옥사를 논하는 자들은 모두 위관 정철에게 죄를 돌린다. 정철이 비록 술을 좋아하고 말이 가볍고 포용하는 아량이 없긴 하였으나, 그 청렴하고 깨끗한 절조는 사람들이 따라가기 어려운 것이었다. 역옥이 일어나자 성상의 노여움이 진동하여 죄에 걸린 자는 반드시 죽었으니, 그 사이에 죄를 입은 자가 어찌 다 정철이 없는 사실을 꾸며 날조한 것이겠는가. 정철이 재삼 차자를 올

91
『광해군일기』(중초본) 즉위년 11월 12일.

려 최영경·이발 등의 억울한 내용을 힘써 진술하였고, 또 임금 앞에서 그들의 억울함을 극력 호소한 것을 보면, 그가 힘을 다해 구원하고 풀어 주려 했던 일은 많은 사람이 본 바이니 어찌 숨길 수 있겠는가. 또 그때의 두 차자가 지금 세상에 돌아다니니 사람들이 어찌 숨길 수 있겠는가.

이발의 모자가 죽음에 나아간 것은 대개 유성룡이 위관이었을 때이다. 유성룡도 그의 억울함을 알았으나 구원하지 못하였으니, 이 어찌 정철이 알 수 있는 바이겠는가. 정언신은 과거 정여립과 이미 서신을 교통했으면서도 정여립을 전혀 알지도 못한다고 임금을 속여 거의 형장刑杖 밑에서 죽게 되었는데 반해, 정철이 극력 구원하였으니 이것이 과연 정철이 없는 사실을 꾸며 날조한 것이겠는가.

오늘날 정철을 논하는 자들이 당시의 사적을 자세히 모르면서 정철에게 죄를 돌리려고만 한다면 정철 역시 그 죄에 승복하지 않을 것이다. 이발 등에 대한 신원이 비록 공론에서 나오긴 하였지만, 이발 등이 죄를 입은 것을 모두 정철 한 사람에게만 돌리는 것은 공의公議라 할 수 없다. 아, 정철을 공격하는 것은 다름이 아니라 단지 한 가지 일을 가지고서 다른 편을 공격하는 기화奇貨로 삼으려는 것일 뿐이다.」[92]

사론 중 '「 」'에 해당하는 부분은 중초본을 토대로 정초본을 작성할 때 삭제하라고 표시가 되어 있다. 인조 때 『광해군일기』를 편찬하며 삭제 표시한 것인데, 실제로 『광해군일기』 정초본에서 삭제되었다. 만일 인조 초반 재정 형편이 되어서 '광해군일기'가 활자로 간행되었더라면 위의 사료는 세초되어 우리가 알지 못했을 것이다.

92
『광해군일기』(중초본) 1년 2월 5일.

사관의 말에 따르면 어느 편에서 과도하게 송강을 몰아간다고 했다. 또 지금의 관심 주제, 이발의 노모와 아들이 죽은 시기는 서애가 위관일 때라는 것이다. 이 사론은 인조 때 『광해군일기』를 편찬할 때 쓴 것이 아니다. 왜냐하면 백사 이항복을 지칭하면서 '죽은[故]'이란 말을 쓰지 않았기 때문이다. 백사는 1618년, 광해군 10년 함경도 북천北川으로 귀양 가서 세상을 떴다. 둘째, '오늘날 정철을 논하는 자들'이라고 말한 것도 인조 때 『광해군일기』를 편찬하면서 쓴 것이 아니라 논란이 되던 당시의 시점에 작성된 사론임을 보여 준다. 정리하자면 핵심은 이때까지도 이발 노모가 죽은 시기에 위관은 정철이 아니었다고 기술하고 있었다는 점이다.

1609년, 정철의 아들 정종명은 앞에 인용한 사관이 쓴 사론과 비슷한 내용의 상소를 올렸다. 그중 다음과 같은 내용이 있다.

> 이발의 노모와 어린 자식이 서로 잇따라 사형된 것을 사람들이 모두 원통하다고 일컫는데, 그 당시 신의 아비는 위관에서 체임된 지 이미 오래였습니다. 유성룡·이양원이 서로 잇따라 위관이 되어 그들의 사형을 좌시하면서 끝내 구원하는 한마디 말도 하지 않았으니, 대사간 홍여순, 김늑, 형방승지 이정혐李廷馦(이정암李廷馣)이 그 좌석에 함께 있었으므로 분명하여 엄폐할 수 없습니다. 지금에 와서 그 옥사를 신의 아비에게 떠넘기니 또한 원통하지 않겠습니까.[93]

정종명이 상소를 올릴 시점에는 이미 일각에서 이발 노모와 아들의 죽음에 대한 책임을 정철에게 떠넘기는 분위기가 조성되고 있었음을 알 수 있다. 선조 후반과는 다른 상황이 시작된 것

[93] 『광해군일기』(중초본) 1년 12월 23일.

이다. 그러나 정종명의 상소를 통해서 그러한 분위기를 짐작할 뿐이지 드러내 놓고 이발 노모와 아들이 죽었을 당시의 위관이 송강이었다고 주장하는 내용은 보이지 않는다.

광해군은 이발 등의 신원을 바로 들어주지 않았다. 선조에 대한 삼년상이 끝난 뒤, 광해군은 "기축년의 일은 나도 대략 알고 있는데, 이발 등이 역적의 옥사에 죽게 된 것은 사실 자초한 일이다. 백유양이 역적들과 왕래한 서신 중에는 신하로서 감히 하지 못할 말이 많이 있었으니 어찌 가슴 아픈 일이 아니겠는가. 후세의 사람들은 그 실상은 제대로 알지 못하고서 다만 '신원', '신원' 하고 있으니 내가 속으로 웃고 있다"면서도 삼사에서 신원을 청하니 이발·이길·정개청 등의 적몰한 재산을 환급하라고 했고,[94] 이원익, 이항복 등 대신들의 논의를 거쳐 신원하기로 했다.

반면 낙안군수樂安郡守로 임명된 정종명은 잇단 논핵에 시달려야 했다. 정종명은 1592년(선조25) 문과 별시에서 장원급제했으나, 1594년에 아버지 송강을 변론한 일로 삭직당하였으니 거의 20년 만에 군수로 관직에 나왔을 때였다.

사간원에서는 "정종명은 간신 정철의 아들입니다. 선왕께서 매우 미워하여 통절하게 물리치고, '독종'이라고 하교하기까지 하셨습니다. 그런데 지금 관직 반열에 끼어 백성을 다스리는 관직에 임명되었으니, 여론이 매우 놀라며 분노하고 있습니다. 그의 이름을 관원 명단에서 삭제하라 명하십시오"라고 탄핵했다.[95] 사간원 사간 윤양尹讓, 정언 강익문姜翼文, 남이준南以俊 등의 논계였다. 광해군이 정종명을 교체하는 것으로 그치자, 사헌부 집의 정립鄭岦, 장령 최동식崔東式, 지평 이명李溟 등도 거들었다.

94
『광해군일기』 2년 5월 22일.
95
『광해군일기』 3년 2월 15일.

대사헌 정사호鄭賜湖는 "기축년 옥사의 모든 죄를 정철에게 돌렸으니 억울함이 없지 않을 것입니다. 하물며 후손에게까지 벌을 주지는 않는 것이 고금의 공통된 뜻인데, 정종명은 아무 죄도 없이 단지 자기 아비의 죄에 연좌되어 20년간 금고되었다가 이제야 비로소 일개 수령에 임명되었으니, 조금도 나라의 체모를 손상한 것은 없습니다"라고 다른 의견을 보였고, 대사간 신경진辛慶晉도 동의했다.[96] 정사호는 정철과 친척은 아니다. 1607년에도 황해도 관찰사가 되었으나 이조에 있을 때 정종명을 안성 군수로 삼은 책임으로 파직된 바 있었다.

혼군昏君의 시대를 지나

광해군의 혼정昏政은 계해반정으로 이어졌다. 이후 광해군은 조선시대 내내 혼군昏君이라고 불렸다. 율곡은 정치를 제대로 하지 못한 왕을 다음과 같이 셋으로 나누었는데, 그 가운데 하나가 혼군이었다.

① 많은 욕심이 마음을 흔들고 여러 가지 유혹이 밖에서 쳐들어와 백성의 힘을 다 빼앗아 자신만 생활하고 충언忠言을 물리치고 자기만이 성스러운 체하다가 스스로 멸망에 이르는 자는 폭군이다. ② 정치를 잘하려는 뜻은 있으나 간사한 자를 분별하는 총명함이 없고, 믿는 이가 어질지 못하고 관리들은 실력이 없어서 패망하게 되는 자는 혼군昏君이다. ③ 나약하여 뜻이 확립되지 못하고, 과단성이 없어서 어름적거리다가 정사가 떨치지 못하여 구태만 되풀이하

96
『광해군일기』 3년 2월 27일.

면서 날로 쇠약해져 가는 자는 용군庸君이다.[97]

광해군 재위 3기(광해군 9~15년) 동안에 나라 안팎으로 장래 상황에 대한 예후를 보여 주는 사태가 잇달았다. 인목대비仁穆大妃에 대한 폐모론廢母論, 윤선도尹善道의 국정 비판 상소, 허균許筠의 무옥誣獄, 즉위 이후 끊임없이 이어지는 대규모 궁궐 공사, 그리고 준비 없는 파병에 어설픈 기회주의적 투항으로 군사만 잃었던 사르후 전투 등이 그 대표적인 사안이었다. 이런 난맥 속에서 정책과 사안에 대한 판단 능력을 상실한 광해군은 정치에서 아예 손을 놓아 버렸다.[98]

광해군을 쫓아내고 인조를 옹립한 직후인 3월 14일, 왕대비(인목대비)는 교서教書를 내려 광해군 정치의 잘못된 점을 첫째, 옥사로 인한 왕실 및 정치 기반의 이탈, 둘째, 문치주의 시스템 붕괴, 셋째, 궁궐 공사에 쏟아부은 재정 부담, 넷째, 외척과 내시나 내명부內命婦는 정치에 참여하지 못하도록 조선시대 내내 지켜졌던 원칙의 파기, 다섯째, 매관매직으로 인한 관료제 시스템의 붕괴, 여섯째, 세금과 부역의 과중 등으로 인한 백성들의 피폐함, 일곱째, 대외관계의 무원칙성 등으로 지적하였다.[99] 반정 직후, 광해군 집권 내내 15년 이상 지속되던 궁궐공사를 즉시 중단했다. 그리고 궁궐을 짓기 위해 설치했던 영건도감을 비롯하여, 푸닥거리를 관장하던 나례도감儺禮都監 등 12개의 난립했던 도감도 혁파하였다. 백성들의 고혈을 짜던 특별 세금 징수대장인 조도성책調度成冊을 소각하는 한편,[100] 민간에 부과했던 쌀과 포를 탕감해 주었다.[101]

계해반정은 기축옥사의 정리를 의미하기도 했다. 반정 이듬해

---

[97] 『국역 율곡전서』 제15권 『동호문답(東湖問答)』, 「논군(論君道)」, 한국고전번역원, 1968; 정재훈 역, 『동호문답』, 아카넷, 2014.

[98] 오항녕, 「왜 백성의 고통에 눈을 감는가-광해군 시대를 둘러싼 사실과 프레임」, 『역사비평』 121, 2017; 허태구, 「이나바 이와키치(稻葉岩吉)의 丁卯·丙子胡亂 관련 주요 연구 검토」, 『조선시대사학보』 81, 2017; 장정수, 「조선의 대(對)명·후금 이중외교와 출병(出兵) 논쟁의 추이」, 『한국사연구』 191, 2020 참고.

[99] 『인조실록』 1년 3월 14일(갑진); 『국역 계곡집』 제2권, 「왕태비의 하교[王太妣下敎]」 및 「금상께서 즉위하여 대사면령을 내린 교서[今上卽位大赦敎書]」
『연려실기술』에는 "대비가 언문으로 폐주의 36가지 죄를 논했다"고 하여, 36가지로 분류하고 있다. 『국역 연려실기술』 제23권, 「인조조 고사본말(仁祖朝故事本末) 계해정사(癸亥靖社)」

[100] 『인조실록』 원년 9월 17일(갑진).

[101] 『인조실록』 원년 5월 11일(신축).

인 1624년(인조2), 정철을 복권시켰고,[102] 정개청鄭介淸 등 5인은 모두 복관復官을 허락하고 이발·이길에게는 몰수한 재산을 돌려주고 직첩을 도로 내주었다.[103] 동시에 이발 노모와 아들의 죽음에 대한 문제도 정리되어 가는 듯했다. 포저浦渚 조익趙翼은 다음과 같은 기록을 남겼다.

> 전날 경연에서 정철의 복직에 관하여 의논할 적에, 경연관 윤지경尹知敬이 '이 일이 시행된다면 거취를 결정해야 할 자가 나올 것이다'라고 하였다는데, 이는 맞는 말이 아니라고 생각합니다. 신이 지난해 8월에 충청도 신창新昌에 있을 적에 윤지경의 외삼촌인 유영순柳永詢[104]이 아산牙山의 농장에 갔다가 홀연히 신을 찾아와서 머물렀습니다. ……
>
> 그때 유영순이 말하기를, '이발의 노모와 어린 아들이 형신刑訊을 받을 적에 내가 문사낭청이었는데, 그때 송강松江은 이미 몰락한 상태였다'라고 하였는데, 송강은 정철의 별호입니다. 또 말하기를 '이발이 역적 정여립에게 보낸 서찰을 내가 모두 직접 확인하였는데, 경연에서 나온 말을 모두 그에게 통보해 주었다. 이 때문에 선묘宣廟께서 격노한 것이니, 정철이 모함해서 죽였다고 말하는 것은 참으로 근거 없는 이야기이다'라고 했고, 또 정철의 사람됨이 청렴결백한 데다가 충성심이 해를 꿰뚫는다고 칭찬하기도 했습니다.
>
> 그래서 신이 언젠가 홍문관에 들어가서 윤지경에게 '내가 일찍이 유 강릉柳江陵(유영순)에게서 이와 같은 말을 들었는데, 응교應敎(윤지경)도 한 집안사람이니 역시 들은 적이 있는가?'라고 물었더니 윤지경은 '나도 그런 말을 늘 들어왔다. 지금 정철을 신원해 준다고 하더라도 누가 다시 이의를 제기하겠는가'라고 하였는데, 지금 경연 석

102
『인조실록』 2년 5월 29일.
103
『인조실록』 2년 7월 3일.
104
유영순(1552~1630)의 본관은 전주(全州), 자는 순지(詢之), 호는 졸암(拙庵)·북천(北川)이다.

상에서는 그가 그만 그런 식으로 진달하고 말았습니다.[105]

조익의 말은, 정철이 억울하게 모함을 당한 것은 사실이므로 억울함을 풀어 주자는 것이다. 다만 윤지경이 정철을 신원하면서 누군가는 모함한 책임을 져야 한다는 식으로 말한 것이 불편하다는 뜻을 함께 전달하였다.

잠정적인 결론

지금까지 우리는 기축옥사와 관련된 자료를 검토했다. 이발의 노모와 어린 아들이 추국청에서 안타깝게 죽은 사건이 일어난 때가 송강 정철이 위관이던 선조 23년(1590, 경인년)이었는지, 서애 유성룡이 위관이던 선조 24년(1591, 신묘년)이었는지가 탐구의 출발점이었다. 빠진 자료가 있을 수도 있겠지만 중요한 자료는 거의 살펴보지 않았나 한다. 그 주요 내용을 정리하면 다음과 같다.

첫째, 기억의 혼란 또는 변주는 무엇보다 기록의 부재에서 기인한다. 기록이 없으면 기억은 사라지거나 변형된다. 임진왜란으로 기축옥사의 진술, 심문, 판결 등이 적힌 추안이 사라졌다. 추안이 사라진 자리에 의도하였든 의도하지 않았든 사라진 기억, 변형된 기억이 생겨난 것으로 보인다.

둘째, '기억 투쟁'이라고까지 부를 만한 상이한 기억에 대한 혼란은 연원이 오래되었다. 매천 황현도 기축옥사에 대한 기억에는 왜곡과 거짓이 많다고 했다. 기억의 차이가 멀리는 400년 전까지 거슬러 올라간다. 아들이나 손자 같은 후손들이 당시 위

105
『포저집(浦渚集)』권14 『윤대했을 때 말로 진달한 계사-계사년[輪對口陳啓辭一癸亥]』
조익(1579~1655)의 본관은 풍양(豊壤), 자는 비경(飛卿), 호는 포저(浦渚)·존재(存齋)이다. 윤근수(尹根壽)의 외손이자 문인이며, 장현광(張顯光)에게서도 배웠다. 김육(金堉)과 함께 대동법을 확대 시행하는 데 기여하였고, 경학에도 밝았다. 시호는 문효(文孝)이다.

관은 송강이 아니었다, 서애가 아니었다 하는 것은 이해할 만하다. 누군들 자기 조상이 억울한 누명을 쓴다면 속이 편하겠는가. 그러나 그런 태도가 기억의 왜곡을 온존시켰을 수도 있다.

기축옥사에 대한 기억 투쟁과 관련하여 1677년 양몽거의 상소, 양몽거의 상소에 대한 반론인 1680년 유경서의 상소를 먼저 살펴보았다. 현재 남아 있는 기록 중에 양몽거의 상소는 상소라는 공식적인 행위를 통해 맨 먼저 '송강 위관설'을 제기한 주장이 아닌가 한다. 당시 위관이 송강이 아니라 서애라고 주장한 유경서의 상소는 다시 1691년 정무서 및 서애 후손 유후상의 비판을 받았다. 유후상은 은봉 안방준의 『혼정편록』에서 '경인년 5월 유성룡이 위관일 때'라고 했던 점을 비판했는데, 이는 분명 안방준의 오류라는 사실도 살펴보았다.

흥미로운 것은 윤선도, 허목, 이현일이 이 사안에 관심을 가지고 '송강 위관설'의 논거를 내세우거나 주장을 이끌어간 점이다. 한편 이선, 박광후의 예전 기록을 통해 '서애 위관설'의 증언을 확보한 기록을 확인할 수 있었다.

셋째, 기억의 혼선이라는 문제를 해결하기 위해 다시 실록으로 돌아갔다. 그러나 실록조차도 도움이 되지 못하는 경우가 있었다. 이이첨이 책임 편찬한 『선조실록』에는 이발 노모와 아들의 죽음에 대한 기록이 나오지 않았다. 이식이 책임 편찬한 『선조수정실록』에 따르면 이발 노모와 아들이 죽은 것은 신묘년, 선조 24년으로 서애 유성룡이나 이양원이 위관일 때였다.

넷째, 『선조실록』에서 이 사건에 대한 직접적인 기사만이 아니라 다른 기사를 통해 검토한 결과, 적어도 선조 27년경까지는 '송강 위관설'이 나타나지 않았다. 광해군 원년까지도 그러했다.

정확히 말하면 『선조실록』과 『광해군일기』(중초본)에 따르면, '송강 위관설'은 부정된다. 인조반정 이후에도 그러했다. '송강 위관설' 은 어떤 곡절을 거쳐 인조의 손자 때인 현종 이후에 등장한 것이다.

다섯째, 사건 발생 초기에는 몰라도, 상황이 드러난 뒤에는 조선시대 그 누구도 기축옥사에서 정여립의 모반을 의심하지 않았다는 점이다. 동시에 이발 형제, 최영경 등의 죽음은 억울하다, 지나쳤다고 여겼다. 이 점이 공통분모이다.

이 지점에서 위관이 서애였나, 송강이었나의 논의에서 빠진 것이 있다. 필자와 이씨와의 논쟁에서도, 허목이나 이현일의 주장, 이선이나 박광후의 증언에서도 묻지 않은 것이 있다. 바로 추국청이다. 추국청이라는 공간, 추국청이라는 제도를 들여다보아야 한다. 기축옥사의 모든 일은 바로 추국청에서 일어났기 때문이다.

조건, 의지 그리고 우연

역사학자들은 '모두', '언제나'라는 표현을 잘 쓰지 않는다. 역사학자는 일반화를 꺼리는 경향이 있기 때문이다. 역사학은 학문의 하나이고, 또 학문은 인식이다. 인식은 『대학』에서 격물格物이라고 했듯이, 사물[物]을 내 머릿속의 틀에 넣는 일[格]이다. 이 때문에 사건을 유형화하려고 생각할 때도 있고 사태를 설명할 이론 체계가 필요할 때도 있다.

하지만 인간의 경험으로 이루어진 사건, 사실을 다루는 역사학은 '언제나' 서로 다른 사건을 다룬다. 역사상 한 번도 같은 사건은 없기 때문이다. '모든' 사건은 독특하다. 인간의 경험을 해석하기 위해 이론이 필요할 수 있지만, 경험 자체는 항상 독특하다는 말이다. 그런데 잘 안 쓰는 '언제나', '모든'이란 말을 쓰는 경우가 있다.

모든 사건에는 언제나 객관적 조건, 사람의 의지 그리고 우연이 함께 들어 있다.

모든 사건은 조건, 의지, 우연이 합쳐져서 생긴다. 역사는 사건에 대한 탐구이므로 모든 사건을 탐구할 때는 조건, 의지, 우연을 다 살펴야 한다. 조건만 따지다 보면 인간의 책임을 물을 수 없고, 의지만 따지다 보면 사람 탓만 하면서 당쟁론처럼 누군가에 대한 추궁, 원망, 비판에 빠진다. 우연만 생각하는 경우에는 불가지론, 상대주의에 빠진다.[106]

그럼에도 우리는 종종 조건, 의지, 우연 중 어느 하나에 집착한다. 특히 마음이 언짢거나 싸움이 일어나 분심忿心이라도 생기면 여지없이 어느 하나에 원인을 돌려 공격의 무기로 삼는다. '너, 원래 그런 사람이었잖아?' '어차피 이해할 것도 아닌데, 무슨 상관이 있으랴!' 하면서 말이다.

그러나 역사 탐구에서 이 세 가지 중 어느 하나라도 소홀히 한다면 그것은 직무 유기에 해당한다. 사실을 이해할 때 어떤 한 가지 원인으로 몰아가는 것은 지적 게으름의 소산이다.

이발 노모와 어린 아들의 비극적인 죽음이 발생한 시기를 논의하면서, 이를 서애와 송강의 인격 문제나 동인과 서인의 정쟁

106
오항녕, 『역사학 1교시, 사실과 해석』, 푸른역사, 2024.

으로 다루는 것은 앞서 말한 세 가지 범주 중 어디에 속할까? 그렇다. 그간의 논의나 기억투쟁에는 기축옥사의 비극적인 죽음이 누군가의 의지의 결과라는 전제가 깔려 있다. 사료를 검토한 결과에 따르면 위관이 서애 유성룡이나 노저 이양원이었던 시기일 가능성이 크지만, 기축옥사는 위관 한 사람에게 책임을 물을 수 없는 사건이었다. 실록에서 전하는 기축옥사의 상황을 다시 살펴보자.

옥사가 일어나던 처음에는 상(선조)이 수십 일 동안 친국親鞫하였고 그 후에는 혹 정국庭鞫(궁궐 안에서 하는 추국)하면서 대신이 아울러 참여하였으며, 최후에는 삼성 교좌三省交坐로 추국하면서 대신 한 사람이 추국을 감독했다. 경인년(1590, 선조23) 5월 이전에는 정철이 감독하였고 그 후에는 유성룡·이양원 등이 대신했다. 이 해에는 이발의 형제 외에는 갇힌 사람이 없었다.

기축년 10월부터 이때(1591, 선조24)에 이르기까지 20개월 사이에 죽은 자가 수백 명이나 되었는데, 조정 신하 중 이름난 관원으로 죽은 자가 10여 인이었으며【이발·이길·백유양·유덕수·조대중·유몽정·김빙은 장형杖刑으로 죽었고, 윤기신·정개청은 장형을 받고 유배되던 도중 길에서 죽었으며, 최영경은 옥에서 병으로 죽었다.】연좌되어 유배된 자가 수백 명이었다. 조정 신하 가운데 귀양 간 자는 정언신·김우옹·홍종록 등이었으며, 파직되어 쫓겨난 자도 수십 인이었다. 이들은 모두 옥사가 일어난 초기에 결정된 자들이다.

경인년 봄에 옥사가 끝난 뒤 종묘의 제사 그릇을 훔쳐 간 옥사가 일어났으며, 그 후에도 계속해서 밀고하는 자가 있어서 다시 정국과 삼성추국[107]이 있었다. 3년이 지나서야 옥사가 그쳤는데, 이 때

107
의정부, 사헌부, 의금부의 관원들이 모여 죄인을 심문하는 것.

문에 인심이 원망하였다.

역변이 일어난 후에 윤자신尹自新이 전주부윤이 되어 온 고을의 선비들을 모아 놓고 묻기를, "이 가운데 반드시 역적과 절친한데도 모면한 자가 있을 것이다. 각자 고하도록 하라"고 했다. 그러자 모든 사람들이 감히 말하지 못하였는데, 어떤 양반이 '남천의 물고기, 북산의 꿩[南川魚北山雉]'이라는 내용의 글을 올렸다. 이에 윤자신이 조사하니 진술하기를, "남천의 물고기라 한 것은 남면에 사는 아무개의 어렸을 때 이름이 어룡魚龍이며, 북산의 꿩이라 한 것은 북촌에 사는 아무개의 자字가 자화子華인데, 꿩은 화충華蟲이므로 그렇게 말한 것이다"라고 했다.

이렇듯이 서로 끌어들임으로써 역적과 가까이 지냈던 자들이 모두 죄를 벗어나지 못하고 죽음을 당하거나 귀양을 갔다. 이 때문에 전주 사람들이 가장 많이 죽었다.[108]

실록이 전하는 기축옥사는 옥사가 오랜 기간 진행되었고 진술에 얽혀 잡혀가고 다시 밀고가 이어졌던 상황을 보여 준다. 복잡하고 큰 사건일수록 객관적 조건, 자유의지, 우연을 더 면밀히 그리고 지혜를 동원하여 살펴야 한다. 객관적 조건을 고려해야 한다는 것은 사건의 책임을 묻고 책임져야 할 사람의 책임을 덮자는 게 아니다. 부당하게 상황 탓하지 않도록 주의하는 만큼 부당하게 사람 탓하는 일도 피해 보자는 것이다.

108
『선조수정실록』 24년 5월 1일. 『선조수정실록』은 『선조실록』을 '수정'하여 다시 편찬한 것으로, 원사료의 날짜를 확인하기 어려워 매달 초하루에 기사를 수록했다.

추국청의 구성

기축옥사 당시 서애와 송강은 의정議政, 곧 정승이었다. 대체로 선배인 송강이 먼저 승진하고 그 뒤를 서애가 이었다. 두 사람뿐 아니라 심수경도 우의정으로 위관을 맡았으며, 이산해 역시 영의정이었고, 이양원도 우의정으로 추국에 깊이 간여할 수밖에 없었다. 기축옥사 초반에는 선조가 직접 친국을 했다. 친국이란 국왕이 직접 국문을 주관하는 것을 말한다.

다음은 1608년(광해군 즉위년)에 있었던 임해군 옥사의 추관 명단이다.[109] 현재 기축옥사 당시의 추안이 남아 있지 않아 온전한 추관 명단을 확인할 수는 없지만 선조 때에도 광해군 때와 같이 추국청이 구성되었을 것이므로, 선조 당시 기축옥사의 추국청을 이해하는 데 도움이 된다.

무신년 2월 21일, 군기시軍器寺에서 추국청을 열다

추관 명단

아성부원군鵝城府院君	이산해李山海
영의정領議政	이원익李元翼
영중추부사領中樞府事	이덕형李德馨
오성부원군鰲城府院君	이항복李恒福
행 판중추부사行判中樞府事	윤승훈尹承勳
행 판중추부사行判中樞府事	기자헌奇自獻
행 지중추부사行知中樞府事	심희수沈喜壽
좌의정左議政	허욱許頊
우의정右議政	한응인韓應寅

109
오항녕 역주, 『국역 추안급국안』 1, 전주대학교 한국고전학연구소 편, 흐름, 2014, 375~376쪽. 안타깝게도 임진왜란 이전의 추안이나 국안(鞫案)은 현재까지 발견되지 않았다.

판의금부사 判義禁府事	유근 柳根
지의금부사 知義禁府事	윤승길 尹承吉
동지의금부사 同知義禁府事	구의강 具義剛
좌부승지 左副承旨	이경함 李慶涵
사헌부 대사헌 司憲府大司憲	김신원 金信元
사간원 사간 司諫院司諫	박이서 朴彛敍

문사낭청 問事郎廳

필선 弼善	최기남 崔起南
사도시 정 司䆃寺正	권진 權縉
전적 典籍	강홍립 姜弘立
형조좌랑 刑曹佐郎	윤형언 尹衡彦

형방 낭청 刑房郎廳

경력 經歷	고상지 高尚志

 선조가 2월 1일에 세상을 떴고, 광해군이 이튿날 즉위했다. 그로부터 보름이 안 된 2월 14일에 임해군은 진도로 귀양을 갔고 추국청이 설치되었다. 선왕先王의 상청喪廳이 있는 상태에서 국왕이 옥사를 처리한 것은 이때가 유일할 것이다.
 위에서 아성부원군 이산해부터 박이서까지는 추국청 당상관이다. 이산해는 관직 없이 '아성부원군'이라고만 적혀 있는데, 아성부원군이란 호칭은 바로 기축옥사에서 '토역討逆', 즉 역적을 토벌한 공로로 받은 공신호이다. 관직의 서열로 보아 이산해는 임해군 옥사의 위관을 맡았을 것이다. 임해군 옥사에서 계속 이산

해의 이제이 추국청 명단에 나온다.

당상관 아래 낭청이 있는데, 문사낭청인 최기남 등과 형방 낭청인 고상지가 나온다. 이들은 추국청 실무를 담당했다. 직접 곤장을 치거나 단근질을 하는 등의 고문은 옥리들이 담당했다. 추관 명단에서 알 수 있듯이 추국청은 한두 사람으로 구성되는 것이 아니었다. 규모가 작은 삼성三省추국[110]의 경우도 마찬가지였다.

사례: 피의자에 대한 처벌 논의

다음은 기축옥사 당시의 한 장면이다.

> 어느 날 대신大臣이 입시했는데 상이 최영경의 옥사가 어떠한가 묻자, 정철이 아뢰기를, "전혀 단서가 없습니다. 신이 들은 바로는 그가 평소 기절氣節을 숭상한다고 했습니다. 또 효성과 우애로 세상에 이름이 드러났고 영남의 사론士論도 매우 존중한다고 하니, 역모를 꾸몄을 리가 없습니다. 신은 그와 평소에 전혀 모르는 사이여서 감히 사심을 둘 수 없습니다. 단지 들은 바가 이러하기 때문에 감히 아룁니다." 하니, 상이 이르기를, "그가 아우에게 준 편지를 보건대 과연 우애가 있는 듯했다" 하였다.
>
> 남도南道 지방을 탐문해봤지만 삼봉이란 소문에 대해 끝내 신빙성이 있는 것이 없자, 상이 명하여 석방시켰다. 이튿날 사간원이 아뢰기를, "최영경이 정여립과 편지를 통한 사실을 숨기고 사실대로 공초하지 않았고 또 상종했다는 소문이 있으니, 온전히 석방하는

110
삼성이란 사헌부와 사간원 그리고 의정부를 가리킨다. 세 관청의 관원이 함께 추국을 진행하는 제도이다.

것은 불가합니다. 다시 국문하여 죄를 정하소서" 하니, 상이 윤허하지 않았다.

이어 하문하기를, "영경이 역적과 상종했다는 소문이 어디에서 발설된 것인가?" 하니, 정언 구성具成이 아뢰기를, "경상도사慶尙都事 허흔許昕이 '지난해 섣달 그믐날 감사 김수金睟와 밤에 이야기하였는데 김수가 이런 말을 했다'고 말하는 것을 신이 직접 들었기 때문에 아뢴 것입니다" 하였다.

대사간 이해수 등이 같은 말을 아뢰니 상이 즉시 윤허했다. 최영경이 다시 하옥되어 공초하기를, "편지를 통한 일은 기억 착오로 잘못 공초하였으니 만 번 죽어도 아까울 것이 없으나 역적과 상종했다는 소문에 대해선 전혀 그런 일이 없습니다." 하였다. 그리하여 허흔을 잡아다 물으니, 과연 김수를 끌어대었다. 김수가 당시 병조판서였는데 추국청에서 그를 잡아다 국문하기를 청하자 상이 승정원에서 문초하도록 명했다.

김수가 답하기를, "신이 지난해 여러 고을을 순행할 때 마침 도사가 사정이 있어 밀양 교수 강경희姜景禧를 임시 도사로 수행하게 했는데, 경희가 이 말을 신에게 했습니다." 하니, 허흔을 석방하고 강경희를 잡아다 국문했다.

강경희는 진주 판관 홍정서洪廷瑞를 끌어대었으므로 또 홍정서를 잡아왔다. 옥사가 만연되어 최영경은 오래도록 옥에 갇혀 있었고 또 그 아우가 심문받다가 죽은 것을 애석히 여겨 질병이 생겼다.[111]

위 사료는 기축옥사에서 풀려났다가 다시 잡혀 와 옥사한 최영경의 추국에 대한 기록이다. 최영경은 대체로 억울하게 죽었다는 평을 받은 인물이다. 제시한 사료에서 최영경에 대한 논의

[111] 『선조수정실록』 23년 6월 1일.

가 어떻게 이루어지는지 눈여겨볼 필요가 있다. 아마 이 무렵 위관은 정철인 듯하다.

대신大臣인 정철이 대표로 추국청에서 있었던 최영경 심문 상황을 선조에게 보고하자, 그에 근거하여 선조가 일단 석방 판정을 내렸다. 사람도 효성과 우애가 있고, 최영경이 주동자인 '삼봉'이라는 혐의도 없다는 판단을 내린 것이다. 그런데 사간원에서 정여립과 최영경이 주고받은 편지를 근거로, 최영경이 정여립과 편지를 주고받은 일이 없다는 진술은 거짓이라고 반론을 제기했다. 그러나 이때도 곧바로 최영경을 재수감하지 않았다. 허흔, 김수 등의 이름이 나오자 이들을 문초하였고, 이들의 진술에서 강경희, 홍정서의 이름이 나오자 다시 최영경이 옥에 갇히게 된 것이다.

이렇듯 반역 사건을 다루는 조선 형정刑政의 첫 번째 단계라고 할 수 있는 추국청은 위관부터 당상관, 낭청으로 구성된 하나의 제도이자 조직이었다. 그 조직은 조사 결과를 국왕에게 보고하여 처결을 논의한다. 추국 자체의 일반적인 절차는 다음과 같다.

고변 → 심문 → 진술 → 형신刑訊(고문)→ 재심문 → 자백 → 결안結案(진술서) → 조율照律(관련 법규 적용) → 처형[112]

추국청에서는 심문 문서를 포함한 추국 상황을 수시로 국왕에게 보고했다. 보고하는 자리에서 사안의 처리, 이를테면 '아무개는 혐의가 없는 듯하니 석방하자'라든지, '아무개는 누구의 진술에서 나왔으니 다시 심문하자'라든지 하는 논의가 이루어지면

[112] 김우철, 「조선후기 추국 운영 및 결안의 변화」, 『민족문화』 제35집, 2010, 211쪽.

서 추국이 진행되었다.

기축옥사는 의금부의 단독 추국이 아니었다. 국왕의 친국이거나 위관이 있는 추국청에서 이루어졌고, 적어도 삼성추국으로 이루어졌다. 친국은 국왕이 위관을 대신한다는 점에서 통상의 정국庭鞠(대궐 뜰의 추국)과 차이가 있다. 그리고 의금부는 추국의 주관 관청이므로 당연히 포함되었다.[113] 사건의 중요도나 죄의 경중에 따라 추국의 방법과 형식이 결정되었는데, 장소와 참여 관원, 좌차座次[114]에 따라 구분하면 추국청의 규모를 다음과 같이 구분할 수 있다.

친림추국(친국) 〉 궐정추국(정국, 추국) 〉 삼성추국 〉 의금부 추국

기축옥사는 친국으로 시작하여 정국, 삼성추국으로 끝났다. 쉽게 말해 기축옥사는 전 과정에 걸쳐 정승과 양사가 참여하였고, 국왕의 재가를 받아 가며 이루어진 옥사였다. 송강이 서애에게 '왜 이발 노모와 어린아이를 살리지 못하고 죽게 두었느냐'고 했다지만, 누구를 살리는 일이 서애가 할 수 있는 일일 수도 있지만 서애의 말처럼 어쩔 수 없는 추국청의 조건이 있었던 것도 사실이었다. 북인 일각에서 송강이 기축옥사를 조작한 듯이 말하지만, 이렇게 여러 정파가 함께 참여하는 추국청은 누구 혼자 조작하는 일은 가능치 않다. 다음은 이정암의 문집에 기록된 경인년 1590년 5월경의 추국청 관원 명단이다.

이산해가 수상이었고, 정철이 좌의정, 심수경이 우의정이었다. 유홍兪泓·최황崔滉·김명원金命元·이증李增·홍성민洪聖民·이헌

113
김영석, 『의금부의 조직과 추국에 관한 연구』, 서울대학교 법학박사 학위논문, 2013, 306~307쪽.

114
참석 관원의 소속과 순서.

국李憲國·윤탁연尹卓然 등이 의금부 당상이었다.[115]

이 문집에는 정승과 의금부 당상관만 나와 있지만, 이것만으로도 추국청의 신문 과정에서 벌어진 사고에 대해 어떤 특정인에게 책임을 묻기 어렵다는 것을 알 수 있을 것이다. 또 이미 살펴본 대로 기축옥사를 마무리한 뒤 책봉한 평난공신平難功臣 22명을 보아도 ① 정여립을 고변한 박충간 등, ② 관련자를 체포했던 민인백閔仁伯, ③ 김귀영 등 추관으로 구성되어 있었다.[116]

징역형이 없던 시대

추국청이 추관들의 공동 심문 장소이기 때문에 위관이 누가 되었든 임의로 옥사를 좌우할 수 없다는 애기를 했다. 그러므로 본문 주제와 관련하여 이발 노모와 아들이 죽었을 때 추관이 누구였든 그 비난은 제한적으로만 용인되어야 한다. 이제 마지막 문제가 남았다. 바로 이발 노모와 아들을 죽음에 이르게 한 형신刑訊 자체에 대한 규명이다.

노모는 압슬로 신문訊問을 받다가 죽었다고도 장을 맞다가 죽었다고도 하고, 어린 아들은 옥졸이 죽였다는 말도 있지만 결국 갇혀 있다가 죽었다. 노모와 어린 아들 모두 나이로 보아 형신 대상이 아니었기 때문에 형신은 불법이었고, 그래서 이 사건의 책임이 민감했음은 앞서 언급한 바 있다. 그러므로 신체에 고통을 가하는 '신문'이라는 추국 수단을 고려해야 추국청에서의 죽음이 어떤 의미인지 좀 더 명확해질 수 있다.

---

115 『사류재집(四留齋集)』권8 「행년일기 하(行年日記下)」
116 『선조수정실록』23년 8월 1일.

아직 국내에서는 조선의 형정이 갖는 법철학, 정치철학적 의미에 대한 연구가 부족하기 때문에 외국 연구를 원용해 보려고 한다. 기축옥사가 발생했을 당시 조선의 형정과 유럽 봉건사회 말기의 형정이 꼭 같지도 않고 그럴 수도 없을 것이다. 문화적 토양, 생산력, 정치제도의 작동, 사상적 지향 등의 차이가 있기 때문이다. 다만 형벌 또는 형정과 관련하여 '왕정에서 이루어지는 신체형'의 성격을 띤다는 점에서 시사점이 있다.[117]

금고, 징역, 유배, 거주 제한 등 근대 형벌에도 '신체에 대한 형벌'이 있다. 그러나 근대 형벌제도에서 징벌과 신체의 관련성은 과거의 신체형과 동일하지 않다. 근대 형벌제도에서 신체는 도구 또는 매개체와 같은 역할을 한다. 신체를 감금한다든지, 혹은 노동을 시킨다든지 해서 신체에 제재를 가하지만, 그 목적은 개인에게서 권리이자 재산인 자유를 박탈하는 일이었다.

근대 형벌제도에 의하면, 신체는 구속과 박탈의 체계, 의무와 제한의 체계 속에서 취급된다. 다시 말해, 육체적 고통이나 신체 자체의 괴로움은 이미 형벌의 구성 요소가 아니다.[118] 고통 자체도 역사적이고 사회적이다. 조선이나 중국은 목을 베는 참형이 부모가 준 신체를 손상하는 것이므로 가장 높은 형벌이었지만, 유럽에서는 교수형이 가장 높은 형벌이었다. 참형보다 고통스럽기 때문이다.

유럽 왕정과 마찬가지로 조선의 왕정에서는 징역형이 없었다. 춘향이가 갇혀 있던 옥은 요즘과 같이 징역형을 사는 감옥이 아니라, 구치소 같은 개념의 옥이었다. 형을 집행하기 전에 머무르는 곳이었다. 의금부에 있는 옥사獄舍도 그러했다. 남쪽에 있었는지 남옥南獄이라고 불렀는데, 형신을 받을 혐의자들을 임시로 수

117
미셸 푸코, 오생근 옮김, 『감시와 처벌』, 나남출판, 2003, 제1부 신체형, 1장 수형자의 신체.
118
티모시 브룩 외, 박소현 옮김, 『능지처참―중국의 잔혹성과 서구의 시선』, 너머북스, 2010, 174~182쪽.

용하는 공간이었다. 때에 따라서는 기축옥사처럼 2년 이상 추국이 길어지면서 오랜 기간 갇혀 있는 사람도 있었지만, 이는 징역형이 아닌 심문 대기 상태였다.

체옥滯獄, 즉 옥이 적체된 상황이 조선 조정에서 종종 현안이 되었던 까닭이 여기에 있다. 체옥은 죄인이 많다는 의미가 아니라, 평결이 빨리 나지 않은 대기자가 많다는 것이고 원활한 형정이 이루어지지 못한다는 의미였다. 그래서 조선시대에 날씨가 더워지는 여름과 추워지는 겨울에는 옥에 갇힌 사람들을 조사하여 풀어 주었는데, 이를 소결疏決이라고 했다.

신체형이 되려면 첫째, 형벌은 정확히 측정할 수는 없다 하더라도 적어도 평가하고, 비교하고, 등급을 정할 수 있는 일정 수준의 고통을 만들어내야 한다. 그래서 죄안에 따라 말로 하는 평문評問부터 곤장, 압슬, 낙형 등의 형신 종류와 횟수가 정해졌다. 둘째, 고통을 만들어내는 데에는 규칙이 수반되어야 했다. 예컨대 하루에 두 차례 이상 곤장을 치지 못하게 하는 것과 같은 세칙細則을 들 수 있다. 셋째, 신체형은 일종의 의식을 구성한다. 이것은 최종적인 평결 이후에 이루어졌는데, 목을 베어 조리돌리는 효시梟示를 생각하면 된다.

자백, 그리고 완전할 수 없는 인간

추국청의 심문 과정에서는 '자백'이 중요했다. 신체형은 자백과 뗄 수 없는 관계에 있다. 자백을 받기 위해 신체형이 필요하고, 신체형을 완결하려면 자백이 필요하였다. 무엇보다 자백은 가장 확실한 증거를 구성한다. 자백만 있으면 고발자는 다른 증거를 제시하는 수고를 하지 않아도 된다. 둘째, 범죄를 확정하는 심문자 쪽에서 보아도 자백하는 범죄자는 진실의 역할을 드러내는 존재가 된다. 여기에서 두 가지 의미, 즉 합법적 자백이 중요하며 자백은 다른 어떤 증거보다 우선한다는 관념이 생긴다.

또한 자백을 둘러싼 양면성이 생긴다. 자백이 가장 유력한 증거이다 보니, 자백을 얻기 위해서는 가능한 한 모든 강제권을 사용하는 결과를 초래할 수 있다. 혹형酷刑, 즉 가혹한 형신이 시행될 수 있다는 말이다. 즉 자백을 얻으려다가 추국청에서 억울한 죽음이 생길 수 있었다. 동시에 자백은 피고인 자신의 자발적 승복이어야 하므로 정식 절차와 수속에 의해 보호되어야 했다. 이는 형장의 남용을 경계하는 요소로 작용했다.

자백을 얻기 위한 강제 = 형신, 즉 고문 → 잘못된 형신[失刑]의 가능성
자백의 합법성   = 보호, 즉 규칙 → 올바른 형신[正刑]의 당위성

조선시대 형정을 담당한 추국청에서는 형신이 가해지는 공간의 일반적인 긴장 외에 또 다른 긴장을 겪어야 했다. 실형失刑, 즉 잘못된 형벌 또는 형신이 아닌 정형正刑이 되려면 피의자가 자백을 하기 전에 죽어서는 안 된다. 자백 전에 죽은 것을 물고物故라고 했다. 자백을 하기 전에 죽어서는 안 되지만, 자백을 얻기 위해서는 신체에 고통을 주어야 한다는 딜레마, 추국청은 그 딜레마에서 줄을 타는 곳이었다.

추국에서 중요한 것은 정형正刑이었다. 그러므로 자백을 얻기 위한 형신은 자백의 강제보다 자백의 자발성에 방점이 찍혀 있

었다. 유죄가 되기 위해서는 범죄가 있었다는 증거가 필요했다. '네 죄를 네가 알렸다'는 신문의 시작은 증거의 바탕에서 출발했다. 죄를 입증할 증거가 없는 상태에서 형신을 가하지는 않았다.

우리가 예상하는 것과는 달리, 사람은 죄가 없는데 고문을 가한다고 해서 순순히 범행을 인정하지는 않는다고 한다. 기축옥사와 거의 같은 시기 프랑스 파리 고등법원에서의 신문이 흔히 자백을 얻어내지 못했다는 연구 보고가 있었다.[119] 결과를 기대할 수 없을 때 무리하지 않는 것, 이는 고문으로 자백을 강요하는 신문 행위를 경계하였던 이유이다.

나와 싸우자는 거냐?

여러 연구자나 관찰자들이 지적한 바이지만, 자백을 받기 위한 신문訊問 속에는 사건 조사의 요소도 있지만 결투의 요소도 포함되어 있다. 다음은 기축옥사 때 억울하게 죽었던 최영경에 대한 기억 중 하나이다.

> 선생은 출중하고 높은 기개가 있었으며, 백발에 멋진 수염과 눈썹으로 모습이 매우 위엄 있어 바라보면 경외심이 일었다. 상국 이항복이 당시 추국의 문사낭청이었는데 칭찬해 마지않기를, '죄수를 심문하는 일로 통하여 큰 인물을 보았다'고 하였고, 좌의정 김공 명원金公命元 또한 칭찬하기를, '비록 옥에 있기는 하지만 꿋꿋하여 공경심을 불러일으킨다'고 했다.[120]

---

[119] 나탈리 제먼 데이비스, 양희영 옮김, 『마르탱 게르의 귀향』, 지식의풍경, 2000, 105쪽.
[120] 『국역 기언』 제26권, 「세변(世變) 최수우(崔守愚) 사적」

허목은 최영경 사망을 애도하면서 그를 큰 인물이자 공경심을 불러일으키는 인물로 묘사했다. 이는 최영경의 의연함, 결기 등을 기억하는 것으로, 부당한 형정에 대한 결투가 내재해 있다.

단종 복위 운동에서 희생된 사육신死六臣에 대한 기억에도 이와 유사한 점이 있다. 유응부兪應孚는 단근질을 하는 고통 속에서도 '인두가 식었으니 더 달궈 오라'고 했다는 것이다. 사실일 수도 있고 아닐 수도 있겠지만, 사람들이 추국청의 고문에 저항하고 대결했다는 공통점을 발견할 수 있다. 정권의 담당자들이 부당하다고 인식될 때 이런 결투적 요소는 강해졌다.

추관과 피의자 사이에만 대결이 존재하는 것이 아니었다. 추관과 추관, 추관과 국왕 사이에도 대결이 존재한다. 죄인의 신문에 온정적인 모습을 보였던 송강에게 선조는 '마음대로 결정한다[專輒]'고 전교하여 추관이 지녀야 할 결투의 의지를 요구했다. 최영경을 심문하는 자리에서 "저분이 늘 나를 이렇게 처결하고자 하였지만 나는 군자이니 오늘날 어찌 저분의 불행을 마음으로 좋게 여길 수 있겠습니까"라는 송강에게, 서애는 "여기는 농담할 곳이 아닙니다"라고 하여[121] 결투장에서의 긴장 유지를 환기시켰다.

형신이 어떻게 자백을 받기 위한 하나의 수단으로 사용될 수 있는가? 자백을 얻기 위해 형벌을 가할 수 있는가? 죄의 유무를 먼저 증명해야지, 어떻게 형신을 먼저 가할 수 있는가? 이는 근대 형벌제도에 익숙한 우리들의 의문이다. 제도가 만들어낸 의문이자 동시에 편견의 원천이기도 하다. 조선시대 형정에 대한 폄하는 '형정 자체의 차이'를 고려하지 않는 관점에서 재단하는 데서 유래한다.

121
『선조수정실록』 23년 6월 1일.

유럽 봉건사회에서와 비슷하게, 조선의 추국청에서는 모든 증거가 수집된 뒤 유죄성이 인정되는 것이 아니라, 저 사람이 피의자라는 사실을 인지할 정도의 증거가 나오면 유죄라고 생각했다. 예를 들면 절반쯤 완전한 증거가 있을 경우, 그것이 완전하지 않으면 용의자가 무죄인 것이 아니라, '절반 정도 유죄'인 자가 된다. 진술, 편지 등 다른 증거가 나오면 단계적으로 유죄성이 완결되는 것이다.

따라서 중대한 범죄라면 단지 작은 증거가 있더라도 당사자는 '어느 정도' 범죄자 취급을 받았다. 무죄추정의 원칙이 아니라, '점증적 유죄의 원칙'을 따랐다고 할 것이다. 그러므로 어떤 피의 사실이 있으면 그만큼 죄가 있는 것이고, 그것은 그에 상응하는 처벌의 단계가 있음을 의미했다. 용의자로 인정되는 순간, 그는 어떤 종류의 징벌이든 마땅히 받아야 하며, 무죄의 상태에서 혐의의 대상이 되는 일은 결코 있을 수가 없었다. 쉽게 말해 혐의 자체가 유죄성이었다. 그러므로 신체형에서 심문당하는 신체는 의심을 받는다는 사실만으로도 징벌의 대상이자 진실 강요의 장소가 되었던 셈이다. 이것이 정여립 사건이 일어났을 때 바로 추국청이 설치되고 국문이 벌어진 이유이며, 죄 없는 사람들이 죽게 된 이유 중 하나이다.

법이 정치와 무관하다고 믿는 순진한 사람은 없다. 신체형은 사법의 영역이지만 정치성을 띤다. 반역 사건을 조사하는 추국은 말할 것도 없다. 반역의 당위성 여부를 떠나 아무리 작은 규모의 반역이라도 그 반역 사건을 다루면서 체제 권력은 자신을 과시한다. 중죄를 처벌하는 데 왕권의 행사는 법의 시행에서 가장 본질적인 부분이다. 처형을 결정하든, 사면 또는 감형하든 마찬가지이다. 처벌 속에는 항상 군주의 몫이 있어야 한다. 상처받는 군주권을 회복시키기 위한 의식儀式, 그리고 본질적인 불균형과 우월성을 확인하는 의식이다.

이것이 이발 노모와 어린 아들의 죽음을 두고, 경인년설을 주장하는 양몽거, 허목, 이현일은 물론이고, 신묘년이라고 주장했던 정종명도 선조宣祖라는 존재를 자신의 논리를 강화하는 쪽으로 끌어들이려고 했던 이유이다. 기축옥사 초반에 추국은 선조의 친국으로 진행된 점을 상기할 필요가 있다. 선조를 개인이 아닌 '왕이라는 제도'라는 관점에서 볼 때, 앞 장에서도 인용했던 다음 기록이 예사롭지 않다.

이때에 옥사를 이미 완결시켰으나 이발의 가속에 대해서만은 미결된 상태였는데, 모두 형신하며 국문하라고 상이 명했다. 윤씨는 82세였고 이발의 아들 이명철은 10세였다. 우의정 이양원이 추국청을 감독하면서 늙은이와 어린아이에게는 형벌을 실시할 수 없다고 하였으나 상은 허락하지 않았다.

선조는 이발과 이길이 역적 정여립과 결탁한 죄는 간신보다 심하다 하여 가산을 몰수하게 했다. 그 뒤 정승이나 근신近臣들이 어쩌다가 이발 형제의 죽음이 원통한 죽음이었다고 말하면, 선조는 돌연 "역적을 토벌하는 데 마땅히 그의 무리를 엄하게 해야 한다. 정여립이 어느 곳에서 나왔는가"라고 화를 냈다. 정여립이 임금을 가르치는 경연관이었으니, 가장 가까운 인물 중에서 반역 사건이 터졌음을 환기시킨 말이다. 이렇게 말하자 누구도 이발의 일을 다시는 언급하지 못하였다고 한다. 이러한 선조의 태도는 선조 개인의 인격 문제가 아니라, 체제의 정점에 있는 국왕이기 때문에 발현되는 속성이다.

Ⅳ장에서 우리는 하나의 사건을 접근할 때 갖게 되는 시각을 돌아보면서 주제를 숙고하였다. 정리하자면 이렇다. 상황만 탓하면 사람(사건의 책임자, 곧 사람)에게 책임을 물을 수도, 인간의 주체성과 능동성을 기대할 수도 없다. 그렇다고 사람만 탓하면 인간이 선택할 수 없는 객관적 조건까지 사람의 책임으로 돌리는 어리석음을 범한다. 나아가 우연에 대한 이해가 없으면 인간에게는 예측도 설명도 할 수 없는 일, 아쉬운 일이 벌어질 수 있다는 엄연한 사실에 눈을 감는다.

기축옥사의 처리에서 사람이 할 일도 있었겠지만 그 일은 추국청이라는 조건 속에서 이루어졌다. 곤장, 압슬, 낙형 같은 신체형은 유력한 증거가 되는 자백과 밀접한 연관이 있었다. 인간들의 부족한 제도가 한몫했다. 완전할 수 없는 인간이 완전하지 못한 인간을 심문하고 처벌하는 동안 역사적인 양상을 달리하면서 비극의 틈은 항상 열려 있을 것이다.

에필로그

1

우리는 기축옥사를 돌아보며 다시 당쟁론을 떠올릴 필요가 있다. 당쟁론은 사건 또는 사실에 내재한 세 가지 요소, 즉 객관적 조건, 자유의지, 우연 중 의지만 가져와 마치 그것이 그 사태의 원인 전부인 듯 이해하는 안이한 태도에서 기인한다.

인간의 의지나 욕망이 사건의 원인이라고 보면 사태의 결과에 대해서 도덕적 잣대가 작동하게 마련이다. 당쟁론에서 보여 주는 의지라는 것도 선의는 없고 악의적으로 채색되거나 각색된 경우가 많다. 정적政敵이라고 어찌 악의만 있겠으며, 설사 악의가 있었다 한들 후대 사람들이 어찌 사람들의 속마음까지 알 수 있겠는가. 그럼에도 마치 독심술이라도 하는 양 당대 사람들의 의도를 추측하는 서술은 올바른 역사학적 접근이라고 할 수 없다.

이 지점에서 정치사에 대한 당쟁론적 접근의 한계를 식민사관이라는 선입견과는 다른 차원에서 이해할 수 있다. 당쟁론이 식민사관이기 때문에 그르다는 주장은 일견 맞는 듯하지만 매우 불완전한 논리이다. 당쟁론이 식민사관의 산물이라는 인식 자체가 안이한 것이다. 식민사관이 식민지 통치를 위해 왜곡된 역사상을 만들어내는 데서 당쟁론을 강화한 것은 사실이지만, 일제강점기 이전에도 해방 이후에도 당쟁론은 있었다. 이미 확인하였듯이 식민주의자들만 당쟁론을 주장하는 것이 아니라, 현재 연구자들도 당쟁론의 질곡에서 자유롭지 못하다.

따라서 당쟁론은 식민사관의 특수한 논리가 아니라, 보편적인 인식의 결여를 보여 주는 사유 또는 접근 방식이라고 말할 수 있다. 권력의 배분, 정책의 결정과 시행, 사회와 나라의 비전을 다루는 정치사를 인간의 의지나 욕망만을 잣대로 서술하고 설명할 때 나타나는 보편적 오류의 하나라고 할 것이다. 객관적 조건 그리고 안타까운 우연은 당쟁론에서 고려되지 않는다. 당쟁론은 역사학적 관점에서 보았을 때 사건을 설명하기에는 근본적으로 편협하고 비논리적인 시각인 것이다. 타율성론도 이와 마찬가지이다. 당쟁론이 인간의 의지나 욕망을 절대화한다면, 타율성론은 객관적 조건만을 절대화하는 오류를 범한다.

2

이 책에서 우리는 기축옥사를 간략히 살펴보았다. 그렇다고 기축옥사라는 사건에만 관심을 둔 것은 아니다. 필자는 기축옥사라는 사건에 대한 기억의 흐름을 추적하였다. 실증이다. 기축옥사는 당사자인 정여립이 자살하면서 옥사를 기정사실화했다. 정여립 사건의 연루자인 이발이라는 사람이 있었고, 그의 노모와 어린 아들은 추국청에서 억울하게 죽었다. 잘못된 형정, 즉 실형失刑이었다. 이는 추국청에 간여했던 사람들에게 정신적 외상으로 남았다. 그리고 그 트라우마는 기억의 변주를 불러왔다.

지금까지 살펴본 사건의 추이를 통해 다음과 같이 말할 수 있다. 첫째, 임진왜란으로 숱한 문서가 불에 타서 당시 사건 조사 기록인 추안이 남아 있지 않다. 둘째, 이발 노모와 아들의 죽음에 대한 직접적인 기록은 『선조실록』에도 나와 있지 않다. 그러나 우리가 수행한 고증에 따르면 이발의 노모와 어린 아들이 죽은 시기는 서애 유성룡이나 노저 이양원이 위관을 맡았던 1591년(신묘년, 선조24)인 것으로 보인다. 그렇지만 기축옥사는 선조의 친국으로 시작되었고, 심수경, 송강, 서애 등이 위관을 맡았더라도 추국청에서 심문, 신문이 이루어졌으므로, 억울한 죽음 당시 위관이 누구였느냐는 책임 추궁은 제한적으로만 타당하다. 추국청이라는 제도의 규정에 더하여 옥사가 확대되면서 지연되었던 옥사 자체의 관성이 이 사건의 주된 요인이기 때문이다.

3

의심은 자료의 확실성을 압도하기 쉽다. 더구나 자료가 불확실하면 의도하든 의도하지 않든 의심 및 기억의 편향성은 강화된다. 이때 의심이 억울함까지 수반하면 사람은 억울함을 해소하거나 극복하기보다 되새기며 상처를 유지하고 덧낸다. 그럴 때 우리는 기억을 다시 점검하여 건강성을 점검할 필요가 있다.

어떤 역사학자는 일기장이나 실록처럼 차곡차곡 쌓아 놓는 기억을 '저장되어 있는 기억'이라고 부르고, 흔히 가지고 있는 선입견이나 편견 같은 기억을 '기능하고 있는 기억'이라고 불렀다.[122] 저장기억은 현재 내가 가지고 있는 기능 기억이 빠질 수 있는 누락이나 왜곡의 위험을 교정하거나 줄여 줄 수 있다. 어떤 면에서 보면, 역사 공부란 기능기억을 끊임없이 수정하고 비판하는 과정이다. 그 과정을 통해 사실에 대한 이해가 깊어진다. 필자가 이 책에서 독자들과 같이 탐사하며 공감하고 싶었던 역사 체험이기도 하다.

4

한때 춘추필법春秋筆法을 단순히 직필直筆과 동의어로 알고 있었다. 숨김없이 사실대로 쓰는 것 정도로 이해했다. 하지만 그 이상 내가 아는 게 없다는 걸 깨달으면서 의문이 생겼다. 아는 대로, 사실대로 기록하는 것이 과연 역사의 직필일까?

122
알라이다 아스만, 변학수·채연숙 옮김, 『기억의 공간』, 그린비, 2011.

자기 동네 사람들은 자식이 부모를 고발하고 부모가 자식을 고발하는 정직한 사람들이라고 자랑하는 섭공葉公에게 공자는 다음과 같이 대답했다.

우리 동네 사람들은 그와 다릅니다. 아버지는 아들을 위해 숨겨 주고, 아들은 아버지를 위해 숨겨 줍니다. 곧음은 그 속에 있습니다.[123]

춘추필법이 공자가 편찬했다는 『춘추春秋』의 문체와 서술 방법이었으니 공자의 대답은 이와 연관이 있을 듯한데 아직은 잘 모르겠다. 하지만 적어도 인정人情을 벗어나는 정의正義가 과연 인간과 사회의 평안에 기여하는가, 질문하면서 춘추필법의 깊은 의미를 밝히고 싶다.

사람들이 서로 다르게 알고 있는 사실이 있을 때, 우리는 갈등을 부추기는 방향으로 풀지, 서로 양해할 수 있는 방향으로 풀지 선택할 수 있다. 필자는 서로 다른 기억을 함께 양해하며 풀 수 있으며, 서로 둘러앉아 해결할 수 있다는 기대를 가지고 이 책을 썼다. 몇 해 전 썼던 필자의 칼럼을 인용하면서 글을 마무리하겠다.

역사는 해석의 문제라고 말하는 분들이 있습니다. 걸핏하면 보기 나름이라고 말합니다. 일면 맞는 말입니다. 그러나 진정한 역사 공부는 거기서 끝나는 것이 아니라 거기서 시작한다고 생각합니다. 사실史實은 늘 구멍이 뚫려 있고, 사람의 눈은 다르다는 그 지점에서 말입니다. 사료를 비판적으로 검토하고 상황을 합리적으로 추론

[123] 『논어』「자로(子路)」

하여 공감할 수 있는 진실을 찾아나가는 지루하면서도 재미있고 때로는 숭고한 여정, 그것이 역사 공부입니다. 그래서 역사 공부는 연대의 삶, 공감의 삶, 배려의 삶을 확장시키는 토대라고 굳게 믿습니다.

부록

1_『송강행장[臨汀鄭相公行狀]』[1]

김집金集[2]

1
김집이 송강 서거 1주갑, 효종 초반인 1653년경에 지었다. 원 제목은 『신독재전서』 권11 「임정 정 상공 행장(臨汀鄭相公行狀)」이다. '임정'은 송강의 호이다. 송강에 대한 참고 자료로는 김집의 아버지 김장생의 문집 『사계전서』 권9에 실린 「송강 정 문청공-철-행록(松江鄭文淸公-澈-行錄)」이 있다. 문청공도 정철의 시호이다. 이 행록은 『송강집』 부록에도 「행록-김문원공장생(行錄-金文元公長生)」이라는 제목으로 실려 있다. 흔히 '송강행록'으로 줄여 부른다. 「송강행록」은 신유년(1621, 광해군13)에 지은 것으로 「송강행장」보다 앞서 지어졌고, 따라서 행장을 지을 때 「송강행록」이 원자료가 되었을 것이다. 또한 『송강집』에 실린 연보도 송강의 생애를 이해하는 데 도움이 된다.

2
김집(1574~1656)의 본관은 광산(光山), 자는 사강(士剛), 호는 신독재(愼獨齋)이다. 아버지는 장생(長生)이며, 어머니는 창녕조씨(昌寧曺氏)로 첨지중추부사 대건(大乾)의 딸이다. 아버지 김장생과 함께 예학에 뛰어났으며, 송준길(宋浚吉)·송시열(宋時烈)·이유태(李惟泰) 등의 제자가 있다. 시호는 문경(文敬)이다.

공의 휘는 철澈이고 자는 계함季涵이며, 임정臨汀은 그의 호이다. 정씨鄭氏의 선계는 연일延日인데 고려조 문하시랑평장사門下侍郞平章事 휘 균지均之의 후예이다. 대를 이어 의관衣冠이 있었으니, 휘 사도思道에 와서 보문각 직학사寶文閣直學士를 지냈으며 지은 시詩가 『풍아風雅』에 등재되어 있다. 이분의 아들 정홍鄭洪이 처음으로 조선조에서 벼슬하여 아무 관직을 지냈고 공간恭簡이라는 시호를 받았다. 정홍의 아들 휘 연淵은 태종과 세종을 섬기면서 관직은 병조판서에 이르렀고 좌의정을 추증받았으며 시호는 정숙貞肅이었다. 이분이 바로 공의 고조高祖이다. 증조는 휘가 자숙自淑인데 김제군수金堤郡守를 지내고 이조판서에 추증되었고, 조부는 휘가 규潙인데 건원릉 참봉健元陵參奉을 지내고 의정부 좌찬성에 추증되었다. 아버지는 휘가 유침惟沈으로 돈녕부 판관敦寧府判官을 지냈으며, 3세世 동안 그리 현달하지 못했다가 덕을 쌓고 행실을 닦은 끝에 의정부 영의정을 추증받았다. 군수공 이하의 추증은 모두 공으로 인하여 받은 것이다. 어머니는 정경부인貞敬夫人 죽산안씨竹山安氏로 대사간 안팽수安彭壽의 딸이었는데, 지극한 성품과 돈독한 행실이 있어 아버지 대간공이 아들 열 명 못지않다고 칭찬하였고 남들도 이의를 달지 않았다. 친가에 있을 적부터 시집올 때까지, 그리고 아내가 되어서나 어머니가 되어서도 여인으로서의 지녀야 할 덕목을 다 갖추고 있었다. 가정嘉靖 병신년(1536) 윤12월 6일 정사일에 서울 집에서 공을 낳았다.

공은 어릴 때 남이 따라갈 수 없을 만큼 총명했다. 을사사화乙巳士禍가 일어나 공의 자형인 종실宗室 계림군桂林君이 참혹한 화를 당했고, 맏형 정랑공正郎公 정자鄭滋도 잡혀가 형장을 맞고 유배 가서 죽었다. 아버지 판관공 역시 함경도로 유배되어 갔다가 다시 남쪽으로 배소를 옮겨 7년 만에 겨우 풀려 나왔으며, 그 길로 호남에서 살기 시작했다.

공은 조금 커서 하서河西 김인후金麟厚의 문하에 나아가 배웠고 고봉高峯 기대승奇大升에게서도 배웠으며, 얼마 뒤에는 우계牛溪 성혼成渾 선생 및 율곡栗谷 이이李珥 선생과도 교유하였으니, 올바른 지향과 높은 행실은 연원이 있었던 것이다. 신유년(1561년, 명종16)에는 진사進士에 1등으로 뽑혔고, 이듬해 임술년(1562) 봄에는 별시別試에서 장원으로 발탁되어 성균관 전적에 임명되었다. 그때도 권흉權兇들이 나라를 맡고 사류士類들은 배척당했으므로, 공은 집안이 사화를 당했던 여파로 아무리 명성이 높았어도 오랫동안 청직淸職에는 나아가지 못했다. 형조·예조·공조·병조의 좌랑과 공조·예조·형조의 정랑을 지냈고, 한 번 지방 현에 제수되었으나 부임하지 않았으며, 경기도사京畿都事를 지냈다. 병인년(1566, 명종21)의 정국 변동으로 사림에 대한 금지가 한층 풀리자 3월에 성균관 직강에서 사간원 헌납으로 발탁되었고, 4월에는 사헌부 지평으로 옮겼으며, 10월에는 홍문관에 뽑혀 부수찬이 되었다. 정묘년(1567)에는 수찬으로 올랐고, 이듬해 무진년(1568)은 선조 원년이었는데 홍문관에서 이조좌랑으로 옮겼으니 최고의 선발이었다. 힘써 풍도를 유지하면서 공도公道를 넓혀 나갔으므로 사론士論은 큰 기대를 걸었으나, 유속流俗에서는 좋아하지 않는 자들도 많았다.

기사년(1569)에 다시 수찬이 되어서 부교리로 올랐고, 5월에는 다시 지평으로 자리를 옮겼다. 당시 사류들이 진출하여 세도世道를 만회하려는 희망을 품고 있었다. 그러나 유속에 젖은 구신舊臣들은 사류를 몹시 싫어하였고, 심지어 퇴계退溪까지도 그들로부터 공격과 모욕을 당했다. 홍담洪曇이 이조판서가 되면서 자기와 가까운 자를 끌어들여 대사헌 자리에 앉혔고, 이어 경연 석상에서 지난 기묘년의 사습士習을 탓하며 "오늘의 사류도 억제하지 않으면 안 된다"고 강력히 주장하였으므로, 사류들이 더욱 의심했다. 훗날 그는 경연에서 스스로 변명하면서 전번의 주장을 되풀이하였는데, 이때 공은 지평으로서 함께 들어갔다가 면전에서 그가 성상의 귀를 현혹시키고 사류들에게 화를 입히려 한다고 비판하며 전후의 사정을 다 아뢰었다. 이에 삼사가 번갈아 논계論啓[3]하여 공은 결국 삭출削黜되었고, 홍담 역시 사임하고 나가자 시속 무리들의 원성은 더욱 심했다. 얼마 후에 직강으로 옮겼고 다시 부교리가 되었다.

경오년(1570, 선조3) 2월에는 교리로 올랐고, 4월에는 다시 예조정랑이 되었다. 그때 판관공의 상을 당해 3년 동안 여묘살이를 마쳤고, 임신년(1572)에 복을 벗은 후 직강과 헌납이 되었다가 다시 이조정랑이 되었다. 얼마 후 원접사遠接使 종사관從事官으로 평안도에 나갔으며, 가을에는 의정부 검상檢詳과 사인舍人을 지냈고, 겨울에는 사간원 사간이 되었다. 계유년(1573, 선조6) 봄에 사헌부 집의로 옮겼다가 군기시 정을 지냈다. 4월 어머니 안씨 부인의 상을 당했는데, 여묘살이를 하며 상을 마쳤다. 을해년(1575) 6월에 내자시 정內資寺正이 되었다가 사인 및 상의원 정尙衣院正으로 옮겼고, 얼마 뒤 직제학과 사간을 역임했다.

[3] 인물이나 사건을 비판하는 보고.

이때 당론이 처음 일어났고, 공은 시배時輩들과 의견이 맞지 않아 관직을 그만두고 남쪽으로 내려갔다. 이에 앞서 심의겸沈義謙은 요직에 있으면서 윤원형尹元衡과 이량李樑을 없애고 좋은 일을 하며 잘 지냈으므로 선배 사류들 가운데 그를 인정한 자가 많았다. 한편 김효원金孝元은 일찍부터 문장으로 이름이 있던 사람으로 문과에 장원하여 재주 있다는 명성이 날로 높아 갔으므로, 후배들이 알아주는 인물이 되었다. 심의겸은 김효원이 그전에 윤원형의 사위와 함께 공부하는 것을 보고 마음속으로 비루하게 여겨 그의 청선清選을 막았는데, 김효원이 전랑銓郞이 되자 또한 심의겸을 두고 어리석고 쓸모없는 사람이라고 여겼다. 이에 선배 사류들은 모두 김효원이 원한을 품고 보복하려는 것이 아닌가 하고 의심하였고, 김효원 동료 역시 심의겸을 정직한 사람을 해치는 인물이라고 미워했다. 그런 일을 계기로 사림의 선후배 사이에 불협화음이 생겼고 조정의 논의가 갈라지기 시작했다.

허엽許曄은 선배이면서도 김효원의 의견을 힘써 주장했다. 정승 박순朴淳은 맑은 명성으로 사림의 영수가 되었는데, 일 만들기 좋아하는 젊은 자들은 그를 싫어했다. 때마침 종이 상전을 살해한 옥사가 일어나자 그 사건이 의심스러웠다. 상이 박순에게 그 옥사를 다스리도록 명했는데 결국 무혐의로 처리되었다. 그러자 허엽이 김효원과 함께 사간원에 있으면서 그 사건을 빌미로 박순을 정승 자리에서 몰아낼 계획을 세우고 탄핵하기까지 하니, 여론이 매우 좋지 않았다. 그때 율곡 선생은 홍문관의 장으로서 사류들이 붕당으로 쪼개진다면 조정에 화를 불러일으킬 것이라고 걱정한 나머지 정승 노수신盧守愼과 의논한 다음 심의겸과 김효원을 지방관으로 내보내 들뜬 공론을 진정시켰다.

공은 원래 신공 응시辛公應時와 이공 해수李公海壽 등과 함께 김효원을 옳지 않은 사람으로 배척하였기 때문에 시배들은 공을 특히 더 미워했다. 공은 마침내 물러가겠다고 율곡에게 작별을 고하는 시를 남겼는데, 그중에는 '그대 마음은 산과 같아 움직일 수가 없는데, 내 가는 길은 물과 같아 돌아올 날 언제일까[君意似山終不動, 我行如水幾時回]'라는 구절이 있었다. 율곡은 기필코 양쪽 다 조화를 이루어 나랏일을 함께 풀어 가려는 입장이었고, 공은 그 둘이 어차피 양쪽이 화합할 수 없는 얼음과 숯처럼 섞이기 어려운 사이임을 알고 있었기 때문에, 그 표현이 같지 않았던 것이다.

공은 물러 나온 후 응교, 직제학, 집의, 사성과 각 시寺의 정正 등에 제수되었지만, 일절 나가지 않았다. 정축년(1577, 선조10) 겨울, 인성왕대비仁聖王大妃[4]가 세상을 뜨자 그때 비로소 대궐에 달려가 곡하였고, 이어 무인년(1578) 1월에 장악원 정掌樂院正이 된 다음 두 차례 사간이 되었으며, 2월에는 집의執義로 옮겼다.

그때 율곡이 대사간으로서 부름을 받고 서울에 왔다가 하직하고 떠나려 하자, 사림들은 율곡에게 머물러 있으면서 사류를 조화시키는 데 힘쓰기를 바랐다. 공도 율곡에게 그렇게 권했다. 율곡이 공에게 말하기를, "오늘의 나랏일은 손댈 길이 없다. 다만 사림들이 화합하고 서로가 올바른 지론으로 조정의 공론이 맑아지게 한다면 겨우 한 푼이나마 구할 수 있을 것이다. 지금 그대는 시배로부터 의심을 받고 있고, 경박한 무리들은 그것을 빙자해서 어지럽히고 있다. 그대가 만약 이 기회에 지론을 화평하게 가진다면, 시배들이 의심을 풀 것이고 말을 꾸며 일을 만들던 자들도 제멋대로 하지 못할 것이다. 나는 조화의 책임을 그대에게 맡기고 떠나는 것이다"라고 했다.

4
조선 12대 인종의 왕비 반남 박씨이다.

5월, 직제학을 거쳐 동부승지에 올랐으며, 임금에게 올바른 도리로 아뢰어 사기土氣를 매우 북돋웠다. 당시 김효원과 심의겸의 붕당은 갈수록 더 치열해져 심의겸 쪽을 지목하여 서인西人이라고 하고 김효원 쪽을 지목하여 동인東人이라고 하였는데, 조정 사람이면 그 색목을 벗어날 수가 없었다. 당시 동인들이 요직에서 권력을 잡고 있었기 때문에 그때 벼슬길에 나선 자들은 모두 동인에게 붙었으며, 일찍이 선배들에게서 버림받았던 옛 유속 무리까지도 시기를 틈타 부화뇌동하여 권세를 잡은 경우가 많았다. 그들이 권세를 부리고 보복하여 동인을 위해 충성을 다할 것을 밝혔다. 그래서 서인은 아무리 좋은 선비라도 용납될 수가 없었으며 조정은 안정을 잃고 청탁淸濁이 뒤섞였다.

　　이발은 당시 명망이 있어 동인의 논리를 주도하고 있었으므로, 율곡이 공에게 이발과 손잡고 동서東西의 조화를 이루라고 권고했다. 공도 마음을 돌려 이발과 사귀었는데, 동인으로서 일 만들기를 좋아하는 자들은 끝까지 마음대로 공을 공격하고자 했다. 급기야 김성일金誠一이 애매한 일을 가지고 윤두수와 윤근수 등을 불측한 상황에 빠뜨리고자 했다. 공은 시배들이 일을 그르치는 데 분노하여 자주 그에 대해 언급하였기 때문에, 그들은 공을 더욱 의심했다.

　　11월, 대사간에 제수되었는데 공이 나아가려고 하지 않자 율곡이 공을 보고 나아가서 더욱 화평을 유지하여 의심을 풀라고 권유하자 결국 관직에 나아갔다. 윤두수 등에 대해 서용하라는 명이 내려지자 시배들은 그 사건을 다시 또 따지려고 하였으나 공은 그들과 동조하지 않았다. 마침내 그 일 때문에 또 탄핵을 받고 면직되었다가 다시 대사성과 병조참지에 임명되었다.

기묘년(1579, 선조12) 봄, 사헌부가 동인과 서인의 옳고 그름을 분변하는 소를 올리면서 심의겸을 소인으로 배척하고, 이어 공 등에 대해서도 사당邪黨이라고 헐뜯었다. 율곡은 그때 대사간에 제수되었으나 병을 이유로 나아가지 않았으며, '동'과 '서' 두 글자는 틀림없이 나라를 망칠 화근이 될 것이라고 극론하며, 동인과 서인을 타파하고 사류들을 한데 뭉치게 할 것을 요구했다.

율곡의 견해는 대략 이렇다. "얼마 전 사헌부 상소에서 처음으로 드러내 놓고 심의겸은 소인이고 서인은 사당이라고 지적했는데, 그 논의의 과격함은 이에 이르러 극도에 달했습니다. 심의겸은 그만두고라도 죄를 연좌하는 것이 좋은 사람들에게까지 파급되었습니다. 정철 같은 사람은 충직하고 청렴하며 강직하여, 한마음으로 나라를 걱정하고 있으니 그의 기개와 절조로 말하면 사실 한 마리의 독수리와 같은 존재입니다. 그런데 끝내 그에게까지도 간사한 무리라는 명목을 씌워 조정에 발을 붙이지 못하게 만들고 있으니 애석한 일이 아닐 수 없습니다."

이를 계기로 들뜬 공론이 분분해진 나머지 율곡이 공을 편들고 있다고 했다. 그 후 송응형宋應泂 같은 소인배들이 감히 율곡을 들어 탄핵하였고 여론은 더욱 변해 갔다.

공은 대사간을 그만둔 뒤에도 연달아 대사성, 병조참지, 형조참의 등에 제수되었으나 다 나아가지 않았다. 경진년(1580, 선조13) 1월, 강원도 관찰사로 공을 내보냈는데, 공은 그 명을 받아들였다. 공은 백성의 어려운 일에 마음을 다하고 인재를 두루 찾았으며, 풍교風敎를 숭상하고 선한 자를 표창하고 사특한 자를 벌하였으므로, 관동 백성들이 희망과 용기를 가지게 되었다. 그리고 도내의 폐단을 상소하여 바로잡을 것을 청하여 부역賦役을 공평히 했다. 영월군寧越郡에 있는 노산군魯山君의 묘소에 향화香火(제사)가 끊기고 나무꾼이 마구 드나드는 것을 보고, 공이 또 상소하기를, "노산군이 일찍이 한 나라를 다스린 바 있으니 어쨌거나 임금은 임금입니다. 비록 군君으로 강봉降封되었다고는 해도, 그 묘역이나 석물 등은 해당하는 제도가 있으니 봉역封域에 나무를 더 심고 관원을 파견하여 제사도 올리게 하기 바랍니다" 하니, 상이 가상히 받아들여 그렇게 시행했다.

신사년(1581) 2월, 공은 다시 병조참지에 임명되었고, 4월에는 대사성과 형조참의로 옮겼다. 왕명으로 정승에 대한 비답批答을 지어 올리기도 했는데, 공을 싫어하는 자들이 그 비답 속에 있는 말들을 뽑아내어 '상대를 다그치고 경멸하는 뜻이 있다' 하여 공을 추고하여 다스릴 것을 청했다. 이에 공은 조정에 있기가 더욱 싫어져 8월에 벼슬을 버리고 귀향했다. 그때 율곡은 대사헌으로서 나라의 형세를 바로잡고 세상을 좋은 길로 돌려 보려고 했지만, 시배들은 율곡도 동인을 억누르고 서인을 편들어 주는 것이라고 의심하며 불평하는 자들이 많았다.

이발은 심의겸을 기어코 몰아내려는 생각으로 장령掌令 정인홍을 시켜 심의겸을 논핵하게 하였으나 율곡이 심의겸을 조정에 머무르게 하자 정인홍은 벼슬을 버리고 떠나려고 했다. 이에 율곡이 우계 성혼에게 말하기를, "오늘날 단서도 없이 심의겸을 놓고 논란하는 것은 매우 적절하지 못한 일이다. 그러나 시배들은 내가 서인을 두둔하는 것으로 의심하고 있는데, 만약 정인홍이 그 때문에 의견이 맞지 않아 떠난다면 그 무리들은 틀림없이 그것을 신호탄으로 삼아 나를 드러내 놓고 공격할 것이다. 내가 떠나면 사류들도 다 흩어지고 나랏일도 더욱 낭패일 것이니, 오늘 일은 중론을 따를 수밖에 없다" 하였다. 그러고 나서 계사啓辭 내용을 정인홍에게 구두로 불러 주며 '말을 더 보태거나 하여 남들의 의혹을 일으켜서는 안 된다'고 당부했다.

그러나 정인홍은 이튿날 잇달아 논계하면서 '사류에게 부화뇌동하였다[援附士類]'는 등의 말을 추가했다. 상이 사류란 누구를 말하는 것이냐고 묻자 정인홍은, 공을 비롯해 몇 사람이 서로 결탁하여 그 세력을 돕고 있다고 대답했다. 율곡이 정인홍을 만나 "계함季涵(정철의 자)은 심의겸의 당이 아니다. 몇 해 전에 사류들 논의가 너무 과격했기 때문에 계함이 그때 불평하는 말을 한 적은 있었지만, 그건 심의겸을 위해서가 아니었다. 계함은 강직한 인물인데 누구와 결탁했다고 한다면 극히 억울한 말이다. 그뿐 아니라 연전에 내가 상소하며 그의 사람됨을 칭찬했는데, 지금 와서 그를 심의겸의 당이라고 지적한다면 내가 이랬다저랬다 하는 사람이 되고 말 것이니 내가 사직할 수밖에 없다"고 하였다.

정인홍이 마지못해 다시 대궐에 가서 인피引避하며 아뢰기를, "정철은 비록 심의겸과 정분이 매우 두텁기는 해도 다른 사람들 같지는 않습니다. 그런데 신이 그를 심의겸의 당이라고 하였으니, 이것은 사실과 다른 말을 한 것입니다" 하고 체직遞職을 청했다. 율곡은 동료들과 함께 정인홍을 처치處置[5]하려 했으나, 홍여순 등이 공을 굳이 심의겸의 당이라고 생각하는 바람에 의견이 결국 맞지 않아 각자 자기 소견대로 인피했다.

율곡이 아뢰기를, "정철은 심의겸과 정분이 비록 두텁다 해도 취향과 마음 씀씀이가 전혀 다릅니다. 다만 정철은 남과 마음 맞는 사람이 적고 구차히 중론을 따르려 들지 않는 경향이 있습니다"라고 했고, 이에 대한 임금의 비답批答 역시 "시속의 무리들이

5
상황을 조정하거나 정리하는 것을 말한다. 사간원 관원 사이에 의견 차이가 생겨 피혐하면 사헌부에서 처치하고, 사헌부에서 이견이 생기면 사간원에서 처치한다. 사간원과 사헌부에서 이견이 생기면 홍문관에서 처치하는 것이 관례이다. 처치는 주로 관직의 교체를 청하거나 그대로 직무를 보게 하는 두 방식이 주를 이룬다.

정철을 너무 원망한 나머지 이이가 혹시라도 핵심적인 자리에 끌어들일까를 염려해서 꼭 몰아내려고 한다"고 했다. 그런데 양사의 경박한 무리들이 벌떼처럼 일어났고 홍문관에서는 이발, 김우옹 등이 둘 사이에서 망설였으므로 율곡은 결국 그 때문에 면직되고 말았다.

뒷날 상(국왕 선조)이 시신侍臣에게 이르기를, "정철은 승지를 지낸 적이 있는데, 그가 한 일을 보았더니 강직하고 깨끗한 인물이고 나라를 위해 마음을 다하는 자였다"고 했다. 또 정승 박순에게 "내가 정철을 보고 분명 남들과 마음 맞는 경우가 적겠다 여겼더니, 지금 과연 그렇다"고 하기도 했다.

12월, 상은 공에게 전라도 관찰사를 특별히 제수했는데, 공은 강원도 관찰사를 지낼 때와 마찬가지로 도내의 공안貢案[6]과 요역徭役(부역)의 수를 통틀어 계산한 다음 서로 균형을 맞추어 균일하게 상정詳定하였으므로 백성들이 매우 편리하게 여겼다.

임오년(1582) 겨울, 상이 다시 공을 예조참판으로 특별히 임용했다가 얼마 후 함경도 관찰사에 제수했다. 그때 공이 떠나면서 상소하여 사안을 말하자, 상이 답하기를, "경의 말이 훌륭하다. 경이 지금 조정을 멀리 떠나기 때문에 이렇게 진실하고 간절한 말을 하는 것이니, 내가 유념할 것이다. 경도 직무를 공손히 하라" 했다.

계미년(1583, 선조16) 2월, 함경도에서 돌아와서 예조참판에 임명되었고, 3월에는 특명으로 예조판서에 제수되었는데, 사헌부가 거듭 품계를 뛰어넘은 발탁이라 하여 개정할 것을 청했으나 상이 윤허하지 않았다.

신사년(1581)부터 정인홍이 공 등을 비방하려 해도 통하지 않았

6
공물의 품목과 수량을 기록한 문서.

는데, 시배들은 모두 율곡을 원수로 여겨 대놓고 헐뜯기 시작했다. 율곡이 주상으로부터 큰 신임을 받고 그 신임 또한 날로 높아져서 조정 안팎의 큰 기대를 받고 있었으며, 항상 동서의 붕당을 없애야 한다는 지론을 주도하고 있었기 때문이다. 시배들은 율곡의 주장이 그대로 실현되는 것을 더욱 두려워한 나머지 모두 눈을 흘기며 꼭 사이를 벌려 놓으려고 했다.

그때 마침 북쪽 변경에 오랑캐의 비상사태가 있었고, 율곡은 당시 병조판서를 맡아 그에 대응하는 조치들을 취했는데 모두 사태에 적합했다. 하지만 대사헌 이기李墍와 대사간 송응개宋應漑 등이 감히 멋대로 탄핵하여 '주상을 무시하고 제멋대로 하고 있다'고 지목했고, 홍문관의 허봉許篈 등이 덩달아 맞장구를 쳤다. 이에 삼사가 한꺼번에 일어나 율곡을 가리켜 '나라 망친 소인'이라며 맹렬히 공격하여 결국 율곡은 난처해져서 낙향했다.

그때 우계 성혼이 마침 부름을 받고 서울에 와 있었는데, 상소를 올려 삼사가 짜고 상대를 모함한 실상을 소상히 밝혔다. 상(국왕 선조)이 대신을 불러 물으니, 영의정 박순이 송응개와 허봉 등이 사감을 갖고 모함한 실상을 아뢰었다. 그러자 송응개 등은 더욱 기를 쓰고 미워하여 두 선생은 물론 박순까지 헐뜯으며 논계하는 말이 무척 패악하였고, 양사도 부화뇌동하여 모함이 더욱 심해지자, 우계는 그날로 산으로 돌아가 버렸다.

태학생太學生 유공진柳拱辰 등 400여 명과 왕자사부王子師傅 하락河洛 등이 서로 연이어 소를 올려 충신과 간신을 지적하며 구분했다. 도승지 박근원朴謹元 등은 하락이 좋아하는 사람에게 아첨하는 것이라고 아뢰면서 태학생들의 상소는 사주를 받은 것이라고 주장하였으므로, 상이 노하여 박근원 등을 체직시켰다. 삼사는 삼사대로 또 정승 박순을 논핵하였고, 상은 그만두라고 반복해서 일렀으나 끝내 그만두지 않았다.

상이 2품品 이상을 모두 불러 선정전宣政殿에서 인견하고 이르기를, "근래 조정이 안정을 잃은 까닭은 전적으로 심의겸과 김효원 두 사람 때문이다." 하면서 그들을 멀리 귀양 보내려 하자, 좌우에서 "당초 분당이 된 것은 비록 그 두 사람 때문이었지만, 지금은 그들이 다 외직으로 나가 있어 조정 공론에는 참여하지 못했습니다"라고 대답했다.

상이 또 "박근원·송응개·허봉 등이 간사한 자들이라는 것은 나도 알고 있다. 그들을 귀양 보내는 것이 어떻겠느냐?"고 하자, 좌우에서 그들을 변호하는 자들이 많았다.

오직 공은 아뢰기를, "그러한 무리들은 반드시 그 죄를 분명히 드러내어 옳고 그름을 가려야 합니다"라고 했다. 상은 그들 셋을 변방으로 귀양 보내도록 하고 이기 등을 지방 고을에 내려보내도록 명했다.

대사간 김우옹 등은 "지금 뜻을 잃고 불평불만 속에서 기회만 노리고 있는 한 사람의 말에 의해 세 사람을 귀양을 보내서는 안 됩니다"라고 아뢰었다. 이어서 공에 대해 이리저리 없는 일을 얽어서 화를 선동하여 난리를 일으키는 장본인일 뿐만 아니라 전후 유생들의 상소도 모두 공의 영향 아래에서 나온 일이라고 하면서, 공을 파직시킬 것을 청했다.

그러나 상이 비답하기를, "정철이란 사람은 그 마음이 정직하고 그 행실이 또한 바르다. 다만 그 말이 너무 곧기 때문에 시류에 용납되지 못하고 남들에게 미움을 사는 것뿐이다. 직임을 맡아 있는 힘을 다했고 충직하고 청백한 절의에 대해서는 초목도 그 이름을 알 정도이니, 이른바 참으로 백관 중 한 마리 독수리요, 조정의 사나운 호랑이인 것이다. 지난번에 면대할 때 그가 바른말로 간사한 무리들을 배척하는 것을 보고 오늘 이러한 비방이 있을 것을 나는 알았다. 그런데 만약 정철에게 죄를 내린다면, 그것은 직언하는 충신 주운朱雲의 목을 베는 것과 같은 일이다"[7]라고 하였다.

이에 대해 공은 사죄를 청하고자 체직되기를 바라는 상소를 세 번이나 올렸으나 결국 윤허하지 않았고, 상은 특별히 두 선생을 다시 불러 조정으로 불러들였다.

갑신년(1584, 선조17) 봄, 공이 대사헌에 제수되자 차자箚子(간단한 서식의 상소문)를 올려 직임을 사직하였는데, 상이 손수 "외로운 충절 자부하나 남들은 인정하지 않건만, 홀로 서서 남이 하기 어려운 말을 감히 하도다[孤忠自許衆不與, 獨立敢言人所難]"라는 시구를 써서 격려했다.

공은 마침내 출사하여 귀양 간 세 사람[8]의 정상을 참작하여 육지로 귀양지를 옮겨 줄 것과 그때 맞장구를 쳤던 무리들을 다시 거두어 서용할 것을 청했다.

그러나 상이 승정원에 하교하기를, "대사헌의 말은 극히 해괴하다. 다만 그 사람은 평소 강직하고 충성심이 있기로 이름난 사람이기 때문에 문책하지 않고 그냥 두는 것이다." 했다.

공이 인피하고 체직을 청했더니 상이 답하기를, "조정을 어지럽힌 그들의 죄는 법으로 용서할 수 없다. 경이 도리어 그렇게 말하여 간사한 무리들이 다른 생각을 가지지 않을까 내가 놀라지 않을 수 없다. 그 말이 다행히 경의 입에서 나왔기 때문에 내가 그대로 봐준 것이다"라고 했다.

겨울에 의정부 우찬성으로 승진되어 지경연사知經筵事와 홍문관

7
주운은 한(漢)나라 성제(成帝) 때 충신으로 임금의 총애를 믿고 간교한 행위를 하는 장우(張禹)를 미워하여 임금에게 "상방검(尙方劍)을 빌려 주시면 말만 잘하는 간신의 목을 베어 올리겠습니다" 했다. 임금이 "누구를 베겠다는 말인가?" 하자, "장우입니다"라고 대답하니, 임금이 노하여 "낮은 지위에 있는 자가 높은 지위에 있는 사람을 비평하는 것은 용서할 수 없다" 하고, 어사(御使)에게 주운을 끌어내리게 했는데, 주운이 계단 손잡이에 매달려 그 손잡이가 부러졌다. 그 후 임금은 그 흔적을 그대로 두게 하여 강직한 신하의 징표로 삼았다. 『漢書』 卷 67 「朱雲傳」

8
율곡 이이를 비난하다가 귀양 간 박근원(朴謹元)·송응개(宋應漑)·허봉(許篈) 등 세 사람을 말한다.

제학을 겸임했고, 얼마 후 좌찬성으로 전보되었다. 그때 율곡은 이미 세상을 떴고 우계 성혼마저도 물러가고 없어 공과 박 정승만이 조정에 있었다. 한편 이발과 김우옹 등이 공격을 그치지 않자 공도 조정에 더욱 불안을 느낀 나머지 을유년(1585)에 이르러 공과 박 정승은 연이어 물러나게 해 달라고 청했다. 5월에 의주목사義州牧使 서익徐益이 상소하여 정여립의 반복무상反覆無常(행실이 변덕스러움)한 실상을 말하면서, 박 정승과 공을 위로해 주고 다시 그 지위에 앉히기를 청했다.

그전에 정여립은 벼슬을 버리고 귀향하여 글 읽는 선비로 명성이 있었다. 율곡과 우계 두 선생이 당대 으뜸가는 학자라는 말을 듣고 왕래하면서 묻고 배웠다. 율곡이 죽은 후 정여립은 서울에 왔다. 그는 시의時議가 두 선생을 공격하는 것을 보고, 마침내 경연에서 율곡을 극력 헐뜯었다. 그러자 시배들은 그가 자기들의 편이 된 것을 좋아하여 곧 정여립을 당대의 일류라고 치켜세웠다. 이 때문에 서익은 상소하여 지난날 율곡을 추숭했던 내용이 담긴 정여립의 편지를 공개하여 그의 간특함을 폭로했다. 이에 삼사는 서익이 공과 같은 무리이며 사실은 심의겸을 구해 내려는 것이라고 논핵했다. 상은 정여립을 형서邢恕[9] 같은 위인이라고 배척하면서도 결국에는 삼사의 주장을 따랐기 때문에, 시배들은 그것을 보고 성상의 뜻을 짐작하게 되었다.

8월에 양사가 다시 심의겸을 논핵하여 함정에 빠뜨리려고 했는데, 그 말 가운데 '붕당을 만들어서 사림들에게 화를 끼치고 있다'는 등의 구절이 있었다. 상이 심의겸과 사귀는 자들이 누구냐고 하문하자, 양사는 정승 박순과 공, 율곡·우계 두 선생, 박응남朴應男·박점朴漸·윤두수·윤근수·신응시辛應時·이해수李海壽와 자신의

9
송(宋)나라 때의 간신이다. 본래 정호(程顥)를 스승으로 섬겼고, 뒤에는 사마광(司馬光)의 문객이 되었으나, 나중에 장돈(章惇) 등 소인과 손잡고 사마광, 여공저 등 원우(元祐) 연간의 충신 등을 모함하여 궁지에 빠뜨렸다.『宋史』卷471「姦臣列傳 邢恕」

할아버지(김계휘金繼輝)라고 대답했다. 대사간 이발은 뒤이어 홍성민洪聖民·구봉령具鳳齡도 심의겸의 당이라고 아뢰었다.

생원生員 이귀李貴가 상소하여 양사가 임금을 속이고 있다고 논박하자, 이발이 이 일로 피하며 두 선생을 헐뜯었는데 정여립보다 더 심했다. 이에 상은 심의겸의 관작을 삭탈하고 조정에 그의 죄명을 쓴 방榜을 내걸게 하였는데, 공과 두 선생의 이름도 그 방에 나란히 당인黨人으로 쓰여 있었다. 사림들의 기가 꺾이고 조야가 떠들썩했으나, 사람들은 그들의 기염을 두려워하여 아무도 감히 말하는 자가 없었다.

처음에 중봉重峯 조헌趙憲은 이발과 좋은 친구 사이였으므로 그가 공을 소인이라고 하는 말을 익히 들어 왔다. 공이 전라도 관찰사로 부임하게 되자, 중봉은 전라도 도사로 있다가 공이 온다는 소식에 벼슬을 버리고 피해 가려고까지 했다. 그러나 막상 공이 공무를 처리하는 것을 보고 태도를 바꾸어 공에게 승복하고 비로소 공을 배척한 자들을 의심하기 시작했다. 또 조헌은 이발을 만나서 극력 말하기를, "공이 하는 일은 천지신명에게도 부끄러울 것이 없다"고 했으며, 또 정여립은 사람이 반복무상하니 절교를 해야 한다고도 말했으나, 이발이 따르지 않았으므로 결국 절교하고 말았다.

병술년(1586, 선조19) 겨울, 중봉이 상소하여 율곡 및 우계의 바른 도학道學과 진실한 충성에 대하여 말했고, 정승 박순 및 공의 깨끗한 명망과 곧은 절의가 흐린 세상에 활기를 불어넣는다고도 말했으며, 이어 시배들이 나라를 망치고 있다고 비판하였는데, 모두 1만여 자에 달했다. 그중 공에 대해 말한 대목에 "정철은 강직하여 이발의 얼굴에다 침을 한 번 뱉었던 일이 있었는데, 이 일로 원한

이 쌓이고 그의 공격 대상이 되어 초야에서 고초를 겪고 있습니다. 사람들 중에 더러 '정철은 악惡을 너무 미워하였으니 그렇게 실패한 것도 당연하다'고 하는 자가 있으나, 신은 홀로 애석하게 생각합니다. 이발의 형제들에게 여러모로 바로잡아 주고 꾸짖으면서 그들의 의혹을 돌리려고 했으나, 이발은 듣지 않고 점점 더 좋은 사람들을 해치고 있습니다. 마치 정위丁謂가 자신의 부끄러움 때문에 큰 공을 세운 구준寇準을 필히 쫓아 버리려 했던 격[10]이지만, 한漢나라에 강직한 급암汲黯이 없었더라면 회남왕淮南王의 모반을 누가 제어했겠습니까.[11] 신이 생각건대 이대로 가다가는 앞으로 윤원형과 이량을 위해 복수하려는 자들이 점차 한나라를 차지했던 왕망王莽이나 조조曹操 같은 자들로 변하더라도 사람들이 감히 항의를 못할 것입니다" 하였다.

정해년(1587) 봄, 또 이귀 등이 상소하여 이발 등이 여러 현자를 모함한 실상을 극론했다. 그 대략에 "정철은 사람 됨됨이가 효성스럽고 우애가 있으며 청렴하고 강직하였는데, 20여 년을 조정에 있다가 하루아침에 자리를 잃고 황량한 들판을 떠돌고 있습니다. 그러나 그의 청빈함은 숯으로 쌀을 바꿔 먹으며 소반 위에는 간장이 없을 정도이니, 그의 맑고도 높은 절조는 세상을 진작시키고 풍속을 격려할 만합니다" 했다. 이에 이발은 계사를 올려 자신을 변호했으나, 상은 반복무상하다고 물리쳤다.

무자년(1588) 봄, 중봉은 왜인들이 트집을 잡으려 한다는 소문을 듣고 또 상소하여 시배들이 무리를 지어 나라를 망치고 있다고 말했다. 또 말하기를, "송宋나라에 방납方臘이라는 도적이 발생했을 때, 어느 낮은 관원이 '지금 다른 대책이 없고 다만 유원성劉元城(유안세劉安世)이나 진요옹陳了翁(진관陳瓘)을 불러 재상을 맡기면 싸우지 않

10
중국 송 진종(宋眞宗)이 죽었을 때 사도 겸 시중(司徒兼侍中) 정위가 산릉사(山陵使)가 되어 내시(內侍) 산릉도감(山陵都監) 뇌윤공(雷允恭)과 은밀히 결탁하여 제멋대로 천자 무덤 자리를 옮겼다. 그 자리를 파헤쳐 보니 자리가 대단히 나빴다. 이 때문에 정위가 좌천되어 서경(西京)으로 쫓겨났다. 정위가 구준이 위세를 부린다고 모함하여 애주(崖州)로 귀양 가게 하였는데 이는 자격지심에서 나온 시기심이었다. 『宋史』 卷281 「寇準列傳」

11
"회남왕이 모반할 때 급암을 꺼리며 말하기를, '급암은 직간하기 좋아하고 절의를 지키니 속이기 어렵지만, 승상 공손홍(公孫弘) 달래기는 마치 머리 위에 얹힌 물건을 벗겨서 팽개치는 것처럼 쉽다'고 했다." 『史記』 卷120 「汲黯列傳」

고도 납구가 스스로 물러날 것입니다' 했으나, 송나라 황제가 그 말을 듣지 않고 오직 장돈章惇, 채경蔡京의 무리들만 높이 썼기 때문에 납구가 크게 번지고 금金나라 오랑캐가 금방 쳐들어왔습니다.[12] 지금 서울과 지방을 막론하고 큰 도둑들이 횡행하여 남쪽과 북쪽의 우환이 금나라 오랑캐보다도 더한데 조정에는 진관이나 유안세 같은 인물이 하나도 없습니다. 빨리 내관을 보내 박순·성혼·정철 등을 불러오게 하여 그들에게 나라의 큰 임무를 맡게 하고 백관을 옳게 이끌어 나라의 줄기와 뿌리를 굳게 한다면 아직 희망은 있습니다" 했다. 그 상소가 들어가자 상은 상소를 불태워 버리라고 했으며 중봉을 일컬어 사람이 요망하다고 했다.

그 후에도 중봉은 다시 상소하여 "정철이 조정에 있을 때 그는 오로지 나라의 위상을 높이고 백성에게 도움을 주기 위해 바른말을 서슴지 않았기 때문에 백관들이 그를 무서워하고 꺼리기를 마치 사나운 호랑이가 산에 있으면 명아주와 콩잎도 무서워서 못 따 먹는 격이었습니다. 지금 만약 그를 불러들여 포부를 펴게 하면 쌓인 폐단이 다 없어질 것이며 조야가 다 맑고 편안해질 것입니다"라고 했다. 또 중봉은 이산해와 정언신 등이 현자를 막고 나라를 병들게 한 죄를 극력 비판했으며, 아울러 유성룡과 김응남은 눈먼 병자라고 지적했다. 이에 삼사가 일어나 성토하는 글을 번갈아 올리며 중봉을 가리켜 불여우라고 하여 북쪽 변방으로 귀양 보냈으며, 세상에 공을 위해 감히 말하는 자가 다시는 없었다.

공은 을유년(1585)의 당화黨禍 이후로 남쪽에 물러가 있다가 기축년(1589, 선조22) 가을, 아들의 상을 당해 장례를 지내려고 고양高陽 선산 아래에 와 있었다. 그해 10월, 정여립의 역모 사건이 발생하여 상하가 다 놀라고 조야가 모두 두려워했다. 그 변을 들은 공이 임

12
납구는 송(宋)나라 도적 방랍(方臘)을 말한다. 마니교도(摩尼敎徒)로서 정부를 원망하는 백성을 모아 반란을 일으키고, 스스로 성공(聖公)이라 칭하고 여러 주현(州縣)을 함락했다. 이 내란을 틈타 금나라 완안(完顏)이 침입하여 휘종(徽宗)을 잡아간 변란이 일어났다. 『宋史』卷22 「徽宗本紀」

금을 뵈려 하자, 친구들 가운데 공에게 대궐에 들어가지 말고 형적形迹을 피하라고 권유하는 이도 있었다. 그러나 공은 "역적이 임금을 해치려고 하는데 중신重臣이 외방에 있으면서 관망만 하고 달려가지 않는다면, 그것은 의리에 안 될 일이다"라고 말하고 바로 조정으로 달려가니, 상은 하교를 내려 공을 충절이 있는 사람이라고 장려했다.

그때 정여립은 빠져나가 도망치다가 관군을 만나자 제 칼을 뽑아 자결하고, 그의 자식들은 체포된 다른 역적들과 함께 차례로 죄를 승복하여 그들이 작성한 제천문祭天文과 기타 여러 가지 흉악한 반역의 실상이 낭자하게 드러났다. 유생 양천회梁千會 등이 상소하여 "정언신·백유양·이발·이길 등이 역적과 아주 가까운 사이로서 사실을 은폐하고 두둔하며 처리를 느슨하게 하기 위해 국문鞫問을 부실하게 하고 있다"고 폭로하자, 당시 우의정 정언신은 자신을 변명하는 소를 올렸다.

상은 비망기備忘記를 내려 이르기를, "변이 일어난 그날부터 우의정이 하는 일에 온당하지 못한 바가 많았고 또 국문도 부실하게 하였으므로, 내 그렇잖아도 의심하고 있던 터였다. 그런데 지금 와서 도리어 상소하고 심지어 '그와는 편지를 왕래한 일이 없다'고까지 말하니, 그는 내가 눈이 없다고 여기는 것인가?" 하고는 정언신이 역적과 내통한 서찰 10여 통을 봉함하여 추국청에 내렸다. 그리하여 대간臺諫이 정언신을 기망죄欺罔罪로 논핵했다.

11월, 공을 의정부 우의정으로 임명했는데, 공이 글월을 올려 사의를 표했다. 이에 상은 '임금이 욕을 당하면 신하는 죽는 법이고, 병든 몸을 신고서라도 역적은 토벌해야 할 것이 아닌가' 하는 뜻으로 공을 다그치니, 공이 마침내 나아가 사은했다. 그때 정언신과 그의 형 정언지, 이발·이길·백유양 등은 역적의 진술에 이미 나와 있었기 때문에 상이 친히 국문하였으며 그 노여움이 대단했다. 공이 나아가 아뢰기를, "조정 신료들이 역적과 가까이 지낸 것은 이른바 '좋아하다 보면 그의 나쁜 점을 알지 못한다'는 것에 불과합니다. 이 세상에 어찌 정여립이 둘이나 있겠습니까. 지금 편지를 문제 삼아 갑자기 형륙刑戮을 가하는 것은 성스러운 세상의 좋은 일이 아닐 듯합니다"라고 하자, 상의 화가 조금 누그러져 형륙을 면제하고 먼 지역으로 유배하도록 했다.

그 뒤 유생 양형梁洞이 상소하여 고변을 올리던 날 정언신이 고변한 자의 목을 베려 했다고 논하자, 상은 더욱 노하여 정언신을 다시 국문하게 하고 이어 사사賜死하도록 했다. 그때도 공이 아뢰기를, "송宋나라에서는 대신大臣을 한 사람도 죽인 일이 없었으므로 그 왕실의 법이 충후하다고 말했습니다. 우리 조정에서도 200년 동안 반역자를 제외하고는 대신을 한 사람도 죽인 일이 없으므로 인후한 풍속이 송나라와 다를 바 없습니다. 지금도 그대로 따라야 할 것입니다" 했으나, 상이 듣지 않았다. 다른 정승들은 감히 말 한마디 못 하는 것을 공은 혼자서 두 번씩이나 아뢰어 결국 사형을 감하고 먼 곳에 유배했다.

이발·이길·백유양 등의 이름이 역적들의 진술에 여러 번 나왔으므로 상이 다시 잡아들여 엄히 국문하게 한 결과 그들은 다 죽었다. 이때 이발 등은 역적의 괴수와 결탁했다는 이유로, 백유양은 역적에게 보낸 편지에 임금을 범하는 무도한 말이 있다는 이유로 상이 역적의 형률을 적용하라고 했다. 이에 공은 아뢰기를, "이발 등이 역적과 친했던 사실은 있습니다. 그렇지만 경연관 중에서 정여립 같은 자가 둘씩이나 나온다는 것은 천지 고금에 있을 수 없는 일입니다. 신의 생각으로는 감히 이발 등이 역모에 가담했다고는 여기지 않습니다" 했다. 그러자 상은 화를 내며 공을 두고 '제멋대로 한다'고 하교하였고, 공은 그 때문에 위관을 사임하고 말았다.

역변 초기부터 공은 이 사건에 연루된 조정의 벼슬아치들이 많을 것을 걱정하다 자신의 힘만으로는 임금의 마음을 움직이기 어렵다는 것을 깊이 염려하여, 우계 성혼에게 편지를 보내 빨리 나와서 함께 구제하기를 요청했다.

최영경이라는 자가 있었는데, 그는 남명南冥 조식 문하에서 배운 자로 효우孝友와 깨끗한 행실로 이름나 있었고, 또 우계와 율곡 두 선생으로부터도 인정받은 인물이었다. 그런데 그가 정인홍, 정여립 등의 사특한 논의에 물들어 도리어 두 유현儒賢을 헐뜯기 시작했고, 심지어 공과 박 정승에 대해서는 목을 베어 조리돌림해야 한다고 말하기까지 했으니, 그의 패악스러운 행동은 이런 식이었다.

정여립의 역모 사건이 터지자 역적들이 다 역모 책임자는 길삼봉이라고 하였고, 혹자는 삼봉은 성이 길씨가 아니라 최삼봉崔三峯인데, 진주晉州에 살면서 역적과 일찍부터 왕래하던 자라고 하였으므로 삼봉三峯이 최영경의 호라는 유언비어가 떠돌면서 바깥 논의가 시끌시끌했다.

이에 전라감사全羅監司 홍여순이 비밀 장계를 올려 그 사실을 아뢰었고, 이어 영남 관찰사 김수金睟와 병사兵使 양사영梁士瑩에게 공문을 보내기도 했는데, 양사영 등은 유언비어에 따라 최영경을 이미 체포해 놓고 있었다.

최영경은 적과 내통한 사실이 없다고 진술했다. 상이 역적이 최영경에게 보낸 편지와 비방하는 시詩 한 수를 보여 주자 최영경은 말이 막혔다. 공이 아뢰기를, "늙은이는 간혹 편지를 주고받고도 잊어버릴 수가 있습니다. 또한 그 시는 갑신년(1584) 무렵 떠돌던 익명의 시로, 신도 그 시에 대해 들은 적이 있습니다" 하니, 상이 형문을 정지할 것을 명했다.

처음 최영경이 체포되었을 때 우계가 공에게 편지를 보내 최영경은 젊었을 때부터 심지와 행실이 있던 사람이라면서 그의 억울함을 풀어 줄 것을 공에게 청한 일이 있었다. 공 또한 임금 앞에서 "최영경은 이 사건과 관련해 아무런 단서도 없을 뿐만 아니라, 효도하고 우애 있기로 이름 있는 사람이니 역모에 가담했을 리가 없을 듯합니다"라고 거듭 말했으므로, 최영경은 그 때문에 풀려날 수 있었다.

얼마 후 대간이 그의 죄상을 추궁해서 밝혀야 한다 하여 최영경을 다시 심문하게 되었다. 공이 차자의 초안을 지었는데, "최영경이 비록 배움이 없는 사람이지만 효도하고 우애하면서 군자다운 행실을 지켜 가는 사람이라는 이름이 있을 뿐이요, 역적과 친밀한지의 여부에 관하여는 들은 바가 없습니다. 지금 삼봉이라는 말에 대해서는 아무런 단서도 없는데, 다만 성이 최씨이고 진주에 산다는 이유만으로 떠도는 말과 맞추어 선비를 죽인다면, 그것은 역옥의 실상에도 잘못이고 나라의 체통을 손상하는 일입니다"라고 했다. 형장을 가하며 조사하라는 명령이 내려지면 다른 정승들과 연명聯名하여 그의 죄가 없음을 밝히려 했던 것인데, 최영경이 결국 병으로 옥중에서 죽었기 때문에 그 차자는 올리지 못했다.

경인년(1590, 선조23) 7월, 공은 광국공신光國功臣과 평난공신平難功臣

의 훈공에 책훈되었고, 인성부원군寅城府院君이라는 봉호도 받았다. 공은 항상 "나라의 계통이 무함을 당한 지 이미 200년이나 되었으니, 정성을 다해 밝혀내지 않으면 안 된다"고 했다.[13] 마침내 사신을 계속 보내어 명나라에 호소할 것을 건의하여 확실히 밝혀졌으니 이번에 아울러 포상을 명받은 결과이다.

공이 차자를 올려 사양하자, 상이 답하기를, "잘못되어 있던 나라의 계통이 경의 지휘로 인하여 깨끗이 밝혀졌고, 반역이라는 큰 사건이 경의 처결로 평정되었다. 앞의 일에 충성을 다했고 뒤의 일에 노고를 쌓았으니, 나라에서 그 공로를 갚는 전례典禮가 있는 것은 당연한 일이로다. 너무 고집만 부리지 말고 이 새로운 명을 빨리 받으라" 했다.

처음에 이산해와 유성룡 등은 공과 함께 우계와 율곡 두 선생을 추대하기로 했는데, 유성룡 등은 사실 편파적인 논의를 주도하고 있었다. 공은 늘 그들의 마음가짐을 지적해 왔고, 그 때문에 서로 감정이 쌓였다. 이산해는 갑신년(1584) 이후부터 오로지 이발과 정여립 등에게 붙어 오랜 기간 이조 관직에 있으면서 소인배들을 중요 자리에 앉히고 사악한 무리의 세력을 확장해 왔다. 이런 이유로 공은 그들을 더욱 비루하게 여겼고 골이 점점 더 깊어졌다.

공이 폐해졌다가 다시 관직을 받고 상의 부름에 응하니, 지난날 금고禁錮를 당했던 이름 있는 사류들도 점차 임용되었다. 이산해는 다시 공과 가까워지려고 편지를 보내 밤에 서로 만나자고 청했는데 공이 그에 불응하자 크게 부끄러움을 느끼고 원망했다.

한편 중봉 조헌은 이산해와 유성룡 등이 사특한 논의를 조종하고 있음을 미워하여 상소문에서 두 사람을 지적한 일이 더 많

13
종계변무(宗系辨誣)를 말한다. 조선 이성계(李成桂)가 고려의 권신 이인임(李仁任)의 후손이라고 명나라 『태조실록(太祖實錄)』과 『대전회전(大典會典)』에 잘못 기록되어 있어 이를 바로잡아 달라고 요청한 일이다. 조선에서 명나라에 수없이 정정을 요청했고 1584년(선조17)에 가서야 바로잡았다.

앉기 때문에, 그 상소가 들어갈 때마다 시배들은 곧 공에게로 비방을 돌렸다. 기축년(1589) 겨울, 중봉이 북쪽 유배지에서 풀려 나온 후 다시 소를 올려 종전의 주장을 반복하자, 상은 그 상소가 남의 사주를 받은 것이라 여겨 구봉龜峯 송익필宋翼弼 등을 가두게 하고 또 중봉을 추천했다는 이유로 홍성민을 이조판서에서 체직시켰다. 호남 유생 정암수 등이 의견을 구하는 임금의 뜻에 부응하여 상소하며 "이산해와 유성룡은 역적의 우두머리와 친분이 두터운 사이이므로 그 자리에 있어서는 안 된다"고 하자, 상은 노하여 정암수 등을 가두게 하고 이산해와 유성룡을 불러 위로했다.

정언신을 재차 국문하며 상이 정언신이 한 말의 사실 여부를 여러 재상에게 물었을 때 이산해는 사실대로 대답하지 않았다. 대사헌 홍성민이 이산해와 정언신이 주고받은 말들을 낱낱이 열거하며 증거를 대자 상은 홍성민의 관직을 교체하라고 명했다. 정언正言 황신黃愼이 나서서 홍성민의 체직은 불가하다고 논하니, 특명으로 지방 고을에 임명했다. 공은 이산해가 수상 자리에서 물러날 것을 청했는데, 상은 "백 가지 방법으로 경을 도모하려는 꼴들을 내가 이미 다 알고 있다"고 답했다. 이는 상이 그때 이산해 등을 매우 신임하고 있었고 이산해는 깊은 후원을 믿고 공을 참소해 오던 터였기 때문에, 누가 무슨 말을 하면서 조금이라도 이산해를 들먹이면 상은 곧 공을 의심하고는 준엄하게 배격했다. 이처럼 이산해는 공에 대해 이를 갈며 어떡하든 한을 풀려고 이미 오래전부터 마음먹고 있었다.

당시 공은 좌의정이었고 유성룡은 우의정이었다. 어느 날 유성룡이 공에게 들러 말하기를, "지금 상의 춘추는 높은데 세자가 아직 정해지지 않았으니, 현재로서는 제일 큰일이 왕세자 책정이 아니겠는가" 하여, 서로 의견 일치를 보았다. 그리하여 영의정 이산해에게 편지로 알렸는데 이산해도 호응했으므로 이에 날을 잡아 함께 건의하기로 했다.

그러나 약속 날짜에 이산해가 오지 않았다. 다시 약속했지만 그때도 오지 않았다. 이산해는 이미 김공량金公諒[14]과 결탁하여 상의 뜻이 무엇인지 알고 있었기 때문이다. 그는 겉으로 조정의 공론을 따르는 척하면서 내심으로는 참언을 하기 위해 임금에게 먼저 공 등이 보낸 편지를 내보이고 이어 유언비어를 선동하기를, '공이 장차 백관을 거느리고 앞장서서 왕세자의 책봉을 청할 것이고, 그리되면 김 귀인金貴人과 그가 낳은 왕자에게 불리하게 될 것'이라고 말했다.

이에 상은 공을 매우 의심하고 있었으나, 공은 까맣게 모르고 있었다. 공은 마침내 경연에서 그 말을 꺼냈는데, 상은 일체 답이 없었고 이산해도 말이 없었으며, 유성룡 역시 입을 다물고 감히 말하지 못했다. 오직 부제학 이성중李誠中과 대사간 이해수 등이 나서서 말하기를, "이 말은 정철 혼자서 한 말이 아니라 신들 모두가 함께 논의했던 말입니다" 했다.

그로부터 얼마 안 가서 이성중은 충청감사忠淸監司로, 이해수는 여주목사驪州牧使로 내보냈다.

신묘년(1591) 3월, 공이 세 번 사양한 끝에 정승 자리에서 물러나 영돈녕부사領敦寧府事에 제수되었는데, 이때 사당邪黨 이홍로李弘老 등이 자기 무리인 안덕인安德仁 등을 사주하여 공이 모든 것을 독단하여 나라를 망치고 있다는 내용의 상소를 올리게 하여 주상의 의중을 떠보았다. 상이 안덕인 등을 인견하고, 무슨 일이 나라를 망치는 일이냐고 묻자 안덕인 등이 대답하기를, "대신이 되

14
선조의 후궁 인빈 김씨(仁嬪金氏)의 오빠이다. 이산해와 결탁하여 1591년(선조24) 정철이 세자를 책봉할 것을 주장하자, 인빈 김씨의 소생인 신성군(信城君)을 해치려는 것이라고 인빈 김씨를 통하여 선조에게 고하게 했다. 임진왜란이 일어나자 선조가 개성에 이르렀을 때 백성들이 그의 실정을 들어 죄 줄 것을 청하자 강원도 산골짜기로 숨었다. 1608년(광해군 즉위년)에 하옥되었으나 광해군의 명으로 풀려났다. 『선조실록 25년 5월 3일, 14일』, 『광해군일기 즉위년 4월 2일』

어 주색에 빠져 있으니, 틀림없이 나랏일을 많이 그르쳤을 것입니다" 했다.

상이 이르기를, "주색이 어떻게 나라를 그르치는 일이냐" 했다.

이는 상이 직접 불러 물어보리라고는 생각지 못한 이홍로 등이 대답할 말을 미처 사주하지 못했던 것이다.

윤3월, 사헌부가 앞장서서 이조정랑 유공진과 검열檢閱 이춘영李春英이 정승에게 붙어서 말을 만들어내고 일을 꾸민 죄를 논핵했다. 상이 그 정승이 누구냐고 묻자, 공의 이름을 들어 보고했다. 이에 양사도 공이 권세를 이용하여 붕당을 심고, 자기와 의견을 달리한 자를 배격하고, 사의邪議를 부채질하여 사화士禍를 꾸미려 한다고 탄핵하며 파직시킬 것을 청했는데, 세 번 만에 윤허했으며 상은 공의 죄상을 열거하여 조정에 방을 붙이도록 명했다.

6월, 대사간 홍여순 등이 공의 죄에 비해 벌이 너무 가볍다고 논하자 그에 대한 상의 비답 또한 준엄하였다. 심지어 공에 대해 "정암수 등을 사주하여 당대 이름 있는 재상들을 모두 역당逆黨에 몰아넣으려고 했으니, 그 마음의 참혹하기가 막야鏌鋣(이름난 칼)보다도 더하다"고 했다.

마침내 양사는 공이 주상을 속이고 사욕을 채우는 흉패하고 부도덕한 자라고 논하면서 먼 곳에 유배할 것을 청하자 상이 즉시 윤허했다. 처음에 명천明川으로 유배지를 정했다가 상이 남쪽으로 옮기도록 명하여 배소를 진주晉州로 정했다.

그러나 홍여순 등이 다시 공을 논하면서, "죄가 크고 악이 극에 달했으므로 궁벽한 곳에 위리안치하여 흉악한 일을 막아야 합니다"라고 아뢰자, 유배지를 다시 강계江界로 옮기게 했다. 당시 공은 병이 깊어 빨리 나설 수가 없었다. 의금부 도사가 그 사실을 보고하자, 상은 도사가 조정의 명령을 무서워하지 않고 간교한 역적을 엄하게 압송하지 않는다 하여 금부도사를 잡아 가두게 했다. 그리고 하교하기를, "정철은 성품이 교활하고 간사하여 그 배소에 가서도 잡인들과 오가면서 무슨 짓을 꾸밀지 알 수 없다"고 하면서 엄하게 위리안치시키라고 명했다.

양사는 또 공의 편에 있는 사람들을 아울러 논하며 전후로 홍성민洪聖民·이해수李海壽·윤두수尹斗壽·윤근수尹根壽·이산보李山甫·박점朴漸·유공진柳拱辰·백유함白惟咸·장운익張雲翼·이춘영李春英·황정욱黃廷彧·황혁黃赫·김권金權·황신黃愼·유근柳根·이흡李洽·임현任鉉·구면具㦀·이성중李誠中·우성전禹性傳 등을 논핵하였으므로, 귀양 가거나 파출당한 사람들이 줄을 이은 나머지 한때의 어질고 뛰어난 인물들이 거의 다 축출당하고 말았다. 이성중은 왕세자 책봉 건의를 함께한 이유로, 우성전은 홍여순의 권유를 따르지 않은 이유로 모두 공의 당이라는 죄를 입었던 것이다.

공이 유배지에 도착하기도 전에 대사헌 홍여순 등이 공에게 사형의 형률을 가할 것을 논했다. 그러나 대사간 이덕형이 공의 죄명이 불분명하고 정확하지 않아 그것으로는 사람들의 마음을 승복시킬 수 없다고 반대했기 때문에 홍여순은 결국 자기 의도대로 할 수 없었다.

처음에 최영경이 갇히게 된 것도 실은 홍여순의 보고 때문이었다. 따라서 당시 추국청에서 홍여순에게 사실을 밝혀 아뢰도록 했는데, 홍여순은 호남의 사인士人 양천경梁千頃과 강해姜海 등을 문초하여 그들이 진술한 내용을 아뢰었다. 나중에 양천경 등은 상소하여 그 유언비어가 자기들로부터 나온 말이 아니라고 했으나, 그때 최영경은 이미 죽고 없어서 결국 그 뿌리를 밝혀내지 못했다.

이때 홍여순이 전일 비밀리에 보고했던 사건에서 빠져나가기 위해 "최삼봉 문제에 틀림없이 사주한 자가 있을 것이다"라고 하자, 드디어 양천경 등을 국문했는데 가혹한 형벌로 다루었다. 양천경 등이 그때 말을 전한 사람인 임예신任禮臣 등 10여 명을 끌어들여 증인으로 댔지만, 모진 고문은 계속되었다. 양천경의 인척인 기효증奇孝曾이 김성일의 말을 전하며 양천경을 회유하기를, "무고誣告에 관한 법이 수모자와 추종자를 구분하고 있으니, 만약 정철을 끌어들인다면 말만 전한 자는 사형에서 벗어날 수가 있다" 하니, 양천경 등은 자신들의 죄를 면하기 위해 공을 무고했다. 강해는 죽음에 임하여 유소遺疏를 남겨 그의 억울함을 밝혔지만, 상소는 대내大內에 전달되지 않았다. 홍여순 등은 양천경의 거짓 자복을 받고는 더욱 기뻐 날뛰며 이제는 됐다고 생각했다.

임진년(1592, 선조25) 4월, 왜적이 서울에까지 육박하자 대가大駕(임금의 행차)는 서울을 떠나 5월에 개성에 머물렀다. 대간이 "영상 이산해는 궁궐 후궁과 결탁하여 조정을 흐리고 어지럽게 만들었고, 좌상 유성룡은 화의를 주장하다가 국사를 그르쳤다"고 논하여 다 파면시켰다. 상이 남쪽 성문에 나아가 군민軍民들을 위로하며 각기 소견을 말하라고 했을 때 군민들은 모두 공의 석방을 청했다.

상은 공을 다시 부르며 하교하기를, "경이 평소 충효의 큰 절의를 지녔음은 다 아는 사실이다. 빨리 평양平壤으로 달려가서 유홍兪泓, 이항복李恒福 등과 함께 왕자를 호위하라"고 했다. 명령을 들은 공은 통곡하며 평양으로 달려가 배알했다. 6월, 대가를 따라 박천博川에 이르렀는데, 평양이 함락되었다는 소식을 듣고는 상이 세자에게 분조分朝(조정을 둘로 나눔)할 것을 명하였으므로 다른 재상들은 모두 세자를 따라가고 공만 홀로 대가를 호종하여 용만龍灣[15]에

15
평안도 의주 국경 지역.

이르렀다. 7월, 호서와 호남을 돌아보고 지휘하라는 명령을 받았으나, 조금 더 있어 보자는 다른 정승의 계청으로 9월에야 길을 떠나 강화에 주둔하며 남북을 제어했다.

그때 우계 성혼이 검찰사檢察使로 개성에 있었는데, 공과 편지를 통하며 관군과 의병을 연합하여 서울에 있는 적을 소탕할 것을 상의했으나 실천에 옮기지는 못했다. 얼마 후 공은 남으로 내려가서 피로에 지친 병졸들을 위로하고 흩어진 백성을 모이게 하여 뿌리를 든든히 구축함으로써 수복을 꾀하기도 하였으며, 먹고 자는 것을 잊을 정도로 걱정과 슬픔에 싸여 있었다. 때로는 상소하여 이르기를, "대가는 멀리 서쪽에 계시지만 양호兩湖(호남과 호서)에서는 나라를 굳게 지키고 있으니, 이는 하늘의 뜻이지 어찌 사람의 계책이겠습니까. 엎드려 바라건대 대가는 정주定州로 자리를 옮겨 명나라 군대를 기다렸다가 바로 평양으로 쳐들어가고, 동궁東宮은 호남에 있으면서 직접 대중을 거느리고 북으로 서울을 지향하게 하며, 남과 북이 세를 모으고 중앙과 지방에서 일제히 일어나면 그것이 바로 옛사람들이 말한 '머리와 꼬리가 서로 호응하는 형세'일 것입니다. 혹시 명나라 군대가 강을 건너오지 못하고 왜적의 세력을 막을 길이 없게 된다면, 또 스스로의 길을 찾아 바닷길을 이용해서 애태우는 양호 백성들의 마음에 답하십시오. 뱃길이 위험하다고는 해도 그래도 강토를 버리고 요수遼水를 건너는 것보다야 낫지 않겠습니까" 했다.

호남 관찰사가 장계를 올려 근왕병勤王兵 중에 도망가는 자가 많다면서 그 탓을 체찰사에게 돌렸으므로 상은 크게 노렸다. 거기에다 틈을 타서 공이 기회를 놓치고 술에 빠져 기무機務를 살피지 않아 임금의 세력은 날이 갈수록 약해지고 공론公論도 행해지지 않는다고 참소한 소인배가 있었으니 상의 노여움은 더해만 갔다.

그때 대간이 이산해가 궁금宮禁(궁궐 내부 사람)과 내통하고 있다며 귀양 보낼 것을 청하였고, 또 김공량의 목을 벨 것을 청하자, 상은 할 수 없이 따르기는 했어도 그 모두가 공에게서 나온 일들이 아닌가 의심했다. 급기야 대사간 이해수가 홍여순과 이홍로 등을 귀양 보낼 것을 청하자, 상이 하교하기를, "그 사람들에게 무슨 죄가 있는지 나로서는 알 길이 없다. 다만 그들은 정철을 간특한 인물이라고 꽤나 탄핵한 자들이다" 했다.

나라가 몹시 어지러운 시기에 공이 명을 받았으나, 안팎으로 비난하고 참소와 이간질까지 심하였으므로 두려운 마음으로 북쪽으로 돌아갔다.

계사년(1593) 1월, 군대는 양화楊花 나루에 주둔했다. 2월, 행재소行在所(임시 조정)에 복명했다. 5월, 표문表文(외교문서)을 받들고 북경에 가서 삼경三京(평양, 개성, 한양)의 수복에 대해 사은하기도 했다. 그때 공이 떠나면서 차자를 올려 말하기를, "우리나라의 민심과 병력으로는 결코 적을 물리칠 수가 없습니다. 그렇다고 명나라 군대만 믿고 수수방관만 할 수도 없는 일이므로, 징병도 당연히 해야 하고 곡식 수집募粟도 늦춰서는 안 됩니다. 다만 전쟁이 일어난 이후 백성의 힘이 탕진되어 징병과 모속 소리만 들으면 잇달아 흩어져 도망치고 있습니다. 외적이 물러가기도 전에 나라의 근본이 이미 흔들리고 있으니, 일을 맡고 있는 대소 신료들이 백성을 측은히 여기는 성상의 마음을 깊이 이해하고 우선 근본부터 굳게 다질 생각을 갖게 해야 합니다. 군사에 관계된 일이 아니면 감히 어떤 일로도 백성을 동요케 하지 말아야 하고, 또 징병이나 모속을 할 때도 애통하고 절박한 뜻을 민간에 두루 알리어 사람마다 오늘

이렇게 백성을 수고롭게 하고 대중을 동요시키는 일이 어쩔 수 없는 것임을 모두 알게 한다면, 그것이 바로 '기쁘게 하는 도리로 백성을 부리면 백성들은 수고로움을 잊는다'[16]는 것이 아니겠습니까" 하였다.

또한 극진히 말하기를, "난리와 흉년 끝에 백성의 목숨이 거의 다 죽어 가고 있으니, 백성의 심정을 충분히 이해할 수 있는 자를 골라 진휼사賑恤使(백성의 굶주림을 구휼하는 관리)로 삼아서 오로지 굶주리는 백성을 진휼하는 일을 맡기십시오. 한편 탁지부度支部(호조)는 양호 각 고을 중에서 난리를 겪지 않고 창고에 식량 여유분이 조금이라도 남아도는 고을에는 쌀과 콩을 내게 해서 기근에 시달리는 다른 고을에 나누어 주어 흉년 대비 정책에 공급하되, 고을 인구의 많고 적음에 따라 수를 증감해야 할 것입니다. 또 아끼지 말고 관작과 상으로 부자들을 격려하고 권장한다면 자기가 가진 것을 기꺼이 내놓을 자들도 틀림없이 있을 것입니다. 그리고 남쪽 정벌에 임하는 장졸將卒들은 모두 영외嶺外에 있으므로, 보고하기 위해 왔다 갔다 하려면 시간이 지체되어 일이 잘 안 됩니다. 군대는 신속함이 첫째이고, 일은 멀리 두고 생각할 수 없습니다. 더구나 경상도 고을의 살아남은 백성들이 날마다 바라는 것은 빨리 환도還都하여 자기들을 도탄에서 구해 주는 일입니다. 점차 전진해서 서울로 다시 돌아간 다음 나라가 다시 소생하기를 바라는 마음을 위로해 주고, 군대 문서를 가지고 오가는 길도 편리하도록 해야 할 것입니다."

마지막으로 "천하의 근심은 '이제 어쩔 수 없다' 하고 체념해 버리는 것보다 심각한 일이 없습니다. 지금 큰 병의 뿌리는 바로 여기에 있습니다. 정신을 가다듬고 발분해도 될까 말까 한 상황

16
『주역(周易)』「태괘(兌卦) 단사(彖辭)」에 "기쁘게 하는 도리로 백성에게 먼저 행하면 백성이 수고로움을 잊게 되고, 기쁘게 하는 도리로 어려운 일을 맞게 하면 백성이 죽음조차도 잊어버리게 된다.[說以先民 民忘其勞 說以犯難 民忘其死]"라고 했다.

인데, 마음가짐이 그렇다면 무슨 일이 되겠습니까. 옛날에도 이러한 변고를 당한 자들은 복수심에 불타 풀 위에 누워 창을 베고 잔다든지, 땔나무 위에서 자면서 쓸개를 핥았던 것입니다. 송宋나라 이강李綱이 고종高宗에게 "강명剛明과 영단英斷으로 국토 수복의 근본으로 삼아야 한다"고 반복해서 주장했던 것[17]도 사실 쇠망에서 재기하고 어지러운 세상을 평정하려면 보통의 방법으로는 될 수 없었기 때문입니다. 전하께서도 용기를 내시고 분발하여 국토의 수복을 자신의 책임으로 삼으셔야 합니다. '옛날 내가 지성으로 정치를 잘해 보려고 마음먹었을 때는 얼마나 자신만만했는데, 어쩌다가 하루아침에 이렇게 전복되었을까' 자문하면서 그 원인을 알아낸 다음 마음 아파하고 뼈에 사무치게 명심해야 할 것입니다. 이미 지나간 일로서 마음에 쾌하지 못한 일과 장차 해야 할 일로서 사리에 맞지 않은 일에 대해 하나하나 후회하며 고쳐 나가도록 하소서. 또한 옛날의 제왕帝王들은 이러한 변고를 당했을 때 자기 스스로의 처신은 어떠했으며, 일의 처리는 어떻게 해 나갔으며, 일의 안배는 어떻게 배치했으며, 자기비판은 어떻게 했는가를 생각해 보아야 할 것입니다. 또 군신君臣 사이에 서로 정과 의리를 나누고 믿으면 조금도 틈이 없으며, 정사를 의논할 때면 화기가 넘쳐흐르고, 신하들에게 자문을 구하여 모든 정책이 다 잘 수행되면, 잠깐 사이에 분위기가 바뀌어 호령을 번거롭게 내리지 않아도 사방에서 다 호응을 할 것입니다"라고 말했다.

그때 명나라 군대가 철수할 기미를 보이자 조정에서는 더 있어 줄 것을 주청하고자 하면서도 의견 일치를 보지 못하고 있었다. 공이 강을 건너려고 할 때 다시 차자를 올려 "빨리 주청하지 않으면 안 된다"고 역설했다. 또 "적병이 지금 호남을 넘보고 있는데,

---

17
송(宋)나라가 여진족에 침략 당하여 국가가 위급할 때에 이강(李綱)이 정승이 되어 국운을 만회했다. 이강은 여섯 가지 일을 아뢰었는데, 보필을 신임할 것, 인재를 공정히 선발할 것, 사풍(士風)을 변혁할 것, 세월을 아낄 것, 인사(人事)를 곡진히 할 것, 하늘의 위엄을 두려워할 것 등이었다. 나중에 황잠선(黃潛善) 등 간신들의 참소로 쫓겨났다. 『宋史』 卷358, 「李綱列傳」

진주의 수비 상황은 형세가 고립되어서 걱정이다"라고 했다. 그런데 얼마 안 가서 과연 공의 말대로 적군이 진주성을 함락시키고 말았다.

11월, 공이 북경에서 돌아와 서울에서 복명했는데, 그때 적이 후퇴할 것이라는 설이 공의 일행 중에서 나왔다는 유언비어가 떠돌았다. 대간이 공을 조사하라고 논계했으므로 공은 그 직임에서 물러났다. 그해 12월 18일 강화도 임시 처소에서 58세를 일기로 세상을 떴다.

공이 떠난 이듬해인 갑오년(1594)에 권유(權愉)라는 자가 '공이 최영경을 무함하여 죽였다' 하자, 대사헌 김우옹 등이 겉으로는 공을 해명하는 척하면서 속으로는 구렁텅이로 밀어 넣는 바람에 공의 관작은 결국 삭탈당하고 말았다.

그 뒤 정인홍이 자신의 무리인 박성(朴惺), 문경호(文景虎) 등을 사주하여 최영경을 죽음에 얽어 넣은 자는 정철이고, 배후 조종자는 성혼이라고 상소를 올리게 했다. 이는 정인홍이 평소 우계 성혼을 깊이 원망하고 있었기 때문에 일부러 공을 내세워서 얽어 넣으려고 한 것이다.

이에 대사헌 기자헌(奇自獻) 등이 번갈아 맞장구치고 삼사가 함께 일어나자, 상이 하교하여 공을 간흉(奸兇)이라고 하고 우계를 간흉의 무리라고 하면서 우계의 관작마저도 추탈했다. 급기야 정인홍이 대사헌이 되자, 마치 유자광(柳子光)이 점필재(佔畢齋)에게 했던 것처럼[18] 공의 무덤에까지 흉악한 짓을 하려고 하였으므로 공의 아들들이 둘러서서 무덤을 지키며 왕명을 기다렸다. 마침 정인홍이 체직당하여 그 흉계는 다행히 미수에 그치고 말았지만, 공의 화는 이에 이르러 극에 달했다.

18
점필재는 김종직(1431~1492)의 호이다. 본관은 선산(善山), 자는 효관(孝盥)·계온(季昷)이다. 아버지는 김숙자(金叔滋)이다. 유자광은 정문형(鄭文炯)·한치례(韓致禮)·이극돈(李克敦) 등과 함께 김종직이 지은 「조의제문(弔義帝文)」이 세조의 왕위 찬탈을 비판한 것이라고 하여 1498년(연산군 4) 무오사화를 일으켰으며, 김종직을 부관참시했다. 『연산군일기』 4년 7월 17일.

세간에는 간혹 공이 기축년(1589)의 옥사 때 잘못 처리한 점이 있어 그런 것이 아닌가 의심하는 자도 있지만, 그것은 공이 화를 당한 유래를 전혀 모르고 하는 소리다. 공은 강직한 마음으로 악을 미워하였기 때문에 시배들을 거슬렀다. 계미년(1583)에 와서 간사한 무리들이 괴이한 말을 꺼내 대현大賢이 무함당하는 것을 눈으로 보고는 혐의도 아랑곳하지 않고 그들을 귀양 보내는 데 힘썼기 때문에, 율곡을 해치려던 간사한 무리들은 반드시 공을 사다리로 삼으려 했다. 그리하여 말하는 자들은 '율곡이 조금 더 살아서 나랏일을 맡았더라면 틀림없이 기묘사화 같은 일을 당했을 것이고, 공은 그 화를 일으킨 장본인이 됐을 것'이라고 했다.

그들의 무리 속에서 역적이 나왔을 때 공이 마침 옥사를 다스리게 되었다. 하지만 해묵은 원한을 품고 기회만 오면 어떡하든 올가미를 씌우려고 했던 그들을 어떻게 짐작이나 할 수 있었겠는가. 중신의 몸으로 변란을 듣고는 즉시 달려오는 것이 신하로서 당연한 일인데도, 변란을 다행으로 여기는 자라고 지목했다. 역적의 괴수와 결탁하여 그를 치켜세우고 붙어 다닌 자들은 그 역모에 직접 가담하지는 않았더라도 형장刑杖을 면치 못할 것이 당연한데 과연 누구를 원망하겠는가. 역적과 서로 통래한 사실을 자수하지 않고 있다가 결국 사실이 탄로나 장류杖流(곤장을 치고 귀양을 보냄)를 당했던 정개청과 유몽정柳夢井 같은 무리들이야 스스로 화를 초래한 것이고 그 결정도 성상이 직접 내린 것이지, 공이 그 사이에서 무엇을 하였던가.

정언신·이발·이길 등은 방자하고 거짓말 잘하는 무리이고 역적의 진술에서도 여러 번 나왔지만, 그래도 공은 논계를 거듭하여 구제하는 데까지 해 보려고 노력했다. 이러한 공을 두고 기회를 틈타 감정을 풀기 위해 옥사를 가혹하게 다루었다고 하니, 그 마음이 얼마나 험악한가. 더욱 해괴하고 가소로운 것은 백유양의 부도한 편지를 익명서라고 하고, 이발과 이길의 어미와 아들이 죽은 것을 공이 죽였다고 할 정도이니, 그만하면 다른 거짓말들도 다 뻔한 것이 아니겠는가.

최영경이 체포당했을 때 공이 나서서 앞뒤로 구명했던 사실이 분명한데도, 저 흉물들은 "사람을 죽음으로 협박하고서는 살길을 찾아보려는 거짓 진술을 받아냈다"고 하여 공을 모함할 기회로 삼고 있으니, 아, 정말 심한 일이 아닐 수 없다. 그들이 그렇게 귀신같이 간교한 무함을 꾸민 목적은 공을 어떻게 해서든지 소인小人으로 만들어 놓자는 것이다. 그래야만 역옥이 사화士禍로 변하고 율곡과 우계가 군자가 아닌 사람이 되는 반면에, 저들은 사류가 되어 나라의 공론을 정할 수 있다.

앞뒤로 그들이 꾸며낸 계책은 마치 한 솜씨에서 나온 듯했으며, 결국에는 본질과 관계없는 엉뚱한 사안을 끌어들이는 데까지 이르렀다. 해와 달같이 밝은 성상聖上으로서도 그들에게 현혹되지 않을 수 없어서 신묘년(1591) 이후의 윤음綸音(임금의 말)을 보면 신하로서 차마 보고 들을 수 없는 것들이 있으니, 그 옛날 칭찬하고 격려하던 성지聖旨(임금의 뜻)와 비교해 보면 달라도 한참 달라졌음을 느끼게 한다. 이를 보면 사랑과 증오란 인자한 어머니도 믿을 수 없을 정도로 때에 따라 변하는 것이며, 정직한 사람이 소외당하기 쉽고 충직하고 신의 있는 자가 죄를 얻기 쉽다는 말이 빈말이 아님을 알 수 있다.

공이 입은 화와 공에 대한 비방은 한 세상에 얽혀 있어 위로는 선비 사회에 영향을 미쳤고, 가깝게는 공의 벗들이 연루되었다.

심지어 한평생 공의 얼굴도 모르고 공과는 은혜도 원한도 없는 자들마저 덩달아 공을 헐뜯는 것으로 자신의 진로를 개척하는 발판으로 삼았고, 평소 공을 잘 아는 자로서 존경하던 자들까지도 혹 공의 득실을 논하며 시속과 어울리니 더 말해 무엇하겠는가. 사기는 꺾이고 흉물들이 날뛰며 정인홍과 이이첨 같은 무리들이 여기저기 도사리고 사설邪說을 퍼트려 몇십 년 동안 세상은 깜깜한 밤이었고 윤리는 망가질 대로 망가져 인류가 발붙일 곳이 없었다.

계해반정(1623)[19]으로 하늘에 태양이 다시 밝아지고 정인홍과 이이첨 등이 모두 법에 따라 처형된 후, 우리 선군자先君子[20]께서 부름을 받고 임금을 알현한 자리에서 공을 위해 충직 청렴하고 효성과 우애를 겸한 공이 참소하는 역적들 때문에 화를 당한 것이므로 그의 관작을 복권해야 한다고 청했다. 갑자년(1624)에는 공의 아들 아무개 등이 공의 억울함을 호소하는 글을 올렸고,[21] 상이 그 상소문을 승정원에 내리자 영의정 이원익李元翼, 좌의정 윤방尹昉, 우의정 신흠申欽 등이 모두 공의 억울함을 풀어 주어야 한다고 건의하였으므로, 인조는 공의 관작을 추복할 것을 명했다. 이에 공의 억울함이 비로소 풀리기 시작했으며, 공론도 백 년이 채 못 되어 안정되었다.

바위가 아무리 누르고 있어도 죽순은 싹을 틔우는 법이어서 이치로 보아 끝내 막을 길이 없는 것이다. 비록 지금까지도 당쟁의 화는 가라앉지 않고 전래의 폐습도 다 없어지지 않았지만, 하늘의 이치는 지극히 공정하고 사람의 마음은 속일 수가 없는 것이므로 백세百世의 뒤에 사랑도 증오도 다 잊히고 이해관계도 다 없어지고 나면 시비是非의 진실이 명확히 밝혀질 것이 틀림없다.

19
1623년, 광해군의 어지러운 정치로 민생과 재정이 파탄나자 김류, 이귀 등이 광해군을 쫓아내고 인조를 국왕으로 세운 사건.

20
돌아가신 아버지를 말하는데, 여기서는 이 송강행장을 쓴 김집의 아버지 사계 김장생을 가리킨다.

21
장악원 정(掌樂院正) 정종명(鄭宗溟)과 교리 정홍명(鄭弘溟)이 상소하여 아버지 정철의 억울함을 호소했다. 『인조실록』 2년 5월 29일.

더 이상 거기에 매달려 마음 쓸 일이 뭐 있겠는가.

공은 천성이 활달하고 깨끗했으며 강직하고 깔끔했다. 부모에겐 지극한 효자였고 형제간에는 우애가 넘쳤다. 거상居喪할 때는 모든 것을 예법대로 했고, 아침저녁으로 상식上食(돌아가신 분에게 식사를 올리는 예식)할 때면 슬피 곡하는 소리에 이웃들이 감동받아 차마 밥을 못 먹는 자도 있었다. 제사 음식은 반드시 손수 다루었고, 장례와 제사의 절차도 여러 현자와 충분한 옳고 그름을 따져 인정에 미진한 점이 없도록 했다. 대상大祥(죽은 지 두 해 만에 지내는 제사) 후 백립白笠을 쓰게 된 것도 공이 시속의 잘못된 점을 말끔히 씻고 옛 제도를 되찾았기 때문이다.

공은 날마다 새벽이면 일어나 사당에 절했고, 출입할 때면 반드시 고했으되 비록 취중이라도 폐하지 않았다. 공은 총명을 타고났으므로 독서할 때 세 번 내지 다섯 번만 읽으면 금방 외웠다. 『근사록近思錄』과 주자의 책에 더욱 주력하였는데, 평상시 일이 없을 때는 물론이고 비록 우환이 있거나 피난 생활을 할 때에도 일과로 삼아 읽고 외웠다. 평안도 강계江界에 있을 때는 『대학大學』 한 권을 손에 쥐고 소주小註까지 외웠을 뿐만 아니라 둘러친 울타리의 나무껍질을 벗기고 손수 써 두어 아침저녁으로 보았으니, 이처럼 지칠 줄 모르고 뜻을 가다듬었던 것이다.

시문詩文은 뜻이 깊고 시원하며 생동하는 듯하여 독특한 정취가 있고, 글씨 역시 힘차고 호방했다. 흉금이 명랑하고 투철하여 막힘이라곤 전혀 없었으니, 마음에 생각나는 것을 반드시 말로 표현했다. 스스로 규율이 매우 엄격하여 비록 가까운 친구일지라도 잘못이 있으면 조금도 용서함 없이 반드시 충고하여 바로잡았으며, 마음씨나 생각하는 바가 옳지 않은 사람을 보면 제아무리

명성을 지니고 남들로부터 추앙받는 자라 하더라도 그 자리에서 지적했다. 결국 그 때문에 시속의 무리와 크게 뒤틀려 화가 산처럼 쌓이게 되었지만, 그 강건하고도 바른 기개는 늙어서 오히려 더했다.

몸가짐은 아주 맑고 간결하여 주고받는 데 스스로를 단속함이 매우 엄했기에, 수령들이 주는 것이면 일체 받지 않았다. 그리하여 자제들을 경계하기 위하여 손수 쓴 글에, "편화鞭靴(신발)가 오고 가다 보면 반드시 옥백玉帛(보석과 비단)이 오고 가게 되고, 옥백이 오고 가다 보면 틀림없이 구마裘馬(비싼 옷과 말)가 오고 가기에까지 이른다"고 했다. 관직을 맡았을 때의 그 풍채는 찬바람을 일으킬 정도로 늠름하여 누구도 감히 사사로운 부탁을 할 수가 없었다.

공의 누님이 인묘仁廟(인종)의 귀인貴人이었으므로 공은 어렸을 때 늘 동궁東宮에 출입했는데, 명종明宗은 그때 대군大君으로서 공과 어울려 놀며 정의가 매우 두터웠다. 공이 대과에 급제하자 명종이 공의 어렸을 때 자를 부르면서 '아무개가 급제를 했구나' 하고 술과 안주 등 잔치에 쓰일 물품을 내려 준 일이 있었다. 그 후 공이 대관臺官이 되었을 때 종실 경양군景陽君이 죄를 짓고 옥에 갇히게 되었는데, 명종이 공에게 사사로이 부탁하기를, "우리 형이 죽게 되었으니 너그럽게 보아 달라"고 했으나, 공은 그 뜻을 받들지 않고 법대로 처리했다.

을해년(1575, 선조8)에 공이 벼슬을 버리고 남으로 갈 때 상이 그 소식을 듣고 사사로이 공에게 이르기를, "시골로 내려가지 말라. 내 앞으로 그대를 크게 쓰리라"고 했으나 공은 끝내 머물지 않았다. 공이 대사헌이 되었을 때는 시장의 상인들이 말하기를, "이이와 정철 두 대부大夫가 법을 잡고 있을 때만은 각 관아에서 세금을 마음대로 거두는 일이 없었다"고 했다.

그 후 대가大駕를 따라 평안도 정주定州에 가서 빈청賓廳(대신들의 회의실)에 앉아 있을 때, 그 자리에 왕실의 인척이 되는 재상이 있었으므로 안에서 음식을 보내왔고 그 재상이 음식을 공에게 넘겼다. 그러자 공은 "이 음식은 바깥 신하가 먹어서는 아니 된다" 하며 즉시 그 자리를 피했다. 이에 평소 공을 좋아하지 않던 자까지도 혀를 내두르며 남들이 하기 어려운 일이라고 감탄했다.

공은 친구에 대한 우정이 돈독했고 남의 불행을 돕는 일이면 더욱 앞장섰다. 송구봉宋龜峯²²이 시배들에게 모함을 당해 세상에서 몸 붙일 곳이 없게 되자 그를 초대하여 자신의 집에 머물게 했고, 공을 헐뜯는 자들이 공을 고달프게 하기 위해 구봉에게 형벌을 주고 공에게 화풀이를 하여도 공은 전혀 개의치 않고 처음처럼 똑같이 대했다.

공은 일찍부터 명성이 대단하여 선배들과 당시의 현자들로부터 크게 존중받았다. 퇴계 선생은 공을 두고 "옛 간언하는 신하의 풍도가 있다" 했고, 김하서金河西²³와 이토정李土亭²⁴ 같은 이들도 공에 대한 기대가 컸다. 고봉高峯²⁵이 물과 돌이 아주 깨끗한 곳에 갔다가, 혹자가 "지금 세상 사람들 중에 이에 비유할 만한 자가 있느냐"고 묻자, 고봉은 "아마도 정철이 바로 그 사람이리라"고 했다. 중봉 조헌은 공을 가리켜 "얼음같이 맑고 옥같이 깨끗하며 충심으로 나라를 위해 일하는 이다" 했는가 하면, 율곡과 우계 두 선생은 공과 특별히 친하게 지냈다.

공이 비록 시속의 무리에게 원한을 산 나머지 헐뜯는 비방이 사방에서 일어났지만, 공은 처음부터 끝까지 결백한 마음이었다. 따라서 공이 여러 노선생老先生으로부터 이러한 인정을 받은 것도

22
송익필(宋翼弼, 1534~1599)로, 예학(禮學)과 문장으로 이름이 높았다. 율곡 이이와 우계 성혼의 친구였다.

23
김인후(金麟厚, 1510~1560)로, 퇴계 이황과 교류하였고 을사사화 이후 전라도 장성에서 후학을 양성하였다.

24
이지함(李之菡, 1517~1578)으로, 역학(易學)에 밝았다고 한다.

25
기대승(奇大升, 1527~1572)의 호로, 이황과 사단칠정(四端七情) 논쟁을 펼친 일로 유명하다.

그만한 내실이 있었기 때문이다. 누가 좋아하든지 싫어하든지, 간흉들이 죄를 만들어내든지 비록 온 세상이 다 떠들고 지껄여대도 공에게는 하등 허물될 것이 없었다. 옛날에 이른바 "우뚝한 존재로 자기 길을 자기 혼자서 간다"는 말과 "부드럽다고 하여 함부로 먹지 않고, 뻣뻣하다고 하여 뱉지 않는다"는 말과 "불인不仁을 싫어하여 그 불인이 자기 몸에 가해지지 않도록 한다"는 말을 놓고 본다면, 공이 참으로 그런 사람일 것이다.

공의 부인은 문화유씨文化柳氏로, 고려조 태사太師 유차달柳車達의 후예이자 학생 유강항柳强項의 딸이었다. 모두 4남 3녀를 두었다. 아들 중 맏이는 정기명鄭起溟인데, 진사進士로서 문행文行이 있었으나 일찍 죽었다. 다음은 정종명鄭宗溟으로, 장원급제하여 요직을 두루 거쳤으며, 품계는 통정대부通政大夫이고 관직은 강릉부사江陵府使로 마쳤다. 그 다음은 정진명鄭振溟인데, 역시 진사로 일찍 죽었다. 그 다음은 정홍명鄭弘溟인데, 좋은 시대를 만나 각종 요직을 두루 거치고 대사헌으로서 대제학까지 맡았다. 딸들 중 맏이는 이기직李基稷에게, 그 다음은 최환崔渙에게, 그 다음은 목사牧使 임회林檜에게 각각 시집갔다.

정기명은 우리 할아버지 참판공의 딸을 아내로 맞아 아들 정운鄭沄을 두었고 현감이었다. 정종명은 부사府使 홍인걸洪仁傑의 딸에게 장가들어 5남을 두었다. 맏이 직瀷은 생원生員이며 바탕이 아름다웠으나 재주를 펴 보지 못하고 죽었다. 다음 정수鄭洙는 현감으로 정축년(1637) 난리에 적을 만나 굴하지 않고 죽었으며, 다음 정연鄭沇은 문과에 급제하여 지평持平이고, 다음 정양鄭瀁은 현감이며, 다음 정뇌鄭㵢 역시 일찍 죽었다. 정진명은 창의사倡義使 김천일金千鎰의 딸을 아내로 맞아 아들 정한鄭漢을 두었다. 정홍명은 초취가 유대이俞大頤의 딸이고 재취가 찰방察訪 윤정근尹廷瑾의 딸이었는데, 다 자식이 없었고 측실 자식으로 정리鄭溧가 있다. 그 밖에 외생外生 및 증손과 현손 약간 명이 있다.

공이 세상을 뜬 지 거의 1주갑周甲(60년)이 되었고 이미 억울한 누명을 다 벗었으니, 당연히 시호를 받는 은전이 있어야 할 것이다.[26] 공의 한 몸이 영榮과 욕辱, 화禍와 복福을 한 번씩 치를 때마다 현자와 간신의 진퇴도, 태평과 난세의 변화도, 세상 도리의 오르내림도 그에 따라 좌우되고 있음을 볼 때, 공의 처음부터 끝까지의 행적을 빼놓지 않고 상세히 기록하지 않으면 안 될 것이다. 우리 돌아가신 아버지께서 공의 자초지종을 잘 아시기에 평소 보고 들은 것들을 뽑아 모아 두었으나 미처 원고를 완성하지 못하였는데, 내가 스스로 역량은 헤아려 보지도 않고 감히 아버지의 뜻을 잇고자 가승家乘(집에 보관 중인 역사 기록)에서 뽑아 이렇게 뒤이어 엮어 두고 장래 사실을 판단할 군자가 채택하기를 기다리며 삼가 행장을 쓴다.

26
실록에 따르면, 송강이 시호를 받은 것은 1685년(숙종11)이다. 『숙종실록 11년 8월 11일』 단 「송강연보」에는 갑자년, 즉 1684년으로 기재되어 있으나 오류일 것이다.

2_『서애행장西厓行狀』[27]

정경세鄭經世[28]

27
1626년(인조4)에 정경세가 지었다. 원제목은 『우복집』 권20에 실린 「조선 나라 수충익모광국충근정량효절협책호성 공신, 대광보국숭록대부 의정부 영의정 겸 영경연·홍문관·예문관·춘추관관상감사, 세자사, 풍원부원군 서애 유선생행장[有明朝鮮國輸忠翼謨光國忠勤貞亮效節協策扈聖功臣 大匡輔國崇祿大夫議政府領議政兼領經筵弘文館藝文館春秋館觀象監事 世子師 豊原府院君 西厓柳先生 行狀]」이다. 『서애집』 부록에도 같은 제목으로 실려 있다. 서애의 생애에 대한 좀 더 상세한 정보는 『서애집』에 실린 「연보」에 있다.

28
정경세(1563~1633)의 본관은 진주(晉州), 자는 경임(景任), 호는 우복(愚伏)이다. 시호는 문장(文莊)이다. 아버지는 좌찬성 여관(汝寬), 어머니는 합천이씨(陜川李氏)로 가(軻)의 딸이다. 유성룡의 문인으로 영남지방에서 예학(禮學)의 대가로 알려졌다. 「송강행록」을 지은 사계 김장생의 제자 동춘당(同春堂) 송준길(宋浚吉 1606~1672)이 우복의 사위인데, 바로 사계가 주선했다는 이야기가 있다. 그의 저서 『양정편(養正篇)』은 주자가 편찬한 『소학』과 표리가 되고, 『주문작해(朱文酌海)』는 퇴계 이황이 편찬한 『주서절요(朱書節要)』를 한 단계 발전시킨 저술로, 후일 우암 송시열은 이들을 기초로 '주문작해와 주서절요를 통괄한 책'인 『절작통편(節酌通篇)』을 편찬했다.

공의 증조 자온子溫은 진사로, 이조판서 겸 지의금부사에 추증되었으며, 증조비인 안동김씨安東金氏는 정부인貞夫人에 추증되었다. 할아버지 공작公綽은 군수를 지내고 의정부 좌찬성 겸 판의금부사에 추증되었으며, 할머니 연안이씨延安李氏는 정경부인貞敬夫人에 추증되었다. 아버지 중영仲郢은 관찰사를 지냈고 순충적덕보조 공신純忠積德補祚功臣 대광보국숭록대부 의정부 영의정 겸 영경연홍문관예문관춘추관관상감사 세자사 풍산부원군豊山府院君에 추증되었으며, 어머니 안동김씨는 정경부인에 추증되었다.

공의 휘는 성룡成龍이고 자는 이현而見이다. 성은 유씨柳氏로, 대대로 풍산豊山 사람이었다. 그 선조는 고려시대에 처음 높은 관직에 오르기 시작했다. 그 뒤에는 이름이 종혜從惠란 분이 있어 조선시대에 벼슬하여 관직이 공조전서工曹典書에 이르렀다. 5대가 지나 관찰사공觀察使公에 이르렀고, 관찰사공은 강직한 성품과 훌륭한 직무 수행으로 이름났는데, 고 영의정 소재蘇齋 노공盧公(노수신盧守愼)이 그 묘지명을 지었다.

공을 임신하였을 때 정경부인이 이상한 꿈을 꾸었는데, 어떤 사람이 하늘에서 내려와 "부인은 특별한 아들을 낳을 것"이라고 일러 주었다. 그로부터 얼마 지나지 않아서 공이 탄생하였으니, 바로 가정嘉靖(명나라 세종의 연호) 21년인 임인년(1542, 중종37) 10월이었다. 공은 태어나면서부터 밝고 순수하여 빛나는 구슬이 막 물속에서 나온 듯했다.

 네 살이 되었을 적에 글을 읽을 줄 알았고 여섯 살이 되었을 적에 『대학』을 배웠다. 행동거지가 어른과 같아 일찍이 아이들과 놀며 장난친 적이 없었다. 여덟 살이 되었을 적에 『맹자孟子』를 읽다가 「만장하萬章下」의 "백이伯夷는 눈으로는 나쁜 색을 보지 않았고, 귀로는 나쁜 소리를 듣지 않았다"는 대목에 이르러 뭉클하여 그 모습을 상상하면서 백이의 사람됨을 흠모해 꿈속에서 만나 보기까지 했다.

 관冠을 쓸 나이가 되어서는 관악산冠岳山에 있는 무너진 암자로 들어가 깨끗이 치운 다음 힘써 공부하였는데, 남자 종 한 명을 머무르게 하고서 밥을 짓게 했다. 고개 숙여 글을 읽고 하늘을 우러러 생각하며, 잠을 자고 밥을 먹는 것조차 잊어버릴 정도였다. ……

 어느 날 한 스님이 밤을 틈타 갑자기 공 앞에 나타나서 말하기를, "홀로 빈산에 살고 있으면 도적이 무섭지 않은가?" 하니, 공이 천천히 말하기를, "사람은 참으로 헤아릴 수 없는 법이니, 그대가 도적이 아닌 줄을 어찌 알겠는가" 하였다.

 그러고는 그대로 앉아 태연자약하게 글을 읽으니, 중이 절을 하고 말하기를, "빈도貧道는 선비께서 뜻이 확고하다는 소문을 들었으므로 와서 한번 시험해 본 것입니다. 뒷날에 반드시 큰사람이 될 것입니다" 했다.

 당시에 퇴계退溪 이 선생이 도산陶山에서 도를 강론하고 있었는데, 공이 관찰사공의 명으로 책을 싸 짊어지고 가서 배웠다. 퇴계 선생이 공을 한번 보고는 뛰어나다고 여겨서 공부하는 사람들에게 말하기를, "이 아이는 하늘이 낸 아이다"라고 했다.

공은 갑자년(1564, 명종19)에 사마시司馬試의 양과兩科에 입격했다. 병인년(1566, 명종21)에 문과에 급제하여 승문원承文院에 보임되었다. 융경隆慶 정묘년(1567, 명종22)에 천거되어 예문관에 들어갔다. 기사년(1569, 선조2)에 상소를 올려 인묘仁廟를 연은전延恩殿에 모시는 것이 올바른 예가 아니라고 주장하였는데, 일이 그대로 시행되었다. 다시 성균관 전적(정6품)과 공조좌랑으로 옮겼다가 성절사聖節使(명나라 황제의 생일에 파견되는 사신)의 서장관書狀官이 되어 북경에 갔다.

황궁에 나가 장차 반열班列에 들어가려고 할 때 태학생 수백 명이 와서 구경했다. 공이 태학생들에게 중국의 이름난 학자 가운데 어떤 사람을 첫째 스승으로 삼고 있는지 묻자, 태학생들이 서로 돌아보면서 한참 있다가 왕양명王陽明(양명은 왕수인王守仁의 호)과 진백사陳白沙(백사는 진순陳淳의 호)를 스승으로 삼고 있다고 했다.

공이 말하기를, "백사는 도道를 본 것이 정밀하지 않았고, 왕양명 역시 선학禪學을 겉모습만 바꾼 사람이니, 한결같이 바른 데에서 나온 설문청薛文淸(문청은 설선薛瑄의 시호)만 못합니다" 하였다.

그러자 신안新安 사람인 오경吳京이란 자가 기뻐하며 앞으로 나와 "근래에 학술이 어긋나서 학자들이 방향을 잃었는데, 공께서 정론正論으로 배척하였으니, 우리 학문의 다행입니다" 하였다.

또 서반序班[29]이 승도僧徒와 도사道士 두 무리를 이끌어다 앞줄에 세우자, 공이 학생들에게 이르기를, "학생들은 선비의 관을 쓰고서도 도리어 저들의 뒷줄에 선단 말인가?" 하니, 학생들이 말하기를, "저들은 관직이 있기 때문이다" 하였다.

이에 공이 서반을 불러 "우리는 학자의 옷을 입은 사람으로서 도가道家와 석가釋家 무리의 뒤에 서 있을 수가 없다"고 하자, 서반이 홍려시鴻臚寺에 말하여 두 무리를 뒤에다 세우니, 뜰에 있던 사

29
명·청 시기 대외관계를 관장하던 홍려시(鴻臚寺)나 외국 사절의 숙소인 회동관(會同館) 등에 소속되어 외국 사절의 접대 등을 맡아 보던 관직 이름이다.

람들이 모두 얼굴빛을 바꾸었다. 북경에서 돌아왔을 때 이 선생이 편지를 보내어 축하하며 말하기를, "육구연陸九淵(중국 남송의 유학자)의 선학禪學이 온 세상을 뒤덮었는데 공은 수백 명의 제생들을 만나 그들의 미혹된 점을 점검해 주었으니, 이는 쉽사리 할 수 없는 일을 한 것이다" 했다.

경오년(1570, 선조3)에 부수찬과 수찬에 제수되었는데, 매번 입시하여 진달할 적마다 명백하고 간절하게 말하며 정미하게 분석하였으므로, 당시에 강관講官들 가운데 제일이라고 일컬었다. 호당湖堂(독서당)에서 사가독서賜暇讀書[30]한 뒤에 정언과 이조낭관을 거쳤다. 신미년(1571)에 병조낭관으로 옮겼다. 임신년(1572)에 다시 수찬이 되었다. 이때 영중추부사領中樞府事 이준경李浚慶이 죽을 무렵 상소를 올려 '조정 안에 붕당의 조짐이 있다'고 하였는데, 상이 대신들을 불러 보여 주며 "조정 신하들 가운데 누가 붕당을 짓는가?" 하고 물었다.

이에 조정의 의논이 흉흉해져 '이준경이 사류들에게 화를 끼치려 한다'고 하였으며, 삼사와 호당의 관원들이 차자를 올려 논하면서 죽은 뒤에라도 관작을 삭탈하라고까지 했다.

공이 말하기를, "대신이 죽음에 임해 진언한 것에 대해서는 마땅치 않은 점이 있을 경우 따지면 그만이지, 죄주기를 청하기까지 하는 것은 조정에서 대신을 대우하는 체통에 손상이 될 것 같다"고 하니, 사람들이 그 말을 따르고 심한 말을 하지 않았.

계유년(1573, 선조6)에 다시 이조낭관이 되었다. 아버지 관찰사공의 상을 당하였고 상을 마친 뒤에는 부교리, 이조정랑에 제수되었는데 모두 부임하지 않았다. 병자년(1576, 선조9) 봄에 교리로서 소명을 받아 나아가다 올라가는 도중에 사임하고서 되돌아왔다.

30
인재 관리를 위해 임금이 유능한 신하에게 독서에 전념할 수 있도록 휴가를 준 제도.

여름에 헌납獻納으로서 조정에 나아갔다. 당시 사헌부 관원이 어떤 한 외척을 논핵하였는데, 이조에서 곧바로 이 사헌부 관원들을 지방 관직의 후보에 올렸다.

공이 말하기를, "언관이 한 번 입을 열어 외척을 논핵하였는데, 갑작스럽게 외직으로 내쫓고자 한다면 언로는 막히고 척리가 전횡하게 됩니다" 하자, 마침내 이조의 관원들을 논핵하여 모두 체차시켰다. 검상檢詳으로 있다가 전한典翰으로 옮긴 뒤에 사임했다. 겨울에 부응교副應敎가 되자, 상소를 올려 어머니를 봉양할 수 있기를 청하였으나, 상이 허락하지 않았다.

정축년(1577, 선조10)에 말미를 얻어 어머니를 뵈었다. 사인舍人으로 승진하였으나 나아가지 않았다. 겨울에 응교로서 조정에 되돌아왔다. 이때 인성대비仁聖大妃가 세상을 뜨자 예관禮官이 대신과 의론을 정해 상에게 기년복朞年服을 입으라고 청했다.

공이 동료들에게 말하기를, "명묘明廟(명종)께서는 인묘仁廟(인종)의 정통을 이은 것이니, 부자父子의 도리가 있다. 주상께서는 마땅히 아버지가 죽었을 경우 할머니를 위해 적손이 중복重服[31]을 입는 예를 따라야 한다"며 드디어 극력 논했다. 그러자 상이 유지有旨를 내려 예관에게 다시 의논하게 하였는데, 대신들은 오히려 이전의 견해를 고집했다.

5일째 되는 날에 이르러 공이 말하기를, "오늘도 청한 것을 허락받지 못하면 나중에 다시 고치기 어렵다. 그러니 밤을 새워 논계하며 허락을 받아내지 못하면 물러 나와서는 안 된다" 했다. 첫 닭이 울 때에 이르러서야 이에 윤허받았다.

졸곡卒哭(삼우제를 지낸 뒤 3개월 안에 강일에 지내는 제사)을 마친 뒤에는 마땅히 경연을 열어야 했는데, 공이 이르기를, "『시경詩經』은 노래를 실

31
대공(大功) 이상의 무거운 상복인데, 여기서는 아버지를 대신해서 입는 상복을 말한다.

어 놓은 것이니 그대로 진강進講하는 것은 온당치 않습니다." 하니, 이에 『춘추春秋』로 바꾸었다.

무인년(1578, 선조11)에 군기시 정軍器寺正과 사간원 사간, 홍문관 응교를 역임했다. 기묘년(1579)에 직제학으로 옮겼다가 승진되어 동부승지에 제수되었으며, 얼마 뒤에 체차되고 이조참의에 제수되었다가 다시 부제학에 제수되었다. 경진년(1580)에 또 상소를 올려 어머니를 봉양할 수 있기를 청하였는데, 말뜻이 비통하고 간절하니 상이 허락했다. 그때 마침 상주목사尙州牧使 자리가 결원이었으므로 특명으로 제수했다. 조정에 하직 인사를 하던 날 상이 인견하고는 편의대로 잘 봉양하라는 뜻으로 유시했다. 그러고는 또 이르기를, "여러 고을의 본보기로 삼게 하고 싶다"고 했다. 상주에 도착하고 나서는 예의와 겸양으로 다스리니 사민士民들이 그 교화에 감복했다.

신사년(1581, 선조14) 봄에 공이 다시 부제학으로 소명받아 조정으로 돌아왔다. 겨울에 얼음이 얼지 않자 차자를 올려 열 가지 일에 대해 진달하였다. 그 차자에, "실질적인 덕德을 닦아 하늘의 마음에 답하고, 내외內外를 엄하게 하여 궁궐 안을 엄숙하게 하고, 정치의 원칙을 잘 살펴서 다스림의 규모를 세우고, 공론公論을 중히 여겨 조정의 기강을 바르게 하고, 명실名實을 따져서 뛰어난 인재를 등용하고, 공도公道를 넓혀서 요행의 문을 막고, 염치廉恥를 길러서 탁한 풍속을 맑게 하고, 형정刑政을 밝게 하여 간사하고 외람된 자들을 징계하고, 적폐積弊를 제거하여 백성의 삶을 보호하고, 학술學術을 주창하여 선비들의 풍조를 진작시키십시오" 하였다.

임오년(1582, 선조15)에 공은 대사간에 제수되었다가 겨울에 우부승지로 있던 중 특별히 도승지로 승진하였는데, 곧 오게 될 중국

사신을 인도하는 데 적임자가 필요했기 때문이었다. 사신이 도착하여 공이 상 앞에서 행동하고 주선하는 것이 모두 법도에 맞는 것을 보고는 몹시 탄복하며 칭찬했다. 상이 비단 도포를 벗어서 하사하고는 품계를 올려 대사헌에 제수했다.

계미년(1583, 선조16) 봄, 이탕합尼湯哈이 변방 지역을 노략질했다. 공이 부제학으로 있으면서 전지傳旨에 응하여 다섯 가지 계책을 올렸는데, 거기에 이르기를, "화의 근원을 막고, 싸워서 지킬 계책을 정하고, 오랑캐들의 실정을 살피고, 군량미를 공급하고, 기아 대책을 정비하십시오" 하였다.

사론士論이 처음 갈라졌을 적에 공은 이미 깊이 걱정했다. 이에 뜻을 같이하는 공들과 힘써 화합하고 진정시킬 계책을 세웠으나 끝내 뜻대로 할 수가 없었다. 이때에 이르러 끼리끼리 어울리는 무리를 만드는 것이 더욱 심해져 서로 견제하고 끌어 주었으므로 공은 조정에 있는 것을 즐겁게 여기지 않았으며, 정경부인[32] 역시 늙어 병들었으므로 어머님을 모시기 편하도록 향리로 물러나 살았다.

가을에 특별히 함경도 관찰사에 임명되었으나, 어머니의 병을 이유로 사임했다. 체차되고서 대사성에 제수되었으나 역시 취임하지 않았다. 겨울에 경상도 관찰사에 제수되었다. 공은 먼 곳은 사양하고 가까운 곳은 취임하는 것이 온당치 않다는 이유로 상소를 올려 사임하고, 이어 물러나 쉬게 해 달라고 청하였는데, 경안령慶安令 이요李瑤가 때를 틈타 헐뜯었기 때문이다.[33] 상이 정원에 하교하기를, "내가 일찍이 한마디 말도 의심스럽다고 한 적이 없었는데, 지금 상소에서 한 말이 이와 같으니, 이는 필시 다른 사람의 말을 듣고서 스스로 편안치 못하게 여긴 것이다. 유성룡은

32
남편이 삼정승일 때 부인도 이에 맞추어 1품 정경부인으로 삼는다. 여기서는 유성룡의 어머니를 말한다.

33
경안령이 선조를 면대하였을 때, 조정이 안정을 잃고 동서(東西)로 갈라져 정사가 여러 곳에서 나오고 있으며, 유성룡·이발·김효원·김응남 등은 동편의 괴수들로서 자기 마음대로 하는 일들이 많으니 억제하기 바란다는 말을 했다. 『선조실록』 16년 4월 17일.

현사賢士이면서도 재주가 있으니, 조정 신하들 가운데 아주 걸출한 자이다. 단지 그에게 노모가 있기 때문에 매번 부르지 못하는 것일 뿐이다"라고 했다. 이어 따뜻한 유시를 내리고 허락하지 않았으므로, 마침내 부임했다.

갑신년(1584, 선조17) 가을에 부제학으로 소환되었는데, 네 차례 사임하여 체차되었다. 얼마 뒤에 다시 제수되었는데, 세 차례나 잇달아 상소를 올리는 것은 감히 할 수 없어서 해직되어 시골로 돌아가 봉양할 수 있기를 청하였으나, 상이 허락하지 않았다. 예조판서 겸 동지경연사 홍문관 제학으로 승진되었다. 이에 상소를 올려 극력 사직하니, 상이 직접 쓴 전교를 내렸는데, "옛날 임금은 신하에 대해서 신하로 삼은 경우도 있었고, 벗으로 삼은 경우도 있었으며, 스승으로 삼은 경우도 있었다. 이런 의리가 비록 후세에 전해지지는 않았으나, 경은 10년 동안 경연에 있으면서 덕이 한결같아 하자가 없었다. 의리상으로는 비록 임금과 신하였으나, 정情으로 볼 때에는 친구 사이와 같았다. 그 학문을 논해 보면 장구章句에만 고착된 유학자가 아니며, 그 재주를 말해 보면 큰일을 담당하기에 충분하다. 경을 잘 알기로는 나만 한 사람이 없다" 했다.

다시 사임하였으나 허락하지 않았다. 이에 글을 지어 관학館學(성균관과 사학)에 있는 학생들에게 유시하고, 또 팔도에 향약鄕約을 반포하였다. 효제孝悌를 도탑게 하고 예의와 겸양을 진작하여 백성을 교화하고 풍속을 아름답게 하는 근본으로 삼으라는 뜻이었다.

당시에 "부마駙馬를 간택할 적에 이씨李氏 성의 다른 본관本貫인 자들도 피하지 말고 간택하라"는 명이 있었는데, 이는 대개 성상의 의중에 미리 점찍어 둔 자가 있어서였다. 이에 공이 아뢰기를,

"예禮에 동성同姓인 사람과는 혼인하지 않는다고 하였는데, 이는 혐의스러움을 멀리하는 것입니다. 유총劉聰이 유은劉殷의 딸을 맞아들여 비妃로 삼았는데, 낳은 자식들이 아주 특출하였는데도 『자치통감강목資治通鑑綱目』에서는 그것에 대해 '개와 양이 뒤섞였다[犬羊雜揉]'고 기록했습니다. 당·송 이래로 공주에게 장가든 자는 모두 다른 성의 사람이었으며, 오직 당唐나라 소종昭宗만이 이무정李茂貞의 아들을 취하여 부마로 삼았을 뿐인데, 이것은 강포한 신하에게 내몰려서 그렇게 한 것이며 본보기로 삼아서는 안 되는 것입니다" 하니 결국 그 일은 중지되었다.

을유년(1585, 선조18)에 의주목사 서익이 상소를 올려 아뢰기를, "정여립이 이이에게 보낸 편지에 이르기를, '세 사람을 비록 쫓아냈다고는 하지만[34] 거간巨奸이 아직 그대로 있다'고 하였는데, 거간은 대개 유성룡을 가리키는 것입니다" 하였다.

그러자 상이 어찰御札을 내려 이르기를, "유성룡은 군자이다. 그를 일러 오늘날의 대현大賢이라고 하더라도 가하다. 그 사람을 보고 그와 더불어 말을 나눠 보면 자신도 모르는 사이에 마음속으로 복종하게 된다. 어찌 학식과 기상이 저와 같은 사람이 거간이 될 리가 있겠는가. 어떤 담이 큰 자가 감히 이런 말을 한단 말인가" 하였다. 공이 다섯 차례나 상소를 올려 물러가기를 진달했다.

또 아뢰기를, "거취의 의리는 목마르면 물을 마시고 배고프면 밥을 먹으며 더우면 갈옷을 입고 추우면 갖옷을 입는 것과 같아서, 하여야 할 바가 있는 것으로 뜻을 굽혀 영합하는 것을 용납하지 않습니다. 나아간다고 해서 이익을 탐내는 것이 아니고, 물러간다고 해서 은혜를 잊는 것이 아닙니다. 백세百世가 앞에 있고 천세千世가 뒤에 있으니, 스스로 맑게 하여 부끄러움이 없는 것이

34
1583년 계미년에 동인 계열의 도승지 박근원(朴謹元), 대사간 송응개(宋應漑), 직제학 허봉(許篈) 등이 병조판서였던 이이(李珥)의 실책을 탄핵하다가 박근원은 평안도 강계(江界)로, 송응개와 허봉은 각각 함경도 회령(會寧)과 갑산(甲山)으로 귀양 가게 되었는데, 이 사건을 계미변란(癸未變亂) 또는 계미당사(癸未黨事)라 하며 이들 세 사람을 계미삼찬(癸未三竄)이라 부른다. 『선조실록』 16년 8월 28일.

가장 중요합니다" 하였다.

상이 비록 허락하지는 않았으나, 공은 조정을 떠나갈 뜻이 더욱더 굳어졌다. 어머니를 뵙겠다고 차자를 올리고 남쪽으로 돌아가 재차 글을 올려 해직시켜 주기를 청했다. 여러 차례 불렀으나 3년 동안 조정에 나가지 않았다.

무자년(1588, 선조21) 겨울에 비로소 형조판서로 돌아왔다. 대제학을 겸임하였는데, 여러 차례 사직하였으나 윤허받지 못했다. 기축년(1589)에 대사헌과 병조판서, 예조판서를 역임했다.

겨울에 반역 사건으로 옥사가 일어났다. 당초에 정여립이 학자나 관료 사이에서 명성을 훔쳤으므로 전후의 사류土類들이 대부분 그와 더불어 교유했다. 공만은 홀로 그가 부박하고 거짓되며 제멋대로 구는 것을 싫어하여 문 앞에 찾아와도 만나지 않았다. 이때에 이르러 정여립이 모역謀逆한 사실이 드러났는데, 진술이 확대되어 많은 사람이 체포되어 화를 당하게 되었다. 공의 이름 역시 백유양이 정여립에게 보낸 편지에 나왔으므로, 여러 차례 체차시켜 주기를 요청하였으나 윤허받지 못했다. 이에 상소를 올려 스스로 탄핵하니, 상이 아주 너그러운 내용의 비답을 내렸는데, 그 속에 '경의 심사는 저 밝은 태양에게 물어보면 된다'는 등의 말이 있었으므로, 사류들이 무척 공에게 의지했다. 특명으로 이조판서에 제수되었다.

경인년(1590, 선조23)에 어머니를 모시러 가자 상이 내전內殿의 의복을 하사하고 시골로 돌아가서 어머니 정경부인에게 주라고 명하였는데, 이는 아주 특별한 은혜였다. 얼마 뒤에 우의정에 제수하고 소환하니, 극력 사양하였으나 상이 허락하지 않았다. 종계宗系를 개정改正[35]하는 데 공로가 있어 광국공신光國功臣에 녹훈되고 풍

35
명나라 『대명회전(大明會典)』에, 조선 태조가 고려의 권신 이인임(李仁任)의 아들이라고 기록되어 있는 것을 바로잡는 일이다.

원부원군豊原府院君에 봉해졌다.

신묘년(1591, 선조24)에 상이 명을 내려 이조판서를 겸임하게 하자, 공이 사양하며 아뢰기를, "국조國朝 이래로 이와 같은 일은 없었습니다. 만일 이 뒷날에 정권을 멋대로 판단하는 자가 있어 신을 핑곗거리로 삼는다면, 나라의 끝없는 화가 신의 몸에서부터 시작될 것입니다" 하니, 상이 답하기를, "몸이 재상의 자리에 있으면서 조정의 권병權柄을 잡고 농락한 자들이 어찌 모두 이조판서 자리를 겸해서 그런 것이겠는가. 사양하지 말고 인재 등용을 공정히 하고 조정을 맑게 해야 할 것이다" 하였다. 얼마 뒤에 좌의정으로 승진했다.

이때 통신사通信使 황윤길黃允吉 등이 일본에서 돌아왔는데, 왜국의 우두머리 도요토미 히데요시平秀吉가 보낸 편지에 '한 번 조선을 건너뛰어서 곧장 명나라로 쳐들어가겠다'는 말이 있었다. 이에 공이 사유를 갖추어 중국에 상주하는 것이 마땅하다고 하자, 영의정 이산해가 이르기를, "황조皇朝에서 만약 왜국과 서로 교통하였다는 이유로 우리 죄를 물을 경우 해명할 말이 없으니, 숨겨 두느니만 못하다"고 했다.

공이 말하기를, "사신들이 오고 가는 것은 나라가 있는 이상 어쩔 수 없다. 성화成化(명나라 헌종 연호) 연간에 일본이 우리나라를 통하여 중국에 조공하고자 하였는데, 곧장 사실대로 주문하자 천조天朝에서 칙서를 내려 회유하였으니, 이전에 한 조치는 옳다. 지금 이 편지를 보고서도 숨긴 채 아뢰지 않는다는 것은 의리에 비추어도 안 될 뿐 아니라, 왜인들이 만약 실제로 명나라를 침범할 모의를 하고 있고, 천조에서 다른 나라를 통해 그 사실을 듣게 된다면 우리를 의심하는 마음이 분명 깊어져 더욱 해명할 길이 없을 것이다" 하고는 마침내 상주하라고 건의했다.

당시 왜인 소식이 날로 급해졌으므로 비변사備邊司에 명하여 각자 장수가 될 만한 인재를 천거하게 하였는데, 공은 권율과 이순신을 천거하여 뜻에 부응했다. 이 두 사람은 그때 낮은 관리여서 이름이 널리 알려지지 않은 상태였으나, 뒤에는 결국 공을 세워 당대의 명장이 되었으며 이순신은 특히 탁월했다. 공은 경상 우병사慶尙右兵使 조대곤曺大坤이 노쇠하고 재주가 없다는 이유로 이일李鎰로 바꾸어 임명하기를 청하였으며, 『제승방략制勝方略』의 분군법分軍法은 필패의 방도라고 여겨 역대에 시행한 진관鎭管의 규정을 분명히 펼치기를 청했다. 그러나 모두 기각되어 시행되지 못했다. 상이 명하여 대제학을 겸임하게 했다.

임진년(1592, 선조25) 4월, 왜적이 대거 쳐들어오자, 병조판서를 겸임하여 군무를 총괄해 다스리라고 명했다. 이일을 파견하여 순변사로 삼고 성우길成佑吉과 조경趙儆을 좌우 방어사로 삼아 세 길로 나누어 내려보내고, 변기邊璣와 유극량劉克良을 조방장助防將으로 삼아 조령과 죽령 두 고개를 나누어 지키게 하였으며, 신입申砬을 순변사로 삼아 이일을 후원하게 했다. 얼마 뒤에 이일과 신입이 패하였다는 보고가 계속해서 올라오고, 왜적들은 충주忠州에 도달했다.

대가大駕가 평안도로 피난하면서 공에게 명해 한양을 지키게 하였는데, 도승지 이항복이 상에게 아뢰기를, "서쪽으로 행행行幸(임금의 거둥)하였다가 변경의 끝에 이르게 되면, 강물 하나 건너편이 바로 중국의 강토입니다. 그곳에 도착하면 대응하는 일이 있을 텐데, 현재 조정에 있는 신하들 가운데 명민하고 숙달되어 관례를 알고 외교문서를 잘 짓는 사람으로는 오직 유성룡 한 사람뿐이니, 행차를 따라가게 하지 않으면 안 됩니다" 하니, 상이 허락했다. 임진臨津에 이르러 대신들을 불러 같은 배를 타고 건너게 하면서 공에게 이르기를, "만일 뒷날에 나라가 다시 중흥된다면 마땅히 경의 덕분일 것이다"라고 했다.

동파역東坡驛[36]에 이르러 상이 어가御駕가 머물러 있을 곳을 물으니, 신하들이 얼른 답하지 못했다. 이항복이 아뢰기를, "의주義州로 나아가 머물러 있다가 팔도가 모두 함락되면 곧바로 중국 조정으로 가서 호소해야 합니다" 하니, 공이 말하기를, "그래서는 안 됩니다. 대가大駕가 만약 우리 동방 땅을 한 발자국이라도 떠나기만 한다면, 조선 땅은 우리의 차지가 아니게 될(아닐) 것입니다" 하였다.

그러자 이항복이 변론하기를 그치지 않았고, 상 역시 이르기를, "중국에 망명하는 것이 본디 나의 뜻이다" 하니, 공이 아뢰기를, "지금 동북쪽의 병력이 아직 그대로 있고, 호남지방의 충의로운 선비들이 머지않아 곧바로 봉기할 것입니다. 그런데 어찌 이런 일을 갑작스럽게 논의해서야 되겠습니까" 하자, 이항복이 깨닫고서 중지했다.

물러 나온 뒤 공이 이성중李誠中에게 이르기를, "나 대신 이 승지(이항복)에게 '어찌하여 가볍게 나라를 버리라는 의론을 내는가? 설령 공이 치마를 찢어 발을 싸매고 길에서 따라가다가 죽는다고 하더라도 이는 아녀자나 환관의 충성에 불과하다. 이 말이 한번 바깥으로 퍼져 나가면 인심이 와해될 텐데, 누가 수습할 수 있겠는가'라고 전하거라." 하였는데, 이항복이 그 말을 듣고는 탄복했다.[37]

송도松都[38]에 이르러서 영의정으로 승진했다. 신잡申磼 등이 비

---

36 경기도 장단부에 있던 역이다. 지금의 파주시이다.

37 1592년(선조25) 5월에 있었던 일화이다. 『선조수정실록』에 똑같은 기사가 보인다.

38 경기도 개성이다.

밀리에 "이산해를 이미 파직시켰으니, 유성룡만 홀로 면하게 해서는 안 된다"고 하였고, 바로 파직되었다. 평양에 이르러서 다시 서용되어 부원군府院君이 되었다. 사람들의 의견이 처음에는 평양을 단단하게 지키자고 했다. 그러나 왜적들이 점차 다가오자 모두 성 밖으로 나가 피하기를 청했다. 이에 공이 아뢰기를, "오늘날의 사세는 한양에 있을 때와 달라 인심이 자못 단단하며, 또한 앞에 강물이 막고 있고 서쪽으로는 중국과 가깝습니다. 며칠만 단단하게 지키고 있으면 중국 군대가 반드시 올 것이니 이를 의지하여 왜적들을 물리칠 수 있을 것입니다" 하였고, 좌의정 윤두수 역시 쟁론하였으나, 윤허를 얻지 못했다.

 재상들이 먼저 종묘宗廟의 신주를 받들고 성 밖으로 빠져나가자 성안에 있던 사람들이 큰 혼란에 빠져 칼을 뽑아 들고 마구 쳐서 종묘의 신주가 길바닥에 떨어졌다. 또 재상들을 가리키며 큰 소리로 욕하기를, "너희들은 평소에 녹을 받아먹으면서 나랏일을 그르쳐 일이 이 지경에 이르게 했다. 성을 버리고자 한다면 무슨 까닭으로 우리를 성안으로 들어오도록 꾀어 우리들을 왜적들의 손에 어육이 되게 하였는가?"라고 하자, 조정에 있던 신하들이 모두 실색했다.

 공은 변란이 일어날까 걱정되어 섬돌 위에 서서 나이 많은 지역 관원 한 명을 불러 타이르기를, "너희들이 온 힘을 다하여 성을 고수하고자 하니 충성스럽기는 하다만, 어찌 궁궐의 대문을 진동시켜 놀라게 해서야 되겠는가. 조정에서 현재 성을 지킬 대책을 의논하고 있으니, 너희들이 계속해서 소란을 부린다면 죄를 용서받지 못할 것이다" 했다.

 그러자 그곳 지역 사람들이 평소에 공을 믿고 있었으므로, 곧

바로 병기를 버리고 머리를 조아려 사죄한 다음 물러갔다.

당시 평양성을 나가기로 논의가 이미 정해졌으나, 어디로 가면 좋을지 몰랐다. 대부분 사람들이 북쪽으로 가는 것이 편하다고 하였는데, 공은 굳게 논쟁하기를, "거가車駕가 서쪽으로 온 것은 본디 중국 군대를 의지하여 나라를 다시 부흥시키기 위함이었습니다. 지금 중국 조정에 원군을 청해 놓고서 우리가 도리어 북로北路(함경도)로 깊이 들어가는 일은 의리상 해서는 안 됩니다. 그리고 한번 북쪽으로 들어가고 난 뒤에 왜적들이 가로막으면 중국 조정과 소식이 통하지 않을 것이니, 어떻게 회복을 도모할 수 있겠습니까. 그리고 형세가 궁해지고 땅이 줄어들고 난 뒤에는 또다시 오랑캐들이 있는 북쪽으로 달아날 것입니까? 이것보다 더 잘못된 계책은 없습니다"라고 했다.

얼마 뒤에 어가가 영변寧邊으로 행차했다. 공은 중국 장수를 접대하기 위하여 평양에 머물렀는데, 얼마 지나지 않아 어가가 다시 박천博川으로 향하였다는 소식이 들려왔으며, 중국 장수 역시 제때에 이르지 않았다. 이에 어가를 뒤쫓아 행재소로 나아갔고, 의주에 이르러 싸우며 지킬 계책을 열여섯 조목으로 나누어 진달했다.

당시에 중국 조정에서는 우리나라가 왜적들과 공모한 것으로 의심하고 있었으므로 요동에서 보낸 자문咨文 가운데 힐책하는 말이 있었기에, 공은 차자를 올려 아뢰기를, "근일에 중국 조정에서 우리나라에 대해 의심하는 것이 한두 가지가 아닙니다. 변고를 통보할 때 느슨하게 하였다는 것이 첫 번째 의심입니다. 일찍 감치 군대를 보내주기를 청하지 않았다는 것이 두 번째 의심입니다. 탐지하러 온 중국 군사들을 제대로 접대하지 않아 그들을 굶주리고 고생하게 하였다는 것이 세 번째 의심입니다. 이미 군대를 보내 달라고 청하고서는 군량이 다 떨어졌다고 한다는 것이 네 번째 의심입니다. 중국 사람들이 우리나라 사람들에게 향도向導해 주기를 청하였는데, 당시에 장수나 군졸이 한 명도 눈앞에 보이지 않았다는 것이 다섯 번째 의심입니다. 예로부터 아무리 위란危亂이 극도에 달하였다고 하더라도 임금이 탄 어가가 머무르는 곳에는 반드시 호위하는 군사가 있었는데, 지금은 한 사람도 없어서 다른 사람이 보기에는 평온하기가 평상시와 같다는 것이 여섯 번째 의심입니다. 나라가 장차 위태로운 상황에 처하면 반드시 옷깃을 떨치고 일어나 피눈물을 흘리며 자신의 몸을 잊고 국난에 달려 나오는 신하가 있는 법인데도 한때의 기상이 느긋하고 느슨하기만 해서 응대하고 수창하는 것을 대부분 뒤늦게 한다는 것이 일곱 번째 의심입니다. 무릇 이와 같았으니 어찌 중국 사람들의 의심을 불러일으키지 않을 수 있으며, 그들의 꾸짖음과 힐책을 불러오지 않을 수 있겠습니까. 이 자문에 대한 회답은 관계된 바가 가볍지 않으니, 해당 부서에서는 제때에 속히 회보하되, 통렬하게 진달해 명백하게 밝히기를 바랄 뿐입니다" 했다.

7월, 명나라 부총병副摠兵 조승훈祖承訓이 군사 5,000명을 거느리고 구원하러 나왔다. 상이 공의 병세가 위독한 것을 염려하여 윤두수에게 나가서 군량軍糧을 다스리게 했다. 그러자 공은 "행재소에 대신大臣이 단지 한 사람밖에 없으니 외방으로 나가게 해서는 안 된다"고 하면서 자기 자신이 밖으로 나가기를 청했다. 말을 달려 소관역所串驛[39]에 이르니, 촌락이 텅 비어 있었다. 공은 군교軍校들에게 수색하도록 하여 몇 사람을 찾아내고는 직접 대면하여, "나라에서 평소에 너희들을 어루만져 주고 길러 준 것이 지극하

39 평안도 의주 남쪽에 있던 역이다.

지 않은 것이 아닌데, 오늘날에 어찌 차마 도망쳐 숨을 수 있단 말인가. 중국 군대가 이제 이르러 올 것이고 나랏일이 아주 급한 때이니, 지금이 바로 너희들이 수고를 바쳐 공을 세울 때이다" 하였다.

그러고는 공이 책자 하나를 꺼내어 촌민들의 성명을 기록하고 말하기를, "훗날 이 명부에 기록된 이름을 가지고 논상論賞할 것이며, 이름이 기록되지 않은 자는 처형할 것이다"라고 하자, 얼마 뒤 이름을 기록해 주기를 청하는 자가 줄을 이었다. 공은 인심을 단합시킬 수 있다는 것을 알고는 곧바로 각처에 공문을 보내어 고공책考功冊을 예치해 두고 그들의 공적을 기록하게 했다. 그러자 백성이 서로 달려 나와 열흘도 채 못 되어 건물과 곡식, 여러 가지 도구가 모두 갖추어졌다.

조승훈祖承訓이 평양성을 공격하다가 패하여 퇴각하였으나, 공은 그대로 안주安州에 머무르며 인심을 다스렸다. 그러고는 후속 군대가 오기를 기다리며 차자를 올려 10여 가지의 시무時務에 대해 조목별로 진달했다.

12월에 공이 평안도 도체찰사에 제수되었다. 명나라 제독提督 이여송李如松이 군사 4만 명을 거느리고 안주安州에 도착했다. 공이 만나 보기를 청한 다음 옷소매 속에서 평양성의 지도를 꺼내어 평양성의 형세 및 군사들이 들어갈 길을 지시해 주니, 제독이 크게 기뻐하며 붉은 먹으로 표시하며 말하기를, "적들의 형세가 눈앞에 훤히 보인다" 하였다.

이에 앞서 우리나라 사람으로서 왜적에 포로가 된 자들이 후한 상을 주는 데 눈이 멀어 각지를 오가며 정세를 탐지해 왜적들의 눈과 귀 역할을 했다. 공은 이를 걱정스럽게 여겨 간첩 가운데 우두머리 격인 김순량金順良이란 자를 체포하고 심문하여 그들의 무리 수십 명을 알아내고 각 진陣에 현상금을 걸고 체포하도록 하였으며, 김순량의 목을 베어 조리돌렸다. 이로부터 그의 잔당들이 뿔뿔이 흩어져 중국 군대가 대거 이르러 왔는데도 왜적들은 몰랐다.

계사년(1593, 선조26) 정월에 제독 이여송이 평양성으로 군사를 진격시켜 크게 싸워 승리를 거두었다. 공은 이보다 앞서 안주에 있을 적에 황해도 방어사 이시언李時言과 김경로金敬老에게 몰래 격문을 보내 그들을 연도沿道에 매복하고 있다가 왜적들이 도망치는 것을 보면 요격하여 섬멸하게 했다. 그런데 관찰사 유영경柳永慶이 김경로를 불러들여 자신을 호위하게 하였으므로 김경로가 황해도 중화中和에 이르렀다가 되돌아갔다. 이때에 이르러 적장賊將 고니시 유키나가平行長와 소 요시토시平義智, 게이테쓰 겐소玄蘇, 야나가와 시게노부平調信 등이 남은 졸개들을 수습하여 밤을 틈타 도망쳤는데, 굶주림으로 행군할 수가 없었다. 이시언은 고립된 군사만으로는 감히 몰아칠 수 없다고 하여 단지 낙오된 왜적 60여 급級만 참획했을 뿐이다. 공은 김경로의 죄상을 행재소에 아뢰고 장차 참수하려고 하였는데, 제독이 무사를 죽이는 것은 애석하다고 하여 저지시켰다. ……

얼마 뒤에 제독이 장차 평양으로 퇴각하고, 또 임진강 남쪽에 있는 우리나라 군사들을 모두 강의 북쪽으로 물러나게 하려 한다는 소문이 돌았다. 이에 공은 종사관 신경진辛慶晉에게 달려가 제독을 만나 퇴각해서는 안 되는 이유 다섯 가지를 진달하게 하였는데, "선왕先王들의 분묘墳墓가 모두 기전畿甸 지방에 있어 왜적들에게 윤몰되어 있는바, 신인神人들의 간절한 소망을 차마 버리고 갈 수 없는 것이 첫 번째 이유입니다. 한양 이남의 유민들이 날마다 군대가 내려오기만을 바라고 있는데, 갑자기 퇴각해 돌아갔다는 소식을 듣는다면 다시는 단단한 뜻이 생기지 않아 서로 이끌고 왜적들에게 가 버릴 것이 두 번째 이유입니다. 우리나라의 강토는 비록 한 자 한 치의 땅이라고 하더라도 쉽사리 버릴 수 없는 것이 세 번째 이유입니다. 우리 장사將士들이 비록 힘이 약하기는 하지만, 현재 중국 군대를 의지하여 함께 진격하기를 도모하고 있는데, 한번 철수해 퇴각한다는 명령을 듣는다면 반드시 모두 원망하며 흩어질 것이 네 번째 이유입니다. 한 발자국을 물러났다가 왜적들이 그 뒤를 쫓아올 경우에는 임진강 이북 역시 보장할 수 없는 것이 다섯 번째 이유입니다." 하였다. 제독이 그 말을 듣고는 아무 말 없이 있다가 물러갔다. ……

당시 왜적들이 경성에 주둔한 지 2년이 넘어 백성들이 농사를 지을 수가 없었던 탓에 거의 다 굶주려 죽었다. 한양에 남아 있던 백성 중에 공이 동파역에 와 주둔하고 있다는 소식을 듣고는 노인을 부축하고 어린아이를 데려와 살려 달라고 하는 자들이 길에 줄을 이었다. 이에 공은 전 군수 남궁제南宮悌를 백성들의 굶주림을 구제하는 관원으로 삼아 다방면으로 구휼해 백성들을 살리게 했다. 그때 마침 호남에서 모집한 곡식 수천 섬을 실은 배가 도착하였으므로, 공은 치계馳啓(급히 보고함)하는 한편 곧바로 이를 그에게 넘겨준 다음 감진관에게 이 일을 맡기니 온전하게 살려낸 자가 이루 헤아릴 수조차 없을 정도로 많았다.

적장 등이 주사장舟師將 김천일에게 글을 보내 화해하고 돌아가기를 청하였는데, 공이 이것을 부총병副摠兵 사대수査大受에게 보여 주었다. 제독이 그 소식을 듣고는 유격遊擊 심유경沈惟敬을 파견해

적중으로 들여보내 "왕자와 신하를 돌려보내고 부산으로 퇴각한 다음에는 강화를 허락하겠다"고 약속했다. 그러고는 곧바로 군사를 거느리고 개성으로 진주했다. 공이 문서를 보내 "강화를 맺는 것은 잘못된 계책으로 공격하는 것만 못하다"라는 내용으로 극력 말하자, 제독이 답하기를, "그것은 바로 내가 마음속으로 생각하고 있던(생각한) 것과 똑같은 것이다"라고 했으나, 실제로는 공의 요청을 들어 줄 생각이 없었다. ……

며칠이 지난 뒤에 또다시 명나라 유격游擊 척금戚金과 전세정錢世禎이 와서 화친을 허락하는 것이 편하다는 뜻으로 말하자, 공은 그래서는 안 된다고 적극 주장하였다. 그러자 전세정이 화를 내며 욕하기를, "그렇다면 너희 국왕은 어째서 도성을 버리고 도망쳤는가?" 했다.

공이 천천히 말하기를, "도성을 옮기고서 보존하기를 꾀하는 것 역시 한 가지 방도이다"라고 했다. 전세정이 이미 떠나간 뒤에 공이 또 편지를 보내어 말하기를, "왜적들이 달콤한 말로 우리를 꾀면서 첫 번째는 동래東萊에서 편지를 보냈고, 두 번째는 상주尙州에서 편지를 보냈고, 세 번째는 평양平壤에서 편지를 보냈는데, 그 당시에 우리나라는 형세가 아주 위태롭고 절박했다. 그런데도 제독이 내내 허락하지 아니한 것은 천하의 대의를 위한 것으로, 차라리 죽을지언정 욕되게 할 수 없어서였다. 지금 종묘가 모두 불타고 왕릉이 파헤쳐졌으므로 온 나라의 신민에게 왜적은 모두 부모를 죽인 원수인 것이다. 그러니 복수할 것을 잊고 원망을 풀어버린 채 왜적과 함께 살아가기보다는 차라리 왜적을 치다가 노야老爺(제독 이여송)의 법에 걸려 죽는 것이 더 낫지 않겠는가" 했다. ……

공이 처음에 경성으로 들어왔을 적에 성안에 죽은 백성이 서로 베고 누웠을 정도였는데, 공은 온 힘을 다해 계획을 세우고 진휼했다. 이때에 이르러 장정을 뽑아 명나라 장수 절강참장浙江參將 낙상지駱尙志에게 보내 화포를 쏘는 법과 여러 가지 기예를 익히게 했다.

공은 또 남쪽 변경의 일이 급하다는 이유로 병든 몸을 이끌고 영남으로 내려갔다가 9월에 행재소로 소환되었다. 10월에 어가를 호위하여 도성으로 돌아왔다. 당시에 도성 안의 집들이 모두 무너져 모든 관서가 담벼락에 의지하고 있었다. 그런데다가 기근마저 겹쳐 도적들이 여기저기서 일어나 경성은 고립되고 위태로웠으며 인심은 굳건하지 않았다. 이에 공은 훈련도감訓鍊都監을 세워서 근본을 중하게 하기를 청하니, 상이 공에게 명하여 그 일을 주관하게 했다. 공은 이에 당속미唐粟米(중국에서 가져온 곡식) 1만 섬을 풀어 사람들을 모집하니, 모집에 응하는 자가 구름처럼 몰려들어 얼마 되지 않아 건장한 장정 수천 명을 얻었다. 이들에게 조총과 창검의 기예를 가르치고 파총把摠과 초관哨官을 세워 이들을 거느리게 하기를 한결같이 절강 군사의 법과 같이 하였으며, 번番을 나누어 직숙直宿하다가 행행할 경우에는 이들로 호위했다. 그러자 인심이 조금은 안정되었다. 얼마 뒤에 공은 영의정에 제수되었다. ……

12월에 호서湖西의 역적인 송유진宋儒眞 등이 무리를 불러 모아 격문을 돌리고는 사방을 노략질하며 북쪽으로 올라왔는데, 왜적이 물러가기도 전에 안에서 반란이 또 일어나자 한양은 놀라 떨었다. 그런데도 공은 행동거지가 평소와 다름없었고 안색조차 변하지 않았다. 상이 공에게 명하여 궁궐로 들어와 숙위宿衛하게 하니, 공은 "이 같이 위태로울 때 갑자기 대신에게 들어와 호위하게 하는 것은 사람들의 마음을 더욱 놀라게 할까 걱정스럽습니다" 하니, 상이 이르기를, "경은 전혀 자신의 몸을 돌보지 않고 있는데, 무원형武元衡의 일을 생각하지 않는단 말인가?"[40] 하였다.

어느 날 날씨가 몹시 추운 밤에 상이 내관을 보내어 공을 살펴보고 오게 하였는데, 공이 깊은 밤중에 등불을 밝히고 단정히 앉아 책 읽는 것을 보고는 데운 술을 하사하도록 했다. 역적들이 체포된 뒤에 옥사를 다스릴 때 억울한 죄를 바로잡았으므로 체포된 자들이 모두 석방될 수 있었다.

여러 대를 내려오면서 형장刑杖이 점점 무거워져 사람들이 거의 들 수조차 없을 정도였다. 이때에 공이 건의하여 한결같이 『대명률大明律』에 정해 놓은 척촌尺寸으로 일정한 규격을 삼을 것을 청했다. 이로부터 사람들이 형장을 맞다가 죽는 자가 없게 되어 지금까지 그 덕을 보고 있다.

갑오년(1594, 선조27)에 차자를 올려 시무時務에 대해 논하였는데, 간절한 수천 마디의 말이 모두 나라의 근본이 되는 백성을 잘 보호하여 굳건히 하고, 재용財用의 쓰임새를 잘 조절해서 양곡을 저축하고, 군사들을 잘 선발하여 훈련시키라는 내용이었다. 또 아뢰기를, "국내의 전결田結 숫자를 통계 내어 쌀과 콩을 헤아려 거두어들이고 이를 경창京倉으로 실어다 쌓아 놓은 다음, 각사各司의 공물貢物 및 방물方物을 진상하는 것 등 모두 물품을 헤아려 값을 정하여 해당 관원이 사들여서 지급하게 하고, 그 나머지를 군수軍需에 보태어 쓰게 하소서. 그럴 경우 군량에 도움받을 것이고, 외방에서 쌀을 내는 것이 고르지 않은 폐단 및 각사에서 방납防納[41]하며 값을 불려 받는 폐단을 모두 제거할 수 있을 것입니다. 그리고 만약 군자軍資가 부족하여 혹 별도로 조달하는 경우, 공물 및

40
무원형은 당(唐)나라 덕종(德宗)과 헌종(憲宗) 때 인물로 자는 백창(伯蒼)이다. 이사도(李師道)가 보낸 자객에게 피살되었는데, 당시에 모두 "도적이 재상을 죽였다"고 했다. 『舊唐書』 卷158 「武元衡列傳」. 선조가 유성룡이 해를 입을까 염려되어 한 말이다.

41
공납제에서 관리나 상인들이 백성을 대신해 물품을 바침.

방물을 적절히 헤아려서 줄이면 창고에 쌓인 쌀과 콩을 번거로이 교체하지 않고서도 쓸 수 있을 것입니다" 하였는데, 이에 조정에서 한창 시행을 강구하고 중외에서도 모두 편하게 여겼다. 그러나 얼마 지나지 않아 부박한 의론에 저지되었으니, 논자들이 애석하게 여겼다. ……

을미년(1595, 선조28)에 차자를 올려 강을 따라서 둔보屯堡(군대의 진지)의 설치를 청하였으며, 또 차자를 올려 방어하는 방법을 진달했다. 당시 호남 선비 나덕윤羅德潤 등이 상소하여 기축년(1589, 선조22)에 원통하게 죽은 자들을 신원伸寃시켜 주기를 청했다. 공은 당초 옥사를 다스리면서 너무나 많은 사람들이 화를 당한 이유에 대해 통렬히 말하였다. 또 이르기를, "…… 최영경에 대해서는 이미 신원해 주고 또 증작贈爵해 주도록 명했습니다. 그러나 정개청, 유몽정, 이황종李黃鍾 등 여러 사람은 아직도 지하에서 원통함을 품고 있습니다. 그러니 이제 특별히 소청한 바를 윤허하여 모두 억울함을 씻어주도록 허락하는 것이 마땅합니다" 하였는데, 상이 따라 주었다.

9월에 공이 해직되어 고향에 돌아가 부모님을 모실 수 있게 해 주기를 요청하였으나, 상이 윤허하지 않았다. 10월에 말미를 받아 귀성하였는데, 여주驪州에 도착하였을 때 다시 소환되어 경기·황해·평안·함경 사도 도체찰사京畿黃海平安咸鏡四道都體察使에 제수되었다. 공은 공문을 보내어 사도감사에게 군병들을 조련하라고 유시했다.

병신년(1596, 선조29)에 군병들을 조련하는 규식을 정하여 사도四道에 반포했다. ……

4월에 이종성李宗誠이 왜적 진영으로부터 도망쳐 나오니, 도하都

下의 인심이 흉흉해지고 두려워 며칠 사이에 도성을 떠나는 자가 반이 넘었으며, 재상과 시신侍臣들 역시 가속들을 몰래 성 밖으로 내보내는 자도 있었다. 이에 공이 아뢰기를, "상사上使가 왜영에서 나왔다는 보고가 막 도착하였으며, 부사副使는 아직 왜영에 있어 조처한 바에 대해서는 들은 바가 없습니다. 설령 적병이 움직인다고 하더라도 어찌 하루 이틀 사이에 도성까지 올 수 있겠습니까. 하지만 인심이 먼저 무너져 내려 백성들이 조금도 나라를 위해 목숨을 바칠 뜻이 없습니다. 그런데도 죄를 다스리지 않는다면, 비록 금성탕지金城湯池(방어시설이 견고한 성)와 같은 요새나 단단한 갑옷과 날카로운 병기가 있다 해도 역시 어찌해 볼 수가 없을 것입니다"라고 했다. ……

7월에 호서湖西의 역적 이몽학李夢鶴이 군사를 일으켜 잇달아 두 고을을 함락시키고 진격해 홍주洪州를 포위하였다가 목사牧使 홍가신洪可臣에게 사로잡혀 서울로 올려보내졌는데, 사대부들 가운데에도 체포된 자가 있었다. 이때 공은 한결같이 매우 공정하게 옥사獄事를 다스려 한 사람도 억울하게 걸려든 사람이 없었으므로, 원근 사람들이 모두 승복했다. ……

정유년(1597, 선조30) 봄에 왜군 장수 평행장平行長이 사람을 시켜 김응서金應瑞에게 몰래 말하기를, "가토 기요마사加藤清正가 평행장과 서로 공적을 다투다가 틈이 벌어졌는데, 책봉하는 일이 이루어지지 못한 것은 역시 가등청정加藤清正이 저지한 것이다. 가등청정이 오늘 일본에서 나올 것이니, 만약 주사舟師(수군)를 출동시켜 바다에서 맞아 친다면 사로잡을 수 있을 것이다" 했다. 이는 대개 통제사統制使 이순신이 한산도閑山島에 주둔하면서 여러 차례 왜병들을 격파하자 평행장이 이를 걱정하여 그 허실虛實을 엿보고자 한

253

말이었다. 이순신은 그것이 속임수일 것이라고 의심하였으나, 조정에서 출동하기를 재촉했다. 충청 병사忠淸兵使 원균元均이 이순신의 공이 높은 것을 꺼려 "이순신이 머뭇거리고 있다"는 상소를 올렸다. 이에 이순신은 어쩔 수 없이 군사를 진격시켰는데, 가등청정은 이미 돌아와 배를 정박해 놓았다.

상은 이순신이 군기軍機를 놓쳤다는 이유로 군법으로 처단한 다음, 원균에게 통제사를 맡기고자 했다. 이에 공이 아뢰기를, "통제사의 직임은 이순신이 아니면 안 됩니다. 지금 일이 급박한데 장수를 바꾸었다가 한산도를 지켜내지 못할 경우, 호남湖南의 안전을 보장할 수가 없습니다" 하니, 상이 노하여 비변사가 비위만 맞추면서 곧게 말하지 않는다고 했다. 그러자 모두 황공하고 두려워서 감히 말하지 못했다. 공은 국사의 성패가 달린 일이라며 온 힘을 다해 간쟁하였으나 상이 듣지 않았다. 결국 이순신은 죄를 받았다. 그 뒤에 원균은 대패하였으며, 공이 말한 것처럼 호남은 와해되었다. 공은 병을 핑계로 모두 네 차례 차자를 올리고 네 차례 정고呈告(휴직)했으나 허락받지 못했다.

공은 평생토록 말투와 얼굴빛을 구차히 하여 다른 사람을 따른 적이 없으며, 다른 사람들도 감히 사사로운 청탁을 하지 못했다. 이때에 이르러서는 국정을 맡은 지가 오래되었고 원망을 들으면서도 돌아보지 않고 일하였으므로 공을 좋아하지 않는 자가 아주 많아져 공을 함정에 빠뜨릴 모의를 했다.

8월에 공에게 경기와 호서 지방에서 왜적을 막으라고 명했다. 공은 명을 받자마자 곧바로 떠났는데, 참소하는 자가 '온 가족을 데리고 갔다'고 참소했다. 어느 날 상이 하교하기를, "듣건대 대신이 자신의 가솔들을 모두 데리고 성 밖으로 나갔다고 하는데도 대간이 한마디 말도 없으니, 대신이 과연 권세가 있다고 하겠다" 하니, 대사헌 이헌국李憲國이 공을 비롯해 다른 대신의 가속이 있는 곳을 일일이 들어 변론했다. 이에 상의 뜻이 풀어져 곧바로 공을 소환해 불러들였다. ……

무술년(1598, 선조31) 봄에 공이 소환되었다. 여러 차례 차자를 올려 사직하니 상이 답하기를, "이같이 어렵고 위태로운 때에 대신이 어찌 사퇴해서야 되겠는가. 헐뜯는 말이 있다고 하더라도 더욱더 국사에 온 힘을 다하는 것이 마땅하지, 가벼이 스스로 지나치게 걱정하는 것은 마땅치 않다"고 했다.

9월에 명나라 병부주사兵部主事 정응태丁應泰가 양경리楊經理(명나라 경리어사 양호楊鎬)의 20가지 죄에 대해 주본奏本(황제에게 사정을 아뢰는 문서)을 올려 탄핵했다. 상이 좌의정 이원익李元翼에게 주문奏文을 가지고 가서 해명하게 했다. 정응태가 듣고 크게 노하여 우리나라가 중국을 기망한다고 아울러 탄핵하였으며, 또 왜적들과 공모한다고 무고했다. 상이 이에 분개하여 국사를 보지 않고 왕위에서 물러나고자 했다. 그러자 공이 백관을 거느리고 쟁론하였으며, 대신을 보내어 무함임을 밝히기로 한창 의논하고 있었다.

그런데 이이첨은 당시에 사헌부 지평으로 가장 먼저 "유성룡이 스스로 자신이 중국으로 가기를 청하지 않았는바, 대신으로서 나라를 위하는 의리가 없는 것이다"라고 탄핵하였으며, 윤홍尹宖과 유숙柳潚 및 무뢰한 유생인 홍봉선洪奉先, 최희남崔喜男 등이 간인奸人(간사한 자)의 사주를 받고 서로 잇달아 상소를 올려 온 힘을 다하여 공을 공격하였으나 상이 들어주지 않았다. 공이 여러 차례 차자를 올려 스스로 탄핵하였으나 윤허받지 못했다. 이에 곧바로 성 밖으로 나가 명이 내리기를 기다렸다. 또다시 세 차례 차자를 올렸으나 윤허받지 못했다. 그러다가 10월에 체차되고 부원군에 제수되었는데도 언관言官이 논계하기를 그치지 않았다. 11월에 파직되어 돌아갔다.

처음에 정인홍은 평소에 공을 원수처럼 여겨 해를 가하고자 대신으로서 공을 미워하고 있던 자와 서로 결탁하고 있었다. 그러다가 이때에 이르러 정인홍의 문객인 문홍도가 사간원 정언이 되자, 팔을 걷어붙이고 공을 해치는 일을 담당하여 온갖 말로 무함하고 헐뜯었으며, 심지어 노기盧杞나 진회秦檜[42]로 비유하기까지 했다. 12월에 공의 관작을 삭탈했다.

기해년(1599, 선조32) 6월에 상이 공에게 직첩職帖을 돌려주도록 명했다. …… 처음에 대간들이 화의를 주장했다는 내용으로 공을 공격할 적에 우의정 이항복이 상소하여 아뢰기를, "신이 일찍이 남부지방에 있을 적에 이원익과 더불어 시사時事에 대해 말한 일이 있는데, 신이 이르기를, '오늘날의 국세國勢는 마치 사람으로 말하자면 목구멍 사이에 기가 꽉 막히어 모든 맥이 곧 끊어지려는 것과 같다. 그러니 반드시 먼저 이 기를 급히 내린 다음에야 살리는 방도를 의논할 수 있을 것이다'라고 했습니다. 이 말은 오직 이원익만이 들었고 다른 사람은 모릅니다. 그러나 신이 어찌 감히 다른 사람이 모른다 해서 아무 말 않은 채 일 없는 듯 숨기겠습니까. 지금 이미 이런 내용으로 유성룡을 죄주었으니, 차례차례 제거해 나간다면 신에게도 닥쳐올 것이 당연합니다." ……

경자년(1600, 선조33)에 이 선생(퇴계 이황)의 연보를 편찬했다. ……

신축년(1601, 선조34) 8월에 공의 어머니 정경부인의 상을 당했다. 12월에 서용하라는 명이 내렸다. 임인년(1602)에 조정에서 염근리廉

42
노기는 당(唐)나라 간신으로, 마음이 음험하고 모습이 비루했으나 말재주가 있었다. 덕종(德宗)이 그 재주를 중히 여겨 재상으로 발탁하자 권력을 함부로 휘둘러 충성스럽고 선량한 사람을 해쳤다. 『舊唐書』 卷135 「盧杞列傳」. 진회는 송(宋)나라 간신으로, 금(金)나라와의 화친을 적극 주장하여 송나라의 중흥을 방해했다. 또한 충신 악비(岳飛)를 죽이고, 장준(張浚)·조정(趙鼎) 등을 귀양 보내고 정권을 마음대로 하여 나라를 위태로운 지경에 이르게 했다.

謹史로 기록하였는데, 영의정 이항복이 가장 먼저 공의 이름을 거론하고 동료들을 돌아보며 말하기를, "이분은 한 가지의 덕행으로 말할 수가 없지만, 다만 미오郿塢와 같다고 한 무함은 씻고자 한다"[43]고 했다. 이는 대개 문홍도가 무술년(1598, 선조31)에 올린 계사를 두고 한 말이다.

계묘년(1603, 선조36) 정월, 공에게 식물食物(먹을거리)을 지급하라고 명했다. 10월, 공이 상복을 벗었고, 다시 부원군이 되었다. 갑진년(1604) 3월에 고신告身(임명장)이 비로소 도착하였는데, 공은 즉시 상소를 올려 사양하고, 이어 벼슬에서 물러나기를 청하였으나, 윤허받지 못했다. 7월에 호성공신扈聖功臣에 녹훈되었으며, 소명召命이 내려졌다. 상소를 올려 소명을 사양하고, 또 녹권錄券(공로를 새긴 패)에서 이름을 삭제해 줄 것을 요청했다. 9월에 재차 소명이 내려졌으나 또 사양했다. 충훈부忠勳府에서 화사畵師를 내려보내 화상畵像을 그리기 청하였는데, 공은 녹훈을 사양했다는 이유로 되돌려보냈다.

을사년(1605, 선조38) 정월에 회맹제會盟祭[44]의 예禮를 행한 후 교서 및 은, 비단, 마필을 내렸으며, 또 본도에서 장리長吏를 보내어 식물을 지급했다. 3월에 봉조하奉朝賀[45]의 녹봉을 지급하도록 명했다. 공은 하는 일 없이 녹봉을 받아먹는 것은 마음에 편치 못하다는 내용으로 상소를 올려 간절히 사양하였으나, 허락받지 못했다.

정미년(1607, 선조40) 2월, 또 소명이 있었다. 당시에 공은 이미 오래도록 병을 앓고 있었으므로 사양하고 나아가지 않았다. 그러자 상이 내의內醫를 보내어 약재를 싸 가지고 가 구료하게 했다. 공의 병세가 위독해지자 유언 상소를 지었는데, "덕을 닦고 정사를 세우며, 공정하게 듣고 두루 보며, 백성을 기르고 어진 자를

---

[43] 미오는 후한(後漢) 말기의 동탁(董卓)을 가리킨다. 동탁이 미(郿) 땅에 오(塢, 제방)를 쌓아 이름을 만세오(萬歲塢)라 하고 그 속에 금은보화를 저장한 데서 연유한 말로 탐관오리를 뜻한다. 『後漢書』卷72「董卓列傳」. 서애를 탄핵할 때 뇌물을 탐했다고 무고하면서 미오에 비유한 것을 두고 한 말이다.

[44] 공신들이 임금에게 충성을 다짐하는 의식.

[45] 조선시대 종2품 이상 관원이 늙어 관직을 그만둔 뒤 특별히 내리던 벼슬이다.

등용하며, 군정軍政을 닦고 훌륭한 장수를 가려 뽑으라"고 정성스럽게 말했다. 또한 유언을 남기면서 성대한 장례를 하지 말라고 경계하였으며, 병중에 지은 시를 『관화록觀化錄』이라고 이름 붙이라고 명했다. 손님은 사절하라고 명하면서, "안정安靜을 취해서 조화造化로 돌아가련다" 했다.

5월 정묘일 밤, 공이 다른 사람의 부축 없이 스스로 일어나 앉아서 말하기를, "오늘은 가슴속이 시원하여 마치 병이 들지 않았을 때와 같다" 하고, 『서경書經』의 홍범편洪範篇을 끝까지 다 읽었다. 무진일 아침, 큰 호랑이가 울타리 밖에서 소를 잡아먹으려고 엿보고 있었으므로 노복들이 놀라 크게 소리쳤다. 그러자 아들 진紾이 공이 놀랄까 걱정스러워 급히 밖으로 나가 저지시키니, 공이 아들 단袒에게 천천히 이르기를, "네 동생은 어리석구나. 호랑이를 본 사람에게 놀라지 말라고 하니, 어찌 그럴 수 있겠느냐?" 했다. 그러고는 내의를 급히 들어오게 하더니 손을 잡고 영결을 고하며, "멀리까지 와서 병을 보살펴 주었으니, 성상의 은혜가 망극하다. 며칠이면 경성京城에 도착할 수 있겠는가?" 했다. 그러고는 시중을 들던 자에게 당堂 가운데에 자리를 펴게 하고, 북쪽을 향하여 정좌하고는 편안한 기색으로 서거했다.

부음을 아뢰자 상이 몹시 애도하며 조회를 폐하고 조문弔問과 부의賻儀를 법식대로 하였으며, 원근에서 소식을 들은 자들은 모두 상심하고 애석해했다. 경중京中의 사대부들은 공이 예전에 살던 집터에 자리를 마련하고는 몹시 슬프게 곡하였고, 시장 백성들은 앞다투어 달려와 한곳에 모여 곡하였으며, 4일 동안 시장을 닫고 부의를 내며, "공이 아니었으면 우리는 이미 모두 죽었을 것이다"라고 말했다.

7월에 풍산현豊山縣 동쪽 수동리壽洞里에 있는 오향午向의 언덕에 장사 지냈는데, 장례에 모여든 자가 400여 명이나 되었다.

갑인년(1614, 광해군6) 여름에 선비들이 병산서원屛山書院에 사당을 세우고 제사를 지냈으며, 뒤에 여강廬江에 있는 퇴계 이 선생의 사당에 합부合祔하여 향사享祀했다.

공은 타고난 자질이 아주 뛰어났으며 영특하기가 다른 사람들보다 훨씬 더 뛰어났다. 어려서부터 학문을 하였는데, 정밀하게 생각하고 실제로 실천하는 것을 위주로 삼았다. 공이 이르기를, "성현의 학문은 생각하는 것이 근본이 된다. 생각하지 아니하면 입으로 외고 귀로 듣기만 할 뿐이다. 비록 날마다 다섯 수레의 책을 외운다고 하더라도 무슨 도움이 있겠는가" 하였다.

또 이르기를, "옛사람이 이른바 안다고 한 것은 참으로 안 것이다. 그러므로 '아침에 도를 들으면 저녁에 죽어도 좋다'고 한 것이다. 언어와 문자의 말단을 주워 모아 성性을 논하고 이理를 논하며 스스로 안다고 하면서도 몸과 마음에는 조금도 관계됨이 없게 하는 지금 사람들은 모두 공자가 이른바 덕德을 내버리는 사람이다. 이것을 가지고 안다고 하는 것은 실제로 아는 것과의 거리가 아주 먼 것이 아니겠는가" 하였다.

또 이르기를, "학문學問과 사변思辨 및 성찰省察과 극치克治는 참으로 급선무이다. 만약 마음에 배양하고 함축한 힘이 없다면 또 어디에 의거하여 의지하겠는가" 하였다.

또 이르기를, "『중용中庸』에 '덕성을 높이고 학문에서 말미암는다[尊德性而道問學]'고 하고 '학문에서 말미암고 덕성을 높인다[道問學而尊德性]'고 하지 않았으니, 그 선후를 얼마나 다투든 간에 필경 귀결될 곳을 생각하지 않아서는 안 된다" 하였다.

소견의 뛰어나고 독실하기가 이와 같았으므로 공을 잘 알지 못하는 자는 혹 선학禪學에 가까운 것이 아닌가 하고 의심하기도 하였지만, 이는 실로 이락伊洛(정자程子와 주자朱子)의 핵심이었다.

공은 평소 거처하는 데 엄숙하고 공손한 자세를 스스로 견지하며 종일토록 엄연한 모습이었으므로, 비록 집안사람이나 자제들이라고 하더라도 일찍이 비스듬히 기대거나 하는 해이한 모습을 본 적이 없었다. 그러나 다른 사람을 대하고 상대할 때는 화락한 모습이 마치 따사로운 봄기운이 사람을 감싸는 것과 같았다. 그러면서 도리에 어그러지는 말을 입밖에 내지 않았고, 나태하거나 오만한 기운을 몸에 짓지 않았다. 그러므로 공을 바라보는 사람들은 저절로 엄숙해지고 공경하는 마음이 일었다. 이는 이른바 '몸소 예禮에 힘쓰며 평생을 마친' 것이었다. 그러나 오직 정경부인의 곁에 있을 때만은 온갖 우스갯소리를 하고 재롱을 떨어 정경부인의 마음을 기쁘게 하고자 했다.

공은 효성스럽고 우애로운 마음을 하늘로부터 타고났다. 형 목사공牧使公과 더불어 기쁜 얼굴빛을 하고 정성과 사랑으로 극진히 봉양했다. 공은 항상 말하기를, "사람의 자식으로서 하루라도 어버이를 잊으면 이는 효성이 아니다" 했다. 아버지 관찰사공이 머리에 종기를 앓자 늘 입으로 고름을 빨아내었으며, 상을 당하자 3일 동안 물조차 입에 대지 않았고, 최질衰絰(상중에 입는 삼베옷)을 벗지 않은 채 3년 상기喪期를 마쳤다. 정경부인의 상을 당해서는 나이가 이미 60세가 되었는데도 슬픔을 극진히 하면서 아버지의 상을 당하였을 때처럼 예를 다했다.

공은 소과에 입격하였을 때부터 원대한 뜻을 이루겠다고 스스로 기약했다. 이에 과거 시험장에 나아가기는 하였으나, 부귀영달을 담박하게 여겼다. 그러면서 항상 경국제세經國濟世의 업적을 이루는 데 뜻을 두어 예악禮樂의 교화를 일으키는 이외에 군대를 다스리고 재정을 처리하는 따위의 일에 대해서도 자세하게 강구하지 않은 것이 없었다. 재주는 실무에 적용하기에 족하였고, 학문은 쓰임을 이루기에 족했다. 공은 특히 임금의 마음을 바르게 하는 것을 다스림을 이룩하는 근본으로 삼아 매번 나아가 면대하는 즈음에는 오로지 정밀 담백한 마음으로 성의를 쌓아 의리를 개진하되 간곡하고 간절하게 하니, 선묘宣廟 선조가 아주 중하게 여기어 바라보면 공경심을 일으키게 된다는 감탄을 여러 차례 했다.

명군明君과 현신賢臣의 만남이 말세의 세상에서는 보기 드문 바였으나, 조정의 의논이 대립하여 서로 헐뜯고 추커올리고 하면서 삐걱거린 탓에 공적과 업적을 세울 수가 없었다. 그러다가 전란을 당하여 나라가 뒤엎어지는 즈음에 공이 중임을 떠맡았다. 노심초사하며 상소와 차자를 올리는 사이나 시행하고 조처하는 즈음에 아주 간절하게 말하여 다시금 부흥을 꾀한 것은 흥원興元 연간의 육지陸贄[46]에 비하여 역시 크게 부족한 점이 없었으며, 분주하게 안팎을 오가며 온갖 험난함과 어려움을 겪은 것은 그보다 더한 점이 있었다. 이에 그 당시에 중흥을 이룩한 여러 신하 가운데 공로와 업적이 가장 두드러졌다. 그런데도 경술년(1610, 광해군2) 여름에 대신大臣이 공을 선조의 묘정廟庭에 배향配享하자고 의론하자, 혼조昏朝(광해군 조정)에서 선조와 공의 결의가 끝까지 가지 못하였다는 이유로 허락하지 않으니, 여론이 흠 있는 국가 행사로 여겼다.

공은 읽지 않은 책이 없었으며, 책을 읽을 때는 몇 차례 읽지 않고서도 종신토록 잊어버리지 않았다. 그러므로 학자들이 의심스러운 뜻을 질문하면 그때마다 입으로 외우면서 자세하게 설명

46
흥안은 당(唐)나라 덕종(德宗)의 연호이다. 육지의 자는 경여(敬輿)이다. 후인들이 육지가 올린 글을 모아 『육선공주의(陸宣公奏議)』를 간행했는데 이는 정사하는 사람의 필독서였다. 선공은 시호이다. 『신당서(新唐書)』 권157 「육지열전(陸贄列傳)」에 "천자에게 올리는 주의(奏議)를 짓는 데 능숙한 재능이 있었다. 『육선공주의』라는 책이 있으니 사정을 곡진하게 말하고 일의 기미에 적중하였다" 하였다.

해 주었다. 그러나 성품이 간략하고 고요한 것을 좋아하는 데다 또 겸손하여 사도師道로 자처하지 않았으며 일찍이 문도門徒를 모아서 가르친 일이 없었는데도 후학들은 모두 스승으로 떠받들었다.

공이 살던 곳의 경치가 기막히게 좋았으며, 집의 서쪽에는 푸른 절벽이 강가에 천 길 높이로 우뚝 솟아 있었으므로, 이로 인하여 서애西厓라고 자호自號했다. 공은 매번 시골로 돌아와 쉴 적이면 방 안에 한가로이 앉아 깊이 침잠하여 의리義理를 탐구하였는데, 스스로 터득한 뜻은 대개 다른 사람들이 알지 못하는 것이었다.

공은 항상 임금의 은총이 지나치게 융숭하여 벼슬길에 뜻을 빼앗긴 것을 평생의 한으로 여겼다. 이에 그 당의 이름을 원지당遠志堂이라고 붙여 은미한 뜻을 드러냈다. 공은 만년에 파직되어 시골로 돌아와 벼슬길에 나아가기 전에 먹었던 마음으로 지내게 되면서 조예는 더욱 깊어졌고 즐거움은 더욱 진진해졌다. 공은 문장을 짓는 데 단지 사리만 통하면 될 뿐 아름답게 꾸미기를 힘쓰지 않았다. 이에 붓이 가는 대로 써 내려가 깊이 생각하지 않고 쓰는 것 같았으나, 명백하고 전아하여 저절로 다른 사람은 따라갈 수가 없었다. 공은 특히 외교문서를 짓는 데 뛰어나 복잡하고 어려운 내용을 풀어내는 글솜씨가 있었으니, 이는 대개 마음이 평온하고 기운이 화락하여 시교詩教[47]에서 얻은 바가 있었기 때문이다. 공이 평소에 지은 시문詩文은 대부분 병화에 불타 지금은 문집 10권과 『신종록愼終錄』, 『영모록永慕錄』, 『징비록懲毖錄』 등의 서책만이 집안에 보관되어 있다.

공의 부인인 이씨李氏는 전주全州 사람으로 현감을 지낸 이경李坰의 딸인데, 정부인貞夫人에 봉해졌다가 뒤에 정경부인貞敬夫人에 추증되었다. 공은 아들 넷을 두었다. 장남인 위褘는 아주 빼어났으나

47
『시경』의 노래는 원망하면서도 노하지 않고 온유하고 도타워 교육과 인격 형성에 보탬이 되기 때문에 이렇게 말한다.

요절했다. 차남인 여禰는 장수도 찰방長水道察訪이었는데 역시 일찍 죽었다. 삼남인 단褍은 세자익위사 세마世子翊衛司洗馬이고, 사남인 진袗은 형조정랑刑曹正郎이다. 또 딸 둘을 두었는데 찰방 이문영李文英과 현감 조직趙稷에게 각각 시집갔다. 또 측실과의 사이에 아들 둘과 딸 하나를 두었는데, 초初와 첨襜이며, 딸은 변응황邊應篁에게 시집갔다. 내외의 손자와 손녀가 또 몇 명 있다.

 나 경세經世는 약관의 나이 때부터 공의 문하에 나아가 물 뿌리고 청소하는 일을 하며 아주 지극한 가르침을 받았으니, 옛사람이 이른바 망극한 은혜를 입은 자이다. 정랑공正郎公(서애의 아들 유진)이 가전家傳을 가지고 와서 나에게 공의 사적을 모아 기록해서 사관에게 고하게 하였는데, 의리상 감히 글재주가 부족하다는 핑계로 사양할 수가 없었다. 이에 중요한 것만을 뽑아 이상과 같이 글을 지어서 사람들이 가져다 보도록 준비하였으며, 작은 말이나 자잘한 행실은 다 싣지 않았다.

 천계天啓 6년 7월 모일에 구관具官 정경세鄭經世는 삼가 행장을 짓는다.

참고문헌

『논어(論語)』『서경(書經)』『주역(周易)』

『史記』『자치통감(資治通鑑)』『宋史』

『대명률직해(大明律直解)』

『연산군일기』『선조실록』『선조수정실록』『광해군일기』『인조실록』『숙종실록』
조선왕조실록 https://sillok.history.go.kr/main/main.do

『국역 율곡전서』『국역 구봉집』『삼현수간(三賢手簡)』『국역 우계집』『松江集』
『국역 서애집』『백사집(白沙集)』『은봉전서(隱峯全書)』『국역 포저집』『遲川集』
『국역 택당집』『국역 사계전서』『慎獨齋全書』『고산유고(孤山遺稿)』『지호집(芝湖集)』『안촌집(安村集)』『노서선생유고(魯西先生遺稿)』『명재유고(明齋遺稿)』
『기언(記言)』『갈암집(葛庵集)』『사류재집(四留齋集)』『국역 혼정편록』『기축록속(己丑錄續)』『국역 연려실기술』『아계 이상국 연보(鵝溪李相國年譜)』『괘일록(掛一錄)』『동소만록(桐巢漫錄)』『당의통략(黨議通略)』『정본 여유당전서(定本與猶堂全書)』『만회록(晩悔集)』『국역 매천집』
한국고전종합DB https://db.itkc.or.kr/

『한국민족문화대백과사전』

- 이희권,「鄭汝立 謀叛事件에 대한 考察」,『창작과비평』37, 1975.
- 김용덕,「鄭汝立研究」,『한국학보』4, 1976.
- 조남호,「주리주기논쟁-조선에서 주기 철학은 가능한가」,『논쟁으로 보는 한국철학』, 예문서원, 1995.
- 최영진,「朝鮮朝 儒學思想史의 分類方式과 그 問題點-'主理'·'主氣'의 問題를 中心으로-」,『한국사상사학』8, 1997.
- 오항녕,「석실서원의 미호 김원행과 그의 사상」,『북한강 유역의 유학사상』, 한림대학교 아시아문화연구소, 1998.
- 우인수,「鄭汝立 謀逆事件의 眞相과 己丑獄의 性格」,『한국학보』4, 1998.
- 이종호,『구봉 송익필』, 일지사, 1999.
- 이희권,「정여립의 학문과 사상」,『전북사학』21·22합집, 1999.
- 배동수,『鄭汝立 研究』, 건국대 박사학위 논문, 1999.
- 신정일,『지워진 이름 정여립』, 가람기획, 2000.
- 임재완 역,『세 분 선생님의 편지글』, 호암미술관, 2001.
- 오항녕,「『宣祖實錄』修正攷」,『한국사연구』123, 2003.

- 미셸 푸코, 오생근 옮김, 『감시와 처벌』, 나남출판, 2003.
- 로렌 슬레이터, 조증열 옮김, 『스키너의 심리상자 열기』, 에코의서재, 2005.
- 이해준, 「한국의 마을문화와 자치자율의 전통」, 『한국학논집』 32, 2005.
- 배우성, 「18세기 지방 지식인 황윤석과 지방 의식」, 『한국사연구』 135, 2006
- 이종범, 『사림열전』 1, 아침이슬, 2006.
- 이희권, 『정여립이여, 그대 정말 모반자였나!』, 신아출판사, 2006.
- 오항녕, 『조선초기 성리학과 역사학-기억의 복원, 좌표의 성찰』, 고려대 민족문화연구원, 2007.
- 신정일, 『조선을 뒤흔든 최대 역모사건』, 다산초당, 2007.
- 전주역사박물관, 『정여립 모반사건과 기축옥사』, 제9회 전주학 학술대회, 2009.
- 최영성, 「정여립의 생애와 사상」, 『전주학연구』 3, 2009.
- 티모시 브룩 외, 박소현 옮김, 『능지처참-중국의 잔혹성과 서구의 시선』, 너머북스, 2010.
- 오항녕, 『조선의 힘』, 역사비평사, 2010.
- 김규남·신정일·김진돈, 『천년전주 도로명 이야기』, 전주시 전주문화원, 2010.
- 김우철, 「조선후기 推鞫 운영 및 結案의 변화」, 『민족문화』 35, 2010.
- 김동수, 역사문화교육연구소 편, 『기축옥사 재조명』, 선인, 2010.
- 알라이다 아스만, 변학수·채연숙 옮김, 『기억의 공간』, 그린비, 2011
- 한기범, 「구봉 송익필의 예학 사상」, 『한국사상과 문화』 60, 한국사상문화학회, 2011.
- 정병설, 「길 잃은 역사대중화」, 『역사비평』 94, 2011.
- 김영석, 『의금부의 조직과 추국에 관한 연구』, 서울대학교 법학박사학위 논문, 2013.
- 정재훈 역, 『동호문답』, 아카넷, 2014.
- 전주대학교 한국고전학연구소, 『국역 추안급국안』, 흐름출판사, 2014.
- 프리모 레비, 이소영 옮김, 『가라앉은 자와 구조된 자』, 돌베개, 2014.
- 오항녕, 「조선시대 추안(推案)에서 만난 주체의 문제」, 『중국어문논역총간』 34, 2014.
- 최장집, 「서문」, 니콜로 마키아벨리, 박상훈 옮김, 『군주론』, 후마니타스,

2014.
- 이희환, 『조선정치사』, 혜안, 2015.
- 오항녕, 『유성룡인가 정철인가-기축옥사의 기억과 당쟁론』, 너머북스, 2015.
- 오항녕, 「늦게 핀 매화는 한가로운데-고봉 기대승(高峯 奇大升)의 사상사적 좌표에 대한 시론(試論)」, 『한국사상사학』 52, 2016.
- 정호훈, 「조선후기 당쟁과 기록의 정치성」, 『한국사학사학보』 33, 2016.
- 이정철, 『왜 선한 지식인이 나쁜 정치를 할까』, 너머북스, 2016.
- 오항녕, 「왜 백성의 고통에 눈을 감는가-광해군 시대를 둘러싼 사실과 프레임」, 『역사비평』 121, 2017.
- 허태구, 「이나바 이와키치(稻葉岩吉)의 丁卯·丙子胡亂 관련 주요 연구 검토」, 『조선시대사학보』 81, 2017.
- 오항녕, 『후대가 판단케 하라』, 역사비평사, 2018.
- 장정수, 「조선의 대(對) 명·후금 이중외교와 출병(出兵) 논쟁의 추이」, 『한국사연구』 191, 2020.
- 임상혁, 『나는 선비로소이다』, 역사비평사, 2020.
- 리처드 왓모어, 이우창 옮김, 『지성사란 무엇인가?』, 오월의봄, 2020.
- 김용옥, 『동경대전』 1, 통나무, 2021.
- 송만오, 「조선시대 전라도 출신 문과 급제자 연구(1)」, 『전북사학』 61, 2021.
- 허태용, 「'성리학 대 실학'이라는 사상사 구도의 기원과 전개」, 『한국사상사학』 67, 2021.
- 한정훈, 「정여립의 이야기 구성과 분기된 지역의 인물상」, 『한국문학연구』 68, 2022.
- 이동희, 『조선시대 정여립 모반사건과 전라도』, 전북연구원, 2022.
- 정병설, 『권력과 인간』(개정증보판), 문학동네, 2023.
- 이기환, 「지독한 '빨간펜 정신'…'역신의 수괴가 편찬한' 실록도 버리지 않았다 [이기환의 Hi-story]」, 『경향신문』, 2023년 11월 20일자.
- 오항녕, 『역사학 1교시, 사실과 해석』, 푸른역사, 2024.

찾아보기

ㄱ

간여본刊餘本　57
갑인예송甲寅禮訟　118
강경희姜景禧　37, 171, 172
개병제皆兵制　28, 79
결송유취보決訟類聚補　44
결투　178, 179
경기전慶基殿　71
경신대출척庚申大黜陟　128
경연經筵　28, 55, 56, 78, 107, 114, 115, 116, 130, 161, 192, 203, 213, 234, 237
계해반정　56, 104, 149, 159, 160, 224
공안貢案　199
공업론功業論　75
공자孔子　16, 17, 48, 76, 187, 259
공화주의共和主義　23, 73, 74, 79, 81
관동별곡關東別曲　86
광주항쟁　69
광해군　18, 25, 26, 51, 53, 54, 55, 56, 57, 58, 63, 64, 69, 80, 87, 99, 103, 110, 117, 142, 154, 158, 159, 160, 163, 168, 169
광해군일기　57, 63, 156, 157, 164
괘일록掛一錄　39, 44
교수형　175
구봉집龜峯集　44
국어대사전　8

군정軍政　28, 257
권유權愉　154, 221
근대주의　26, 67, 71, 72, 73, 79, 81, 101
근사록近思錄　225
기사사화己巳士禍　129
기억투쟁　166
기자헌奇自獻　53, 59, 168, 221
기축록己丑錄　98, 120, 122, 123, 124, 125, 128, 138, 139
기축록속己丑錄續　118
기축사적己丑事蹟　123, 124, 125
기해예송己亥禮訟　117
기호학파　115, 116
길삼봉吉三峯　28, 30, 120, 154, 209
김권金權　32, 215
김귀영金貴榮　29, 38, 66, 174
김동수　15, 16, 23
김선여金善餘　51, 52, 53
김성일金誠一　195, 216
김수金睟　37, 59, 65, 171, 172, 209
김영남金穎男　35
김용덕　23, 47, 73
김용옥　72
김우옹金宇顒　31, 37, 108, 166, 199, 201, 203, 221
김응남金應南　37, 125, 206
김인후金麟厚　68, 191
김장생金長生　44, 65, 89, 90, 92, 93, 94, 96, 97, 99, 104,

267

127
김집金集　44, 111, 130, 190
김천일金千鎰　33, 146, 228, 248
김하서金河西　227

ㄴ

나례도감儺禮都監　160
나사침羅士忱　36
낙형烙刑　95, 176, 182
남옥南獄　175
남하정南夏正　16
낭만주의　71
노산군魯山君　197
노수신盧守愼　28, 37, 143, 193, 230

ㄷ

다나카田中兼二　75
다문궐의多聞闕疑　25, 61, 80
다복동　42, 43
다카하시 도루高橋亨　115
당색 프레임　47, 48, 49, 64, 65, 66, 67, 80, 81
당의통략黨議通略　141
당쟁론　17, 24, 26, 45, 47, 48, 49, 50, 102, 165, 184, 185
대동大同　75, 78, 81
대동계大同契　40, 75, 79, 100
대북大北　18, 26, 55, 58, 60, 134
도산陶山　231
동서분당東西分黨　49, 57, 90, 133
동소만록桐巢漫錄　16, 40, 46, 47

동어 반복　8, 9, 17
동인-서인 프레임　16, 50, 81
동학농민혁명　72

ㅁ

마왕퇴馬王堆　141
매천야록梅泉野錄　112, 113
맹자孟子　77, 78
모반謀反　22, 23, 24, 27, 28, 29, 30, 31, 37, 39, 40, 41, 43, 44, 46, 47, 48, 49, 63, 67, 68, 69, 70, 71, 74, 78, 80, 82, 88, 100, 164, 205
목적론적 역사관　73
문홍도文弘道　110, 256, 257
미암일기眉巖日記　53
민인백閔仁伯　23, 38, 40, 41, 42, 43, 174
민족문화대백과사전　15

ㅂ

박광후朴光後　124, 125, 127, 163, 164
박순朴淳　65, 193, 199, 200, 201, 203, 204, 206
박승종朴承宗　32
박정현朴鼎賢　51, 52, 53
박춘룡朴春龍　29
박충간朴忠侃　27, 38, 41, 47, 174
반주자학　73
방의신方義臣　29, 30

268

배동수　23, 60, 73
백유양白惟讓　31, 32, 34, 35, 36, 64, 73, 143, 154, 155, 158, 166, 207, 208, 223, 239
불가지론　165

ㅅ

사마광司馬光　75
사미인곡思美人曲　86
사실事實　8, 9, 16, 17, 18, 22, 26, 29, 31, 32, 35, 39, 45, 46, 47, 48, 49, 50, 52, 55, 56, 61, 63, 65, 66, 67, 68, 70, 72, 78, 79, 80, 83, 88, 89, 90, 94, 95, 97, 98, 99, 102, 106, 108, 116, 119, 120, 122, 123, 124, 128, 129, 133, 136, 142, 145, 148, 150, 155, 156, 158, 162, 163, 164, 165, 170, 173, 179, 180, 182, 184, 186, 187, 196, 198, 203, 207, 208, 209, 211, 212, 214, 215, 216, 220, 222, 223, 229, 239, 240
사육신死六臣　179
사초　145
사초史草　25, 50, 51, 53, 54, 57, 61, 80
사회주의社會主義　79, 81
삼색도화시三色桃花詩　91
삼성三省추국　66, 166, 170, 173
상대주의　27, 165
서성徐渻　44, 105
선조宣祖　19, 28, 29, 30, 32, 33, 34, 36, 38, 39, 44, 50, 51, 52, 53, 56, 62, 64, 69, 125, 130, 132, 133, 135, 137, 143, 144, 145, 153, 154, 157, 158, 162, 191, 200, 261
선조수정실록　18, 39, 43, 50, 57, 58, 59, 61, 82, 96, 98, 104, 108, 109, 110, 111, 127, 141, 150, 152, 154, 163
선조실록　18, 25, 39, 43, 50, 51, 54, 55, 56, 57, 58, 59, 90, 98, 103, 104, 106, 108, 109, 111, 119, 127, 141, 142, 143, 144, 145, 147, 150, 153, 163, 164, 185
선홍복宣弘福　35, 61, 68, 74, 80
성혼成渾　32, 44, 59, 62, 63, 64, 80, 119, 130, 131, 134, 136, 155, 191, 197, 200, 203, 206, 209, 217, 221
속미인곡續美人曲　86

송강행록　92, 93, 94, 96, 97, 99, 104, 127
송사련宋祀連　44
송시열宋時烈　117, 118, 141
송언신宋言愼　32, 36
송이창宋爾昌　44
송익필宋翼弼　23, 44, 45, 46, 47, 64, 212
송준길宋浚吉　44
식민사관　48, 184
신응구申應榘　155
신종실록　149
신체형　175, 176, 180, 182
신흠申欽　44, 54, 55, 57
실형失刑　177, 185
심수경沈守慶　134, 135, 136, 168, 173, 185
심유경沈惟敬　147, 248
심의겸沈義謙　65, 193, 195, 196, 197, 198, 201, 203, 204
심종직沈宗直　44
십만양병설　89
십악十惡　22

ㅇ

안방준安邦俊　114, 124, 130, 132, 133, 138, 145, 150, 152, 163
안처겸安處謙　44
압슬壓膝　95, 126, 131, 138, 151, 174, 176, 182
애이불상哀而不傷　82

양몽거楊夢擧　96, 98, 99, 117, 118, 119, 120, 124, 128, 163, 181
양천회梁千會　31, 36, 60, 207
양형梁泂　208
영남학파　116
오원팔선가五元八善家　91
오하기문梧下記聞　112
오현당　113
올리버 크롬웰　71
왕수인王守仁　232
왕정王政　19, 36, 45, 72, 175
왕촉王蠋　76, 77
요역徭役　199
용군庸君　160
원우태후元祐太后　149
유담柳湛　29, 31
유몽정柳夢井　36, 37, 82
유성룡柳成龍　14, 19, 34, 36, 58, 59, 62, 86, 88, 89, 90, 91, 92, 93, 94, 96, 97, 99, 101, 102, 106, 107, 110, 114, 124, 125, 127, 128, 129, 130, 131, 132, 133, 135, 137, 138, 139, 143, 152, 156, 157, 162, 163, 166, 185, 206, 211, 212, 213, 216, 236, 238, 241, 243, 255, 256
유속流俗　191, 195

유응부兪應孚　179
유하혜柳下惠　76, 77, 78
유희춘柳希春　53
육구연陸九淵　233
윤기신尹起莘　35, 37, 134, 166
윤선거尹宣擧　136
윤선도尹善道　15, 117, 118, 121, 122, 123, 160, 163
윤씨　15, 19, 91, 123, 126, 127, 128, 129, 131, 132, 133, 151, 181
윤원형尹元衡　193, 205
윤자신尹自新　29, 37, 65, 167
윤증尹拯　123
윤휴尹鑴　117
을사사화乙巳士禍　191
의리론義理論　75
의병　58, 62, 79
이건창　141, 142
이괄李适　82
이광李洸　37
이광수李光秀　29
이귀李貴　61, 63, 68, 119, 204, 205
이급李汲　34, 35, 126, 151
이기李箕　29, 30
이길李洁　15, 23, 32, 35, 37, 82, 113, 128, 131, 132, 151, 154, 158, 161, 166, 181, 207, 208, 222, 223
이덕일　89, 92, 93, 96, 99

이동희　16, 23, 40, 42, 43, 68, 69
이량李樑　193, 205
이명철　181
이몽학李夢鶴　253
이발李潑　14, 15, 18, 19, 23, 24, 31, 32, 34, 35, 37, 61, 64, 65, 68, 73, 74, 82, 83, 88, 89, 90, 91, 92, 93, 94, 95, 96, 97, 98, 99, 102, 113, 114, 118, 119, 120, 123, 124, 125, 126, 127, 128, 129, 131, 132, 133, 134, 135, 136, 137, 138, 139, 142, 143, 144, 145, 146, 150, 151, 152, 153, 154, 155, 156, 157, 158, 161, 162, 163, 164, 165, 166, 173, 174, 181, 185, 195, 197, 199, 203, 204, 205, 207, 208, 209, 211, 222, 223
이병도李丙燾　115
이분법　47
이산해李山海　33, 35, 36, 38, 45, 52, 64, 65, 66, 96, 97, 98, 106, 109, 110, 131, 132, 133, 143, 144, 168, 169, 173, 206, 211, 212, 213, 216,

271

	218, 240, 243	이희권	23, 40, 42, 48, 68
이선李選	124, 125, 138, 163, 164	이희환	23, 48
		인조반정	55, 56, 81, 82, 96, 98, 99, 104, 119, 120, 164
이소李韶	126, 127		
이수광李睟光	56, 57	인지 부조화認知不調和	18
이식李植	57, 58, 145, 149, 163	임국로任國老	34, 52
이양원李陽元	14, 19, 36, 41, 92, 93, 94, 99, 124, 125, 128, 137, 138, 143, 144, 151, 157, 163, 166, 168, 181, 185	임숙영任叔英	57
		임진왜란	9, 18, 25, 50, 54, 55, 57, 58, 61, 79, 80, 87, 94, 126, 144, 145, 152, 162, 185
이여송李如松	246, 247, 249	임취정任就正	51, 52, 53
이이첨李爾瞻	50, 53, 55, 57, 58, 59, 62, 80, 103, 108, 110, 144, 145, 149, 163, 224, 255		
		ㅈ	
		자백	30, 38, 43, 61, 172, 176, 177, 178, 179, 182
이정구李廷龜	54, 55, 56, 59	자치통감강목資治通鑑綱目	76, 238
이정암李廷馣	124, 125, 131, 137, 138, 157, 173	전기電氣	8, 9
		전라도全羅道	26, 29, 35, 37, 40, 41, 65, 67, 68, 69, 70, 81, 100, 116, 118, 128, 199, 204
이정형李廷馨	53		
이종범	15, 23		
이진길李震吉	30, 32, 35, 42		
이축李軸	27, 38, 41	전주全州	26, 27, 65, 67, 70, 71, 81, 100, 167, 262
이토정李土亭	227		
이항복李恒福	38, 53, 54, 55, 57, 59, 60, 66, 120, 121, 122, 128, 155, 157, 158, 168, 178, 216, 241, 242, 256	정개청鄭介淸	23, 36, 37, 65, 73, 82, 121, 134, 135, 154, 158, 161, 166, 222, 252
		정경세鄭經世	32, 111, 130, 230, 263
		정암수丁巖壽	23, 35, 36, 65, 68, 80, 102, 212, 214
이현일李玄逸	115, 116, 120, 121, 128, 130, 163, 164, 181	정약용丁若鏞	72, 141
		정양鄭瀁	136, 228

272

정언신鄭彦信	28, 31, 32, 34, 35, 37, 59, 65, 97, 121, 122, 143, 156, 166, 206, 207, 208, 212, 222	정즙鄭緝	35
		정창연鄭昌衍	32, 110
		정철鄭澈	14, 18, 19, 23, 38, 42, 44, 46, 47, 59, 60, 61, 62, 63, 64, 65, 66, 80, 81, 82, 86, 88, 89, 90, 91, 92, 93, 96, 97, 98, 99, 101, 103, 104, 105, 106, 114, 116, 118, 119, 121, 122, 125, 128, 129, 130, 131, 132, 133, 134, 135, 137, 138, 139, 152, 153, 154, 155, 156, 157, 158, 159, 161, 162, 166, 170, 172, 173, 196, 198, 199, 201, 202, 204, 205, 206, 213, 215, 216, 218, 221, 226, 227
정언신로	26, 71		
정언지鄭彦智	31, 32, 208		
정여립鄭汝立	9, 14, 16, 22, 23, 26, 27, 28, 29, 30, 31, 32, 33, 34, 35, 36, 37, 38, 39, 40, 41, 42, 43, 44, 46, 47, 63, 64, 65, 67, 69, 70, 71, 72, 73, 74, 75, 76, 77, 78, 79, 80, 81, 88, 89, 90, 96, 97, 100, 101, 120, 135, 143, 145, 152, 154, 155, 156, 161, 164, 170, 172, 174, 180, 181, 185, 203, 204, 206, 207, 208, 209, 211, 238, 239		
		정초본	156
		정팔룡鄭八龍	28
정여립로	26, 71	정형正刑	177
정엽鄭曄	44	정호훈	16, 49
정옥남鄭玉男	23, 29, 30, 40, 42	정홍명鄭弘溟	44, 121, 122, 228
정윤복丁允福	32	제승방략制勝方略	241
정윤설正閏說	75	조구趙球	38, 41, 47
정인홍鄭仁弘	34, 36, 62, 63, 64, 65, 80, 107, 119, 149, 197, 198, 199, 209, 221, 224, 256	조대중曺大中	134, 135, 166
		조대중趙大中	23, 36, 37, 82
		조승훈祖承訓	245, 246
		조익趙翼	161, 162
정종명鄭宗溟	138, 153, 154, 157, 158, 159, 181, 228	조존세趙存世	51, 52, 53

조헌趙憲	32, 44, 45, 65, 126, 131, 147, 204, 211, 227		131, 137, 151, 162, 164, 168, 169, 170, 171, 172, 173, 174, 176, 179, 180, 181, 182, 185, 186, 207, 215
종묘宗廟	63, 166, 243, 249		
주묵사朱墨史	149, 150		
주자朱子	75, 76, 225, 260		
중초본	156, 164	추안급국안推案及鞫案	14, 101
지역성	67, 68	춘추필법春秋筆法	186, 187
지역주의	70	친국親鞫	30, 32, 66, 166, 168, 173, 181, 185
지역 프레임	69, 70, 81		
진관법鎭管法	109		
징비록懲毖錄	87, 109, 146, 262	**ㅌ**	
징역형	174, 175, 176	탈주자학	73
		탕무혁명론湯武革命論	72
ㅊ		토역일기討逆日記	23, 42, 43
참형	175	트라우마	185
채유후蔡裕後	150		
天下公物	76, 78	**ㅍ**	
천하위공天下爲公	78, 81	평난공신平難功臣	37, 38, 66, 174, 210
최명길崔鳴吉	68		
최영경崔永慶	31, 37, 59, 61, 62, 63, 65, 67, 74, 81, 94, 97, 103, 105, 118, 119, 120, 124, 128, 130, 132, 139, 143, 153, 154, 156, 164, 166, 170, 171, 172, 179, 209, 210, 215, 221, 223, 252	폐모론廢母論	110, 148, 160
		폭군	159
		풍패지향豊沛之鄕	70, 71
		프리모 레비Primo Levi	11
		ㅎ	
		하사비군何事非君	77
		한겨레	89
		한응인韓應寅	27, 38, 41, 168
최영성	72	한준韓準	27, 38, 41
최지평전崔持平傳	139	한준겸韓浚謙	32, 58
최희남崔喜男	152, 153, 255	항의신편抗義新編	131, 147
추국청推鞫廳	18, 19, 24, 66, 88, 95,	행년일기行年日記	138

274

향도香徒	79		140, 147, 152, 163
허균許筠	44, 72, 160	홍가신洪可臣	34, 125, 253
허목許穆	117, 120, 121, 122, 123, 125, 163, 164, 179, 181	홍길동전	72
		홍정서洪廷瑞	37
		황언륜黃彦綸	29, 30
허엽許曄	193	황윤석黃胤錫	68
허흔許昕	37, 171, 172	황혁黃赫	34, 123, 124, 125, 137, 138, 215
형리刑吏	95		
호남의병록湖南義兵錄	131	황현黃玹	62, 112
호민론豪民論	72	회맹제會盟祭	257
혹형酷刑	177	훈련도감訓鍊都監	109, 250
혼군昏君	159	훈요십조訓要十條	70
혼정昏政	25, 26, 159		
혼정편록	131, 133, 134, 136,